Dieter Klein
Das Morgen tanzt im Heute

Dieter Klein, Prof. Dr. rer. oec. habil., Ökonom, war bis Ende 2012 Mitglied des Vorstandes der Rosa-Luxemburg-Stiftung. Bis zu seiner Emeritierung 1997 hatte er den Lehrstuhl Ökonomische Grundlagen der Politik am Institut für Sozialwissenschaften der Humboldt-Universität inne. Er gehörte zu den Begründern des Projekts »Moderne Sozialismustheorie«, das sich schon vor dem Ende der DDR 1989 für alternative Entwicklungswege einsetzte.

Dieter Klein

Das Morgen tanzt im Heute

Transformation im Kapitalismus und über ihn hinaus

Eine Veröffentlichung der Rosa-Luxemburg-Stiftung

VSA: Verlag Hamburg

www.vsa-verlag.de

Titelfoto: emoji/photocase.com
Druck und Buchbindearbeiten: Idee, Satz & Druck, Hamburg
ISBN 978-3-89965-568-1

Inhalt

»Denken heißt Überschreiten. So jedoch, dass Vorhandenes nicht unterschlagen, nicht überschlagen wird. Weder in seiner Not, noch gar in der Bewegung aus ihr heraus. Weder in den Ursachen der Not noch gar im Ansatz der Wende, die darin heranreift. Deshalb geht wirkliches Überschreiten auch nie ins bloß Luftleere eines Vor-uns, bloß schwärmend, bloß abstrakt ausmalend. Sondern es begreift das Neue als eines, das im bewegt Vorhandenen vermittelt ist, ob es gleich, um freigelegt zu werden, aufs Äußerste den Willen zu ihm verlangt.« (Bloch 1985: 2)

Linkes Nachdenken über Transformationen als sorgfältig zu analysierende reale gesellschaftliche Übergänge, die jede und jeden einzelnen betreffen, und über Transformation als strategisches Konzept zielt auf Zukünftiges, das in der Gegenwart bereits rumort. Darauf verweist der Titel dieses Buches: Das Morgen tanzt im Heute.

Aber ist dies vielleicht doch nur eine Hoffnung und nicht mehr? Ist das Neue angesichts finanzkapitalistischer Übermacht schon längst in aussichtsloser Position und im Chaos von globalen Krisen bereits aufgerieben? Oder ist gerade in solcher Situation eine kategorische Verpflichtung der Linken, sich von Negativszenarien nicht entmutigen zu lassen, jede Chance des Übergangs zu einer besseren Gesellschaft in den gegebenen Verhältnissen zu erfassen und den heute möglichen Schritten eine weiterführende – transformatorische – Perspektive zu eröffnen?

Mit solcher Sicht und daran orientiertem Handeln emanzipatorischer Kräfte könnte sich die jüngste mehrdimensionale Gesellschaftskrise, die mit dem Formwandel der Finanzkrise von der Bankenkrise zur Staatsschuldenkrise und dem äußerst instabilen Abklingen der Weltwirtschaftskrise keineswegs beendet ist, als Beginn eines fundamentalen Einschnitts in die globale Entwicklung erweisen. Auf zwei Konfliktfeldern wird dies besonders dramatisch deutlich. Das eine Feld genießt die gesamte Aufmerksamkeit der Politik und der Medien von früh bis spät. Das ist das Feld der Finanzen, auf dem es den Machteliten um den Erhalt ihres Systems und insbesondere um die Rettung der Banken und Investmentfonds, der Hauptschuldigen an der Finanzkrise, geht. Das andere Feld ist die Umwelt, deren bedrohlicher Zustand ebenfalls ein dauerndes Medienthema und Gegenstand politischer Sonntagsreden ist. Aber der Kraftaufwand der Mächtigen auf diesem Gebiet ist entschieden kleiner als der zur Rettung der Banken, obwohl es hier um die Gefährdung der natürlichen Lebensgrundlagen der Menschheit geht.

- Die ohnehin zweifelhafte Ratio des neoliberalen Kapitalismus, Profit zu machen und dies zunehmend in der Sphäre der Finanzgeschäfte, ist in Irrationalität umgeschlagen. Das reine Finanzvermögen ist weltweit derart gewachsen, dass es schon längst nicht mehr genug Anlagemöglichkeiten in Produktion und Dienstleistungen findet, die den hohen Profitansprüchen genügen. Die globalen Finanzanlagen hatten im Jahr 2010 einen Umfang von 211 Bio. US-Dollar. Das waren 356 Prozent des globalen Sozialprodukts von 59 Bio. US-Dollar in diesem Jahr. Die Anlage des Finanzvermögens in Krediten, Aktien und anderen Wertpapieren ist stets mit Forderungen zu seiner Verwertung verbunden. Würde der Verzinsungsanspruch nur ein Prozent betragen, so wäre das ein Anspruch der Vermögenden auf 2,11 Bio. US-Dollar pro Jahr. Das entspräche 3,6 Prozent des Weltsozialprodukts, also fast dessen gesamtem jährlichen Zuwachs. Tatsächlich sind die Verwertungsansprüche der Eigentümer von Vermögen jedoch mehrfach höher und übersteigen längst den Zuwachs des Sozialprodukts. Das Wachstum der Finanzvermögen ist schlechthin absurd geworden. Ihre destruktive Wirkung entlädt sich in immer neuen Krisen.

  Die Aufrechterhaltung der Verwertungsansprüche des Geldvermögens führt zu verstärktem Lohndruck, Abbau von Sozialleistungen, Privatisierung von öffentlichem Eigentum und öffentlicher Daseinsvorsorge, zu Expansion, zur Überausbeutung der Natur und zur Verschuldung von privaten Haushalten, Unternehmen und Staaten. Die Eskalation der Verschuldungsprozesse wird in Europa mit Sparprogrammen beantwortet, die die Armen noch ärmer machen, die die Massennachfrage abwürgen und die Kluft zwischen Vermögensansprüchen und realem Wachstum noch vertiefen. Je mehr der Reichtum anschwillt, desto stärker wird seine destruktive Wirkung auf den sozialen Zusammenhalt der Gesellschaft. Für die finanzkapitalistischen Geldvermögen gilt offenkundig das Zitat, das Marx aus einer Schrift Boisguilleberts entnahm: »Das Geld ist der Henker aller Dinge geworden.« (MEW 23: 155)
- Noch irrationaler ist, dass der anschwellende Kapitalreichtum nur noch um den Preis einer fortschreitenden Zerstörung der natürlichen Existenzgrundlagen der Menschheit gesteigert wird. Darauf verweisen die wachsende Bedrohung der Klimastabilität, die fortschreitende Zerstörung der Biodiversität, Ernährungs- und Wasserkrisen und andere Gefahren der Umweltkrise. Nach dem im Auftrag des UN-Generalsekretärs erarbeiteten »Millennium Ecosystem Assessment« von 2005 gelten 15 von 24 der von den natürlichen Ökosystemen geleisteten Funktionen für das menschliche Leben als gefährdet. Besonders bedrohlich ist die

wahrscheinliche wechselseitige Kumulation eines solchen Systemversagens (Wuppertal Institut 2008: 118, 470). Schon heute sind die Naturbedingungen des Lebens von hunderten Millionen Menschen bedroht, trägt dies zu Migrationsströmen bei und löst zusammen mit anderen Konflikten Klima- und Ressourcenkriege aus.

Beide Dimensionen der Irrationalität verleihen einer Metapher Walter Benjamins für den destruktiven Charakter kapitalistischen Fortschritts neue fatale Bedeutung: »Es gibt ein Bild von Klee, das Angelus Novus heißt. Ein Engel ist darauf dargestellt, der aussieht, als wäre er im Begriff, sich von etwas zu entfernen, worauf er starrt. Seine Augen sind aufgerissen, sein Mund steht offen und seine Flügel sind ausgespannt. Der Engel der Geschichte muss so aussehen. Er hat das Antlitz der Vergangenheit zugewendet. Wo eine Kette von Begebenheiten vor uns erscheint, da sieht er eine einzige Katastrophe, die unablässig Trümmer auf Trümmer häuft und sie ihm vor die Füße schleudert. Er möchte wohl verweilen, die Toten wecken und das Zerschlagene zusammenfügen. Aber ein Sturm weht vom Paradiese her, der sich in seinen Flügeln verfangen hat und so stark ist, dass der Engel sie nicht mehr schließen kann. Dieser Sturm treibt ihn unaufhaltsam in die Zukunft, der er den Rücken kehrt, während der Trümmerhaufen vor ihm zum Himmel wächst. Das, was wir Fortschritt nennen, ist dieser Sturm.« (Benjamin 1984: 161) Michael Brie und der Autor der hier vorliegenden Schrift haben Anfang der 1990er Jahre in dem Buch »Der Engel der Geschichte« an diese Metapher Benjamins erinnert, um an einem wichtigen Wendepunkt deutscher und europäischer Geschichte vor einer Transformation zu warnen, die den Osten dem Westen nur nachformt und die Transformationsbedürftigkeit des Westens ignoriert (Brie/Klein 1993: 223).

Die bürgerlich-kapitalistischen Gesellschaften haben einen Produktivkraftfortschritt ohnegleichen erreicht, den materiellen Lebensstandard großer Teile der Bevölkerung in der westlichen Gesellschaft ganz erheblich angehoben, die Lebenserwartung der Bevölkerung dort fast verdoppelt, Individualisierungsprozesse als einen Grundtrend der Moderne ermöglicht und einen Siegeszug der repräsentativen bürgerlichen Demokratie hervorgebracht.

Sie haben mit ihren Modernequalitäten den gegenwärtigen Herrschaftsverhältnissen eine angesichts der Häufung von Katastrophen erstaunliche Stabilität verliehen. Aber diese Stabilität hat selbst Züge einer Katastrophe, da sie inzwischen ein Fortschreiten am Rande des ökologischen Supergaus, den Hunger von bis zu einer Milliarde und mehr Menschen, das Andauern von Ernährungs- und Rohstoffkrisen, Kriegen, Staatenzerfall und Erosion der Demokratie bedeutet. Dieser Zusammenhang von instabiler Stabilität, destruktiver Herrschaft und Gefährdung der menschlichen Zivilisation muss in den kommenden Transformationsprozessen überwunden werden.

In der Parallelität und Wechselwirkung von ökologischer Krise und Finanzkrise tritt ein Widerspruch so heftig wie nie zuvor zutage, der uns im Verlauf dieser Schrift immer wieder begegnen wird und auf die notwendige Tiefe künftiger Transformationsprozesse verweist. In der Umweltkrise wird offenbar, dass der Natur zu viele Ressourcen entzogen werden und dass ihre Aufnahmefähigkeit für Emissionen, Produktions- und Konsumtionsabfälle bereits weit überfordert ist. Die Wohlhabenden in den reichen Ländern verbrauchen zu viel von dem Falschen, die Benachteiligten bekommen oft zu wenig von dem Notwendigen, um die Natur mit Bedacht schonen zu können. In Gesundheit und Bildung wird zu wenig investiert, zu viel dagegen in Umwelt zerstörende Branchen wie die fossile und atomare Energieversorgung, die Pkw-Produktion, die Herstellung von Rüstungsgütern, den Luftgütertransport und in einen Konsum, der selbst die Lebenszufriedenheit der Bessergestellten nicht mehr dauerhaft erhöhen kann. Es sind die Disproportionen in Wirtschaft und Gesellschaft, die im Stoffwechsel mit der Natur deren Kreisläufe zerstören.

Die kapitalistische Gesellschaft beherrscht in ihren Reproduktionsprozessen weniger denn je, welche Gebrauchswerte wirklich gebraucht werden. Die Marktmechanismen sind erst in zweiter Linie daran orientiert, welche Dinge und Leistungen für die Menschen wichtig sind. Ihr entscheidender Maßstab ist, womit sich die höchsten Gewinne erzielen lassen, wie die Unternehmen aus dem eingesetzten Kapitalwert noch größeren Wert machen können.

Die Regulierung der Wirtschaft ist eine Wertregulierung. Die aber erschlägt eine vernünftige Entwicklung der Gebrauchswertstruktur des Sozialprodukts. Dringlicher denn je bedürfen die gebrauchswertmäßigen Proportionen tiefgreifender gelenkter Neujustierung, um die Umwelt zu bewahren, die Armut zu überwinden und Lebenssicherheit zu gewährleisten. Aber im Widerspruch dazu hat sich kraft politischer Entscheidungen zur Deregulation und Finanzialisierung eine Entkopplung der Finanzmärkte von der so genannten Realwirtschaft vollzogen. Schon seit jeher steht der Profit im Verein mit Preisen, Zinsen, Miet- und Pachterträgen sowie Steuern im Zentrum der Marktregulierung.

Nun aber, mit der Finanzialisierung des neoliberalen Kapitalismus, mit der Priorität der Finanzmärkte gegenüber allen anderen Märkten, mit der vorrangigen Orientierung der herrschenden Politik an den Interessen von Großbanken und Investmentgesellschaften, ist der Widerspruch zwischen überlebensnotwendigen Eingriffen in die stoffliche und Gebrauchswertsseite gesellschaftlicher Produktion und tatsächlicher Regulierung nach einem ganz anderen, längst untauglichen Maßstab unerträglich geworden. Dieser Maßstab sind Wertkategorien wie die Profite auf den Finanzmärkten, wie der Shareholder-Value und die Gewinne aus der Kursentwicklung von undurchschaubaren Finanzprodukten, über die selbst Banker die Kontrolle verloren haben.

Hochgradig abgekoppelt von der realen Produktion und von realen Dienstleistungen ist die Regulierung durch die Finanzmärkte außerstande, eine sozialökologische Transformation samt der dazugehörigen einschneidenden Veränderungen in der stofflichen Zusammensetzung der Wirtschaftsleistung zu bewältigen.

Der von Marx im »Kapital« analysierte Widerspruch zwischen Wert und Gebrauchswert hat in der Gleichzeitigkeit von Finanzkrise und Krise der Biosphäre die Dimensionen existenzieller Bedrohung menschlicher Lebensgrundlagen gewonnen.

Wer die Entwicklung der Gesellschaft daran orientieren will, was Menschen für ihr menschenwürdiges Dasein brauchen, muss infrage stellen, nach welchen Maßstäben die Gesellschaft heute funktioniert. Transformatorisches Denken muss also in Neuland jenseits der etablierten Verhältnisse vorstoßen. Ähnlich wie der Physiker Werner Heisenberg über die Wissenschaft schrieb: » ... wirkliches Neuland in einer Wissenschaft (kann) wohl nur gewonnen werden, wenn man an einer entscheidenden Stelle bereit ist, den Grund zu verlassen, auf dem die bisherige Wissenschaft ruht, und gewissermaßen ins Leere zu springen.« (Heisenberg 1987: 24) Transformationskonzepte leben von der Möglichkeit des scheinbar Unmöglichen. Aber Heisenberg warnte auch vor dem Verlust realistischen Denkens: »Der Versuch, alles Bisherige aufzugeben und willkürlich zu ändern, führt zu reinem Unsinn.« (ebd.: 22) Transformationskonzepte sind gebunden an das real Machbare. Sie müssen Realismus und Radikalität zu radikaler Realpolitik vereinen (Brie 2009). Darin besteht die Kunst einer emanzipatorischen Transformationspolitik.

Auf die historische Agenda gerät nach der Großen Transformation, die Karl Polanyi in seinem Werk »The Great Transformation« analysierte, eine neuerliche Transformation, die alle Sphären des gesellschaftlichen Lebens auf der Erde umwälzen wird, und die eine pure finanzkapitalistische Wertregulation kategorisch ausschließt. Die erste Große Transformation umfasste den Übergang vom Feudalismus, von der kleinen Warenproduktion, der Subsistenzwirtschaft und anderen vorkapitalistischen Formen zur kapitalistischen Warenproduktion und deren Entfaltung. Im Ergebnis dieses Prozesses von mehr als 300 Jahren (Kossok 1988: 42) dominiert der Profit die Wirtschaft und die Gesellschaft, ist die Wirtschaft nicht mehr in die Gesellschaft eingebettet, sondern ist diese der Wirtschaft unterworfen (Polanyi 1978: 88f). Die Natur ist der Kapitalverwertung einverleibt, als sei sie grenzenlos verfügbar und als könnten die ökologischen Gleichgewichte beliebig und folgenlos dem kapitalistischen Wachstum geopfert werden. Die Risikogesellschaft (Ulrich Beck) hat sich zu einer Menschheitsgefährdungsgesellschaft (Hans Jonas-Zentrum) gesteigert.

1. Doppelte Transformation – die Herausforderung

Als historische Antwort auf diese Quintessenz der ersten Großen Transformation wurde eine zweite Große Gesellschaftstransformation zur Herausforderung (Reißig 2009). Analog zu der von Polanyi analysierten Transformation wird ihr Inhalt wiederum der Übergang zu einem anderen alternativen Gesellschaftssystem sein, zu einer solidarischen, gerechten Gesellschaft im Einklang mit der Natur, die auch als demokratischer grüner Sozialismus bezeichnet werden kann. Das folgt aus dem Charakter der im Rahmen des Kapitalismus, d.h. der Profitdominanz in Wirtschaft und Gesellschaft, offenbar nicht oder nur unzureichend lösbaren Probleme unserer Epoche.

Aber der neoliberale Kapitalismus ist nicht allein eine Gesellschaft der Häufung von Trümmern und Katastrophen, er verfügt – wie eben festgestellt – noch immer über Potenzen, die überraschend dauerhafte Herrschaftsstrukturen ermöglichen (Crouch 2011). Nicht allein aus diesem Grunde, aber auch deshalb wird als Grundthese in der hier vorliegenden Arbeit formuliert und im Fortgang der Darstellung weiter begründet:

> Eine zweite Große Transformation wird zur Aufgabe des 21. Jahrhunderts. Aber sie wird in Europa voraussichtlich nicht unmittelbar der nächste Akt der Geschichte sein.

Der Widerspruch zwischen globalen und innergesellschaftlichen Gefährdungen der Zivilisation einerseits und nach wie vor existierenden Evolutionspotenzialen des Kapitalismus und ihrer Umsetzung in die flexible Bewahrung der schon längst nicht mehr zeitgemäßen Herrschaftsverhältnisse andererseits wird sehr wahrscheinlich nicht unvermittelt durch eine antikapitalistische zweite Große Transformation zu lösen sein (siehe Kapitel 6, 9, 10). Diese Lösung wird eher mit einer »kleinen« Transformation, das heißt mit einer Transformation im Rahmen des Kapitalismus beginnen. Den innerkapitalistischen Transformationen vom Konkurrenz- zum Monopolkapitalismus, von diesem zum sozialstaatlich regulierten fordistischen Kapitalismus und schließlich zum neoliberalen Kapitalismus könnte nach der hier entwickelten Erwartung eine postneoliberale Transformation folgen.

> Ihr Inhalt könnte unter der zentralen Voraussetzung erheblicher Veränderungen in den gesellschaftlichen Kräfteverhältnissen, die gegenwärtig

allenfalls in Ansätzen existieren, der Übergang zu bürgerlich-kapitalistischen Gesellschaften sein, die demokratischer als zurzeit verfasst sind, die sich Schritten zu einer Erneuerung des Sozialstaats nicht verschließen, sich einem ökologischen Umbau der Gesellschaft öffnen und unter dem Druck der globalen Probleme Wege zu ihrer friedlichen und kooperativen Lösung beschreiten.

Je konsequenter ein solcher Übergang durchgesetzt wird, desto mehr wird er mit den Eigentums-, Verfügungs- und Machtstrukturen des Kapitalismus, mit patriarchalen und anderen Herrschaftsverhältnissen kollidieren. Desto mehr werden die konservativen Kräfte des herrschenden Blocks bestrebt sein, diesen Wandel zu unterdrücken und zurückzurollen. Die alternativen Akteure werden herausgefordert sein, gegen solche Restauration im Verlauf der kommenden Kämpfe tendenziell sozialistische Elemente, Institutionen, Werte, Handlungsorientierungen und Praxen zu stärken.

In die innerkapitalistische Transformation zu einer sozial regulierten bürgerlich-kapitalistischen Gesellschaft mit grünen Elementen könnte sich der Einstieg in eine zweite Große Transformation hineinschieben. Eine Transformation im Rahmen des Kapitalismus wird zunehmend bereits Tendenzen einschließen, die über den Kapitalismus hinausweisen. Das ist der Grundgedanke des Konzepts doppelter Transformation für Europa.

Dieses Konzept hält daran fest, dass eine Große Transformation als Prozess der Überwindung des Kapitalismus die Perspektive ist, die schon in der Gegenwart rumort, also nicht bloße Wunschvorstellung ist. Ein linkes Transformationskonzept schließt daher Zweierlei ein: zum einen *analytische Aussagen* über real stattfindende Transformationsprozesse sowie über reale Ansätze kommender Transformationen und zum anderen konzeptionelle Vorstellungen über intendierte Transformationsverläufe, die zur *Fundierung linker Strategien* beitragen können. Der Transformationsbegriff hat sowohl einen analytischen Inhalt wie einen prospektiven normativen Gehalt.

In der Betonung einer die gegenwärtigen Verhältnisse umwälzenden Perspektive erscheint der radikale oder revolutionäre Anspruch demokratisch-sozialistischer Politik. Aber ein solches Konzept orientiert linke Strategien in Europa für die nächsten Jahrzehnte zugleich auf eine sozialökologische Transformation im bürgerlich-kapitalistischen Rahmen. Das ist das realistische Moment radikaler Realpolitik. Es stützt sich auf analytisch feststellbare Ansätze einer solchen Veränderung in den gegenwärtigen Verhältnissen (siehe Kapitel 12). Innerkapitalistische Transformation und Große Transformation werden jedoch voraussichtlich nicht als säuberlich getrennte Entwicklungsphasen nacheinander, sondern verschränkt ineinander verlaufen. Das ist das dialektische Moment radikaler Realpolitik. Denn »die konkrete Phantasie und das Bildwerk ihrer vermittelten Antizipationen sind im Prozess des Wirklichen gärend und bilden sich im konkreten Traum nach vorwärts ab; antizipatorische Elemente sind ein Bestandteil der Wirklichkeit selbst.« (Bloch 1985: 227)

Die deutliche theoretische Unterscheidung beider Typen von Transformation – der systeminternen und der systemüberschreitenden Transformation – ist für die Realitätsgebundenheit konkreter Reformpolitik in der absehbaren Zeit, für ihre mögliche Reichweite, für die Breite von Bündnissen, für die Bewertung von Veränderungen im Rahmen der gegebenen Verhältnisse, für die Empathiefähigkeit, Sprache und Kommunikationsweise linker Akteure sehr wichtig. Es ist ein gravierender Unterschied, ob die Erwartung einer unmittelbaren Transformation zum Sozialismus die Strategie der Linken und ihre Wahrnehmung in der Bevölkerung bestimmt, oder für lange Zeit der Kampf um bessere bürgerlich-kapitalistische Verhältnisse – mit Blick allerdings auf den Zusammenhang von Transformationsprozessen *im* Kapitalismus und *über ihn hinaus* (siehe hier das Kapitel 6).

Die Auffassung, dass eine realistische Strategie linker Kräfte in Europa für einen längeren Zeitraum auf postneoliberale demokratische, soziale und ökologische Übergänge im Rahmen des Kapitalismus zielen sollte, geht davon aus, dass dieser nach wie vor reformfähig ist. Er ist fähig zu systeminternen und systembewahrenden Reformen, deren Richtung und Inhalt aber umkämpft ist. Austeritätspolitik, imperiale Geopolitik, Erosion der Demokratie, Umweltzerstörung, neokoloniale Praktiken, patriarchale Macht, Rechtsextremismus, Rassismus und kulturelle Niedergangsprozesse verweisen auf das Gegenteil von progressiver bürgerlicher Transformation.

Die Auffassung, dass radikale Realpolitik der Linken in Europa die Transformation zu einem sozial und ökologisch regulierten Kapitalismus mit dem Beginn einer zweiten Großen Transformation über den Kapitalismus hinaus verbinden muss, geht davon aus, dass die Reformfähigkeit des Kapitalismus ihm durch Gegenmächte immer wieder aufgenötigt werden muss, und dass sie überdies, gemessen an den Herausforderungen, durch die entscheidenden globalen Menschheitsprobleme begrenzt ist. Die Profitdominanz ist nicht mit tatsächlich umfassender Gerechtigkeit, nicht mit Wachstumsverzicht zugunsten einer stabilen Biosphäre, nicht mit dem Ende von Herrschaftsverhältnissen und – trotz prinzipieller Friedensfähigkeit – nicht mit dem Verschwinden von Tendenzen militärischer Gewaltanwendung vereinbar.

> Die Dialektik von Reformfähigkeit des Kapitalismus, die unter der Voraussetzung gravierend veränderter Kräfteverhältnisse die Option einer progressiven bürgerlichen Transformation eröffnet, und von Grenzen dieser Reformfähigkeit, die mit einer zweiten Großen Transformation zu einer besseren Gesellschaft zu beantworten ist, führt zu dem Konzept einer doppelten Transformation.

Die Orientierung linker Strategie an einer doppelten Transformation ist dem Konzept einer zweiten Großen Transformation nicht entgegenzusetzen, entspricht aber präziser den Erfordernissen radikaler Realpolitik. Der Autor dieser Schrift versteht dies als Weiterentwicklung seiner eigenen Position. Er überschrieb eine seiner Arbeiten 2010 mit dem Titel »Eine zweite Große Transformation und die Linke«. Der Untertitel der hier präsentierten Schrift verweist auf einen veränderten Akzent: »Transformation im Kapitalismus und über ihn hinaus« – doppelte Transformation also.

Das Verständnis einer zweiten Großen Transformation als Übergang vom Kapitalismus zu einer solidarischen und gerechten Gesellschaft im Einklang mit der Natur beziehungsweise zu einer nachhaltigen Solidargesellschaft (Reißig) legt nahe, nach dem Verhältnis einer solchen Großen Transformation zum Sozialismus zu fragen. In der hier vorliegenden Arbeit wird demokratischer Sozialismus als eine von Grund auf demokratisch erneuerte, solidarische, gerechte, dem Erhalt der Biosphäre verpflichtete moderne Friedensgesellschaft verstanden (Brie/Spehr 2008). Beide Bestimmungen werden als sinngleich betrachtet.

Sozialismus wird nicht als ein fertiges ganz anderes Gesellschaftssystem und schon gar nicht als Wiederauflage des gescheiterten Staatssozialismus begriffen. Viel eher kann eine demokratische europäische Linke an Karl Polanyis Sozialismusverständnis anknüpfen: »Sozialismus ist ihrem Wesen nach die einer industriellen Zivilisation innewohnende Tendenz, über den selbst regulierten Markt hinauszugehen, indem man ihn bewusst einer demokratischen Gesellschaft unterordnet. ... Vom Standpunkt der Gemeinschaft als Ganzes bedeutet Sozialismus nur die Fortsetzung jenes Bemühens, die Gesellschaft zu einer humanen Gemeinschaft der einzelnen zu gestalten, die in Westeuropa stets mit christlichen Traditionen verbunden war.« (Polanyi 1978: 311)

Sozialismus ist in diesem Sinne als Ziel, Bewegung und orientierendes Wertesystem zu verstehen, als ein ständiger demokratischer Prozess. Die

Linkspartei hatte in ihrem Chemnitzer Grundsatzprogramm von 2003 ihr Verständnis eines demokratischen Sozialismus formuliert: »Sozialismus ist für uns ein notwendiges Ziel, eine Gesellschaft, in der die freie Entwicklung einer und eines jeden zur Bedingung der freien Entwicklung aller geworden ist. Sozialismus ist für uns eine Bewegung gegen die Ausbeutung des Menschen durch den Menschen, gegen patriarchale Unterdrückung, gegen die Ausplünderung der Natur, für die Bewahrung und Entwicklung menschlicher Kultur, für die Durchsetzung der Menschenrechte, für eine Gesellschaft, in der Bürgerinnen und Bürger ihre Angelegenheiten demokratisch regeln. Sozialismus ist für uns ein Wertesystem, in dem Freiheit, Gleichheit und Solidarität, Emanzipation, Gerechtigkeit, Erhalt der Natur und Frieden untrennbar miteinander verbunden sind.« (Die Linke.PDS 2003: 3) Sozialismus ist ein Prozess, in dem die Dominanz des Profits durch die Dominanz der Persönlichkeitsentfaltung der einzelnen in Solidarität mit anderen überwunden wird.

Eine zweite Große Transformation ist ein umkämpfter Prozess. Unterschiedliche Interessengruppen verbinden mit diesem Prozess verschiedene Intentionen. Was das Resultat künftiger Transformationsverläufe sein wird, ist offen und bleibt ein Gegenstand der Transformationsforschung. Hier wird eine Große Transformation als Übergang zu einer demokratischen, solidarischen Gesellschaft freier Individuen verstanden, die synonym als demokratischer grüner Sozialismus bezeichnet werden kann. Das Besondere in dieser Schrift ist, dass dieser Übergang als doppelte Transformation erwartet wird, als Beginn einer Großen Transformation bereits im Verlauf einer progressiven bürgerlichen Transformation.

Der Begriff doppelte Transformation bezeichnet einen bei veränderten Kräfteverhältnissen zu erwartenden und in Ansätzen durchaus bereits zu beobachtenden Verlauf progressiver gesellschaftlicher Entwicklung. Dieser wird aber nicht in zwei verschiedenen Phasen nacheinander erfolgen. Vielmehr wird mit dem Begriff doppelte Transformation hervorgehoben, dass beispielsweise im öffentlich-rechtlichen und kommunalen Eigentum, im Non-Profit-Sektor und in genossenschaftlicher Wirtschaft, in öffentlicher Daseinsvorsorge, der Sozialstaatlichkeit, der Open-Source-Bewegung und anderen gemeinwirtschaftlichen und solidarischen Produktions- und Lebensformen Tendenzen einer nichtkapitalistischen Gesellschaft stecken, die gegenwärtig allerdings in das Funktionieren des Kapitalismus integriert sind. Wenn aber emanzipatorische Kräfte diese Tendenzen von den ihnen eigentlich wesensfremden kapitalistischen Einbindungen befreien und sie zur Entfaltung bringen, ihnen stärkeres Gewicht verleihen und sie wechselseitig in einer demokratischen Erneuerung der Gesellschaft verknüpfen, würde sich schon im Rahmen einer postneoliberalen bürgerlichen Transformation eine systemüberschreitende Gesellschaftsformation ankündigen.

> Das Morgen, zurzeit noch durch seine Einordnung in die Vergesellschaftungsformen des Kapitalismus fern von seinen künftigen Entfaltungsmöglichkeiten, könnte beginnen, im Heute zu tanzen.

Es könnte sich mit diesen Ansätzen einer künftigen solidarischen und gerechten Gesellschaft verhalten wie mit zunächst überdeckten Anlagen von Menschen, die bei großen Anstrengungen zu voller Geltung gelangen können. Um im Bild des Morgen zu bleiben, das zu sich selbst kommend im Heute zu tanzen beginnt, sei eine Impression von der Biografie des weltberühmten Tänzers Rudolf Nurejew zitiert.

In seiner frühen Kindheit erlebte Nurejew die Schrecken des Zweiten Weltkrieges. In einem Hospital tanzte er als Fünfjähriger, vom Kindergarten organisiert, zwischen den Lazarettbetten amputierter Soldaten für den Lohn von Brot- und Gemüseresten. Von schwächlicher Statur bezog er in der Schule von den anderen Kindern wiederholt Prügel. Wenn er auf dem Lehmboden der elterlichen Hütte Tanzschritte probierte, musste er die aufgeplatzten Schuhe mit Bändern an den Füßen befestigen. Sein lächerlicher Anblick verbot jeden Gedanken an eine spätere Karriere als Tänzer. Der Vater verprügelte ihn, wenn er seine Tanzposen bemerkte, er solle nicht sinnlos seine Zeit vergeuden. In der schmutzigen Kantine der Raffinerie hatte er nach dem Schichtwechsel einen Auftritt vor einem halben Hundert rauchender und trinkender Arbeiter. Ausgelacht und angepöbelt tanzte er mit Blut in den harten und zu engen Schulen weiter, bis irgendetwas in seiner Hingabe die Zuschauer erreichte und ihnen plötzlich Beifall abnötigte. – Wenn es sich selbst zur Geltung zu bringen weiß, kann das noch Verborgene ein Wahrnehmen erreichen, sieht sich dadurch ermutigt und ermutigt sich selbst. »Verloren sei der Tag, wo nicht einmal getanzt wurde.«

Später werden Zeichnungen von Nurejews Füßen aus Paris nach London zu dem kunstfertigsten Ballettschuhmacher seiner Zeit geschickt werden, »und aufgrund der Zeichnungen weiß er, was für ein Leben diese Füße hinter sich haben: Ihr Eigentümer ist in barfüßiger Armut aufgewachsen, und zwar – das schließt er aus der ungewöhnlichen Breite der Knochen – ist er nicht auf Gras, sondern hauptsächlich auf Beton gelaufen, hat seine Füße dann in zu kleine Schuhe gezwängt, hat später als andere Tänzer mit dem Tanzen begonnen – und darauf deutet die Tatsache hin, dass die Füße relativ klein, aber recht breit sind: Größe 7EEE –, und danach hat er seinen Füßen durch exzessives Üben Gewalt angetan, denn sie sind ganz kantig, verfügen aber über bemerkenswert viel Kraft.« Zu dieser Zeit wird Nurejew aus allen Fesseln seiner Herkunft und der gesellschaftlichen Verhältnisse in der Sowjetunion – die Eltern verbannt in die verbotene Stadt Ufa, er selbst als Verräter seiner Heimat gebrandmarkt – entkommen sein, und Triumphe rund um die Erde feiern. Milliardäre, Könige und Regierungschefs, die berühmtesten Musiker und Filmstars werden ihn umwerben. Er wird ein lebender Mythos sein. Sein Talent und sein Genie, einst von nur wenigen erfasst, als es doch eigentlich schon erkennbar war, wird aller Welt offenbar sein und Stürme der Begeisterung auslösen.

Nurejew wird schreiben: »Tamara, wenn dieser Brief dich erreicht, dann sag Mutter bitte, dass ich ständig an sie denke. Sag ihr, dass ihr Sohn tanzt, um die Welt zu verbessern. Und flüstere meinen Namen in das Gras, wo Vater ist. Das ist alles. Rudik.« (McCann 2003)

Zu erwarten, dass eine kommende postneoliberale Transformation im Rahmen bürgerlich-kapitalistischer Gesellschaften Europas und eine Große Transformation über sie hinaus verschränkt miteinander die Entwicklung bestimmen werden, ist keine voluntaristische Konstruktion. Diese Erwartung ergibt sich – zunächst – schon daraus, dass die gesamte Geschichte des Kapitalismus von dem Widerstreit zweier Logiken oder Prinzipien gekennzeichnet war, dessen Bewegung unter den neuen gegenwärtigen Bedingungen wahrscheinlich die Gestalt einer doppelten Transformation annehmen wird. Karl Polanyi schrieb: »Das eine Prinzip war das Prinzip des Wirtschaftsliberalismus, das auf die Schaffung eines selbstregulierten Marktes abzielte, auf die Unterstützung durch die gewerbetreibenden Schichten zählte und als Methode weitgehend Laissez-faire und den Freihandel benützte; das andere war das Prinzip des Schutzes der Gesellschaft, das auf die Erhaltung der Menschen und der Natur sowie der Produktivkräfte abzielte, auf die wechselnde Unterstützung jener zählte, die von der verderblichen Wirkung des Marktes als erste betroffen werden – vor allem, aber nicht nur, der arbeitenden und bodenbesitzenden Klasse -, und Schutzgesetze, Schutzvereinigungen und andere Interventionsmittel als Methoden benützte.« (Polanyi 1978: 185) Über den das Marktprinzip bestimmenden Profitmechanismus urteilte Polanyi: »Die Auswirkungen auf das Leben der Menschen waren unbeschreiblich grausam. Die menschliche Gesellschaft wäre tatsächlich vernichtet worden, hätte es keine schützenden Gegenströmungen gegeben, die das Wirken dieses selbstzerstörerischen Mechanismus dämpfen.« (ebd.: 112)

In zweifacher Weise ist dieser Widerspruch in der Natur des Kapitals selbst angelegt. *Erstens* ist das Kapital ein gesellschaftliches Verhältnis der Ausbeutung der Lohnabhängigen und anderer gesellschaftlicher Gruppen durch die kapitalistischen Eigentümer (MEW 6: 409). »Das Kapital setzt ... die Lohnarbeit, die Lohnarbeit setzt das Kapital voraus. Sie bedingen sich wechselseitig; sie bringen sich wechselseitig hervor.« (MEW 23: 184) Das Kapitalverhältnis schließt zwangsläufig Kämpfe ein, in denen es der Kapitalseite und seiner Dienstklasse um höchstmögliche Profite und den Gegenmächten um die Beschränkung und Zurückdrängung der Profitdominanz geht. Die Kapitallogik ruft von Beginn des Kapitalismus an eine Soziallogik auf den Plan, inzwischen eine sozial-ökologische Gegenlogik. *Zweitens* treibt das Kapital seinem expansiven Charakter gemäß den Vergesellschaftungsprozess voran, eine universelle Arbeitsteilung also und eine ständig wachsende Rolle allgemeiner Bedingungen der Reproduktion wie einer intakten Umwelt, wie Bildung, Gesundheit, Kommunikation, Mobilität und anderer Bereiche der Daseinsvorsorge. Die Machteliten müssen in ihrem eigenen herrschaftlichen Gesamtinteresse Gesellschaftssphären fördern, deren Finanzierung den Einzelkapitalen als Umverteilung zulasten ihrer eigenen Profite erscheint und daher auf ihren Widerstand stößt. Mehr noch, sowie diese Sphären unter dem Druck gesellschaftlicher Gegenmächte für die Teilhabe aller Bürgerinnen und Bürger kostenlos oder zu geringen Preisen und Gebühren geöffnet werden sollen, fallen sie aus dem Bereich der Kapitalrentabilität heraus und konstituieren Tendenzen mit sozialistischen Zügen. Die konservativsten Fraktionen der Machteliten nehmen solche Entwicklung alarmiert als systemfremd wahr und machen mobil gegen sie. Es ist kein Zufall, dass die Gesundheitsreform Barack Obamas von den Neokonservativen als angeblich sozialistisch attackiert und beschnitten wurde. Als die EU-Kommission in ihrer Energieeffizienz-Richtlinie eine verbindliche Steigerung der Energieeffizienz um 20 Prozent bis 2020 vorschreiben wollte, brachte der deutsche Wirtschaftsminister dieses Vorhaben als angeblich planwirtschaftlich zu Fall.

Sowohl die Kämpfe demokratischer Kräfte als auch die Notwendigkeit für die Machteliten, selbst gegen einzelkapitalistische Interessen die allgemeinen Bedingungen der eigenen Herrschaft zu sichern, führen zu zwiespältigen Ergebnissen. Einerseits können sie eine flexible Erneuerung der bürgerlich-kapitalistischen Gesellschaften durch zeitgemäße innerkapitalistische Transformationsprozesse hervorbringen. Das geschah mit dem Übergang zu Roosevelts New Deal in den USA, mit der Herausbildung der skandinavischen Wohlfahrtstaaten und in den Nachkriegsjahrzehnten mit einem sozialstaatlichen regulierten Kapitalismus/Fordismus in allen westlichen Industrieländern. Andererseits haben Kämpfe für die Zurückdrängung der Profitdominanz, für einen öffentlichen Sektor und öffentliche Daseinsvorsorge und für eine stärkere öffentliche Regulierung beispielsweise der Finanzmärkte und der Energiewirtschaft stets eine subversive Tendenz. Unter der Voraussetzung, dass es alternativen Kräften gelingt, die Funktionalisierung solcher Veränderungen zur Festigung des bestehenden Herrschaftssystems abzuwenden und sie im Gegenzug für Schritte zur Zurückdrängung der Profitdominanz zu öffnen, wenn also die Dominanz der Profitlogik beginnt, in die Dominanz der sozial-ökologischen Logik umzuschlagen, können in der Tat solidarische oder potenziell sozialistische Tendenzen an Gewicht gewinnen und den Beginn einer Großen postkapitalistischen Transformation einleiten.

> Der dem Kapitalismus immanente Widerspruch zwischen Kapitallogik und sozial-ökologischer Logik bildet eine Klammer zwischen möglicher postneoliberaler innerkapitalistischer Transformation und der Einleitung einer zweiten Großen Transformation. Die sozial-ökologische Gegenlogik kann als Antwort auf die sich vertiefenden Widersprüche des Kapitalismus schon eine postneoliberale innerkapitalistische Transformation stark beeinflussen. Aber ihrer Natur nach ist sie antikapitalistisch und kann in sozialistische, d.h. radikal humanorientierte Entwicklungsformen umschlagen.

Ein *Zwischenfazit* ergibt zunächst das folgende Verständnis von Transformation.

- Eine Große Transformation ist der Übergang und Wechsel von einer Gesellschaftsformation zu einer anderen. Marx folgend könnten die asiatische, die antike und die feudale Gesellschaftsformation, die kapitalistische und die sozialistisch-kommunistische Formation unterschieden werden. In der Literatur finden sich auch andere Interpretationen historischer Abfolgen von Gesellschaftssystemen (siehe Reißig 2009: 39f.; Brie 2003: 12). Nach der Großen Transformation von vorkapitalistischen Gesellschaften zu heute erdumspannend dominierenden bürgerlich-kapitalistischen Gesellschaften ist das langfristige Ziel der Linken eine zweite Große Transformation zu einer solidarischen gerechten Gesellschaft im Einklang mit der Natur. Viele Linke werden diese Gesellschaft und die Bewegung auf sie zu als demokratischen grünen Sozialismus bezeichnen.
- Von einer solchen Systemtransformation ist die Transformation innerhalb eines Gesellschaftssystems von einer relativ konstanten Gestalt zu einer anderen relativ stabilen Form oder Phase dieses Systems zu unterschei-

den. Der Kapitalismus der freien Konkurrenz, der Monopolkapitalismus, der als Fordismus bezeichnete sozialstaatlich regulierte Kapitalismus und der neoliberale Kapitalismus sind solche bisher bekannten Formen bürgerlich-kapitalistischer Gesellschaften in Europa. Von dem hier vertretenen Standpunkt linker radikaler Realpolitik könnte die nächste innerkapitalistische Transformation der Übergang vom neoliberalen Kapitalismus zu einem sozial regulierten Kapitalismus mit starken grünen Elementen sein – geöffnet für den Beginn einer Großen Transformation bereits im Verlauf einer progressiven bürgerlichen Transformation.

Dieses Fazit ergibt sich aus der Sicht auf Gegenwart und mögliche Zukünfte Deutschlands im europäischen Kontext. Das ist ausdrücklich hervorzuheben, weil Überlegungen zur Transformation in anderen Erdregionen, vor allem in Lateinamerika, die nicht Gegenstand dieses Buches sein können, ganz sicher weitergehende Einsichten ermöglichen werden.

Das hier entwickelte Verständnis von Transformation unterscheidet sich erheblich von den Mainstream-Interpretationen transformatorischer Prozesse. Rolf Reißig hat sich ausführlich mit den sehr verschiedenen Transformationsauffassungen auseinandergesetzt, die in der wissenschaftlichen Literatur und in öffentlichen Diskursen vertreten werden (Reißig 2009). Hier ist die Aufgabe nicht, dies nachzuzeichnen. Allerdings ist die hier vertretene Konzeption einer doppelten Transformation von zwei besonders verbreiteten Deutungen gegenwärtiger Transformationsvorgänge abzugrenzen.

2. Transformation als Nachvollzug westlicher Verfasstheit – eine erste Deutung im herrschenden Diskurs

Die eine dieser beiden Vorstellungen über gegenwärtige Übergänge erlebte ihre Hochkonjunktur in den 1990er Jahren, als sie zum Deutungsrahmen der praktischen Transformationspolitik im Osten Europas und Deutschlands avancierte. Der Mainstream der Sozialwissenschaften begleitete den Übergang vom Staatssozialismus zum Kapitalismus in einer großen Welle der durch Drittmittel reichlich geförderten Transformationsforschung. Ulrich Beck brachte den Kern des damals ganze Bibliotheken füllenden herrschenden Transformationskonzepts auf den Punkt: »Marktwirtschaft und keine Widerworte!« Die Transformationsaufgaben des Herbstes ´89 und der 1990er Jahren wurden von den Machteliten des Westens als Aufgabe »nachholender Modernisierung« (Zapf 1992) oder »nachholender Revolution« (Habermas 1990) im Osten Deutschlands und Europas gedeutet. Wolf Lepenies´ Befund lautete: »Die politische Klasse der alten Bundesrepublik hat, mit wenigen Ausnahmen, aus der Vereinigung und ihren Folgen ein Festival der Selbstbestätigung gemacht.« (Lepenies 1992: 31) Sie konnte sich dabei auf das mehrheitliche Interesse der Ostdeutschen stützen, schnell an dem Wohlstand und an den Freiheiten teilzuhaben, die das westdeutsche Modell versprach. Die deutsche Einheit vollzog sich als nahezu totale Ausweitung der Strukturen der alten Bundesrepublik auf Ostdeutschland, als Transfer von Institutionen, Eliten und Ressourcen von West nach Ost.

1999 resümierte Professor Wolfgang Merkel vom Wissenschaftszentrum Berlin in seinem Buch »Systemtransformation. Eine Einführung in die Theorie und Empirie der Transformationsforschung« mit dem Anspruch, deren internationalen »state of the art« zusammenzufassen, was der Inhalt von Transformationsprozessen in unserer Epoche sei: »der Übergang von einem Ordnungssystem zu einem grundsätzlich anderen System. Dies umfasst den Übergang von Diktaturen zu Demokratien, der Plan- und Kommando- zur Marktwirtschaft sowie den Wandel von geschlossenen zu offenen Gesellschaften.« (Merkel, 1999: 15) Außerhalb des Denkhorizonts der etablierten scientific community blieb die Perspektive einer Transformation von repräsentativen zu partizipativen Demokratien, von profitorientierter Marktwirtschaft zu einer solidarischen Mischwirtschaft mit starkem gesellschaftlichem Eigentum und sozial-ökologischer Rahmensetzung für den Markt, von offenen Gesellschaften, deren Offenheit in Wahrheit durch den sozialen Ausschluss großer Teile der Erdbevölkerung erheblich beschränkt ist, zu tatsächlich offenen Gesellschaften sozial gleicher Teilhabe aller Erdenbürgerinnen und -bürger an den elementaren Bedingungen eines selbstbestimmten Lebens. Die Eigentums-, Verfügungs- und Machtverhältnisse der OECD-Welt wurden nicht infrage gestellt.

Dies beruhte auf einer einäugigen Auffassung der tatsächlichen historischen Herausforderungen gegen Ende des 20. Jahrhunderts. Der Staatssozialismus war an den Defiziten seiner Grundstrukturen gescheitert. Seine Überwindung war schon längst dringliches Gebot. Aber in den 1970er Jahren war auch der sozialstaatlich regulierte Kapitalismus, der Fordismus, in die Krise geraten. Er hatte sich seit den 1930er Jahren in Gestalt der wohlfahrtsstaatlichen Entwicklung in skandinavischen Ländern, als New Deal in den USA und schließlich nach dem Zweiten Weltkrieg mehr oder weniger ausgeprägt in der gesamten OECD-Welt durchgesetzt. Doch seit den 1970er Jahren ging die fordistisch-sozialstaatliche Entwicklungsphase der bürgerlich-kapitalistischen Gesellschaften zu Ende. Das starke Wirtschaftswachstum schlug in eine langfristige Tendenz zu gedämpftem Wachstum um. Die niedrigen Wachstumsraten führten in den meisten westlichen Industrieländern zu chronischer Massenarbeitslosigkeit und zumindest zur Erosion der herkömmlichen Vollzeitbeschäftigung durch zunehmend prekäre Beschäftigungsbedingungen. Die Dominanz von Erweiterungsinvestitionen verkehrte sich mit negativen Beschäftigungsfolgen in den Vorrang der Rationalisierung vor Erweiterung. Hatte das fordistische Wachstum einst reichliche Steuern in die Staatskassen gespült und die Entfaltung des Sozialstaats gestützt, so begann nun die Staatsverschuldung anzusteigen und wurde mit der Erosion des Sozialstaats beantwortet. Komplementär zur Erosion sozialer Legitimierung der Herrschaftsverhältnisse nahmen autoritäre und überwachungsstaatliche Tendenzen zu.

Die Krise des Fordismus konstituierte eine Scheidewegsituation. In den Auseinandersetzungen der widerstreitenden Kräfte mussten Entscheidungen über die Richtung einer unvermeidbar gewordenen Transformation zu einer neuen Form des Kapitalismus, zu einem neuen Akkumulationsregime, einer neuen Regulationsweise, veränderten Werten, Handlungsnormen und Lebensweisen getroffen werden (Busch/Land 2012: 111ff). Die Erschöpfung der Wachstumspotenziale der den Fordismus tragenden Branchen hätte durch einen ökologischen Umbau kompensiert werden können. Aber dieser vor allem von den Grünen vertretene Ansatz konnte sich nicht durchsetzen. Er hätte nicht Deregulierung, sondern eine starke gestaltende Struktur- und Umweltpolitik erfordert. Die relative Sättigung der Nachfrage der Mittelklassen nach Konsumgütern hätte durch die Erhöhung der unteren Einkommen und den Ausbau der öffentlichen Daseinsvorsorge bei Veränderungen in den Lebensweisen zugunsten postmaterieller Werte beantwortet werden können. Gegen das Erstarken der konservativen Machteliten hätte es der Mobilisierung aller demokratischen Kräfte für eine Erneuerung der Demokratie und eines wirksamen Engagements der Linken für Elemente eines demokratischen Sozialismus bedurft. Doch eine ganz andere Richtung der Transformation wurde durchgesetzt, der Übergang zu einer neoliberalen Gestalt des Kapitalismus

Die konservativen Machteliten nutzten die Krise des sozialstaatlich regulierten Kapitalismus als ihre Chance. Sie deuteten sie absichtsvoll als Resultat staatlicher Überregulierung und angeblich überzogener und leistungsmindernder Sozialstaatlichkeit. Sie beantworteten sie nach neoliberalem Credo mit einer marktradikalen Politik der Liberalisierung, Deregulierung, Privatisierung und schließlich Finanzialisierung.

Sie taten dies im Namen größerer Freiheitsräume für die Individualisierung und die Selbstentfaltung der Einzelnen und setzten so erhebliche Entwicklungspotenziale frei. Wichtige und über das fordistische Konsummodell hinausgehende kulturelle Aufbrüche, nicht zuletzt feministische Ansprüche, wurden in das etablierte Herrschaftsgefüge integriert und dabei allerdings amputiert. Erstmals wurde die marktradikale Wirtschaftstheorie Milton Friedmans mit dem Militärputsch in Chile 1973 zur Orientierung der praktischen Wirtschafts- und Gesellschaftspolitik. Besonders in den USA und in Großbritannien war der Abbau des Sozialstaats längst im Gange und schritt auch in Deutschland schon voran, ehe er dann später durch die Regierung Schröder/Fischer einen entscheidenden Schub in Gestalt der Agenda 2010 erhielt. Der Bericht »The Limits to the Growth« an den Club of Rome hatte schon längst spektakulär auf die Gefährdung der natürlichen Existenzbedingungen der Menschheit durch profitorientiertes Wachstum verwiesen. Für die Entwicklungsländer waren die 1980er Jahre ein verlorenes Jahrzehnt.

Die Chance, die Krise des Fordismus für einen Aufbruch zu mehr Demokratie, zur Erneuerung des Sozialstaates bei geringerem Wirtschaftswachstum und zu nachhaltigen gesellschaftlichen Naturverhältnissen zu nutzen, blieb ungenutzt. Eine entgegengesetzte Richtung setzte sich durch, die Ära des neoliberalen Kapitalismus, in der fordistische Elemente allerdings weiterwirken. Der Kapitalismus erfuhr eine Transformation zu einer neuen Entwicklungsphase. Hochtechnologische Innovationen, die Globalisierung und der Druck der mit ihr verbundenen Verdrängungskonkurrenz auf den Weltmärkten brachten ebenso Reichtumszuwächse mit zuvor nicht bekannten neuen Entwicklungsoptionen wie Gefahren für die menschliche Zivilisation hervor. Die Lösung der Krise des Fordismus hat in eine Sackgasse geführt. Die jüngste Mehrfachkrise des Kapitalismus ist Ausdruck und Resultat dieser Sackgasse (Demirović et. al. 2011).

> Nach der Weggabelung in der Krise des Fordismus ist mit dieser mehrdimensionalen Krise erneut eine Scheidewegkonstellation entstanden, in der durch die Kämpfe unserer Zeit zwischen verschiedenen möglichen Entwicklungspfaden für die kommenden Jahrzehnte entschieden wird. Das unheilvolle Resultat der neoliberalen Antworten auf die Entscheidungssituation zuvor in der Krise des sozialstaatlich regulierten Kapitalismus ist eine Warnung vor einer erneut falschen Weichenstellung. Nicht noch einmal sollten Transformationsprozesse unter das Vorzeichen der Postdemokratie, autoritärer Tendenzen, sozialer Kälte, ökologischer Blindheit und imperialer Politik geraten.

Für die westliche Welt rückt aus der Sicht linker gesellschaftlicher Kräfte ein viel weiterreichender Inhalt zukunftsoffener Transformationsprozesse auf die Tagesordnung als der von Wolfgang Merkel beschriebene. Die postdemokratische Aushöhlung der repräsentativen Demokratie (Crouch 2008) fordert deren Erneuerung auf der Grundlage einer partizipativen Demokratie und Wirtschaftsdemokratie heraus. Nachdem sich der Gedanke einer sozialen Marktwirtschaft, die nach Ludwig Erhards Beschwörung »Wohlstand für alle« bringen sollte, in die Realität des Finanzmarktkapitalismus verwandelt hat, in eine permanente Folge von Finanzkrisen und in tiefste Klüfte zwischen Reichtum und Armut, die nach wie vor Frauen in besonderem Maße betreffen, wird zur Herausforderung für künftige Transformationsprozesse, die Märkte durch eine soziale und ökologische Rahmensetzung zu bändigen und nach Maßstäben des Gemeinwohls statt der Profitdominanz zu regulieren.

Dies war allerdings schon in der Krise des fordistischen Akkumulations- und Regulationsregimes in den 1970er Jahren und in der Wendesituation 1989/90 erkennbar. Doch der Mainstream-Diskurs kannte nur eine Richtung der Transformation: die Kapitalverwertung in neoliberaler Gestalt auf die finanzmarktkapitalistische Spitze zu treiben und diese Entwicklung auf die ehemals staatssozialistischen Länder auszuweiten. Alternative Transformationsvorstellungen galten als völlig unrealistisch und als Ausdruck hoffnungslos veralteten Denkens. Dieses Urteil betraf beispielsweise das Konzept einer doppelten Modernisierung (Klein 1990; Klein 1991). Es wurde 1990 am Institut für interdisziplinäre Zivilisationsforschung der Humboldt-

Universität entwickelt. Dieses Institut war aus dem von Michael Brie geleiteten reformkritischen Projekt »Moderner Sozialismus« hervorgegangen.[1] Als sich nahezu die gesamte etablierte deutsche Sozialwissenschaft auf eine Transformation Ostdeutschlands nach dem Muster der Bundesrepublik konzentrierte, warb das Konzept der doppelten Modernisierung für eine Transformation im Westen zu einer gerechten, solidarischen Gesellschaft anstelle der Fortsetzung neoliberaler Entwicklung. Für den Osten Deutschlands sah dieses Konzept vor, sich die Evolutionspotenziale moderner bürgerlicher Gesellschaften anzueignen, jedoch nicht den Status Westdeutschlands anzustreben, sondern sich mit den eigenen Erfahrungen in einen gemeinsamen Transformationsprozess mit der Perspektive einer anderen menschengerechteren Gesellschaft in Europa einzubringen.

Natürlich widersprachen die realen Kräfteverhältnisse einer solchen Transformation. Aber zu fragen ist mit Blick auf die heutigen Herausforderungen für antizipatorisches Denken, ob dies verantwortlich Denkende und zumal Intellektuelle legitimiert, realitätsbezogene Zukunftsvorstellungen gegen die Akklamation für eine Politik auszutauschen, die an den wirklich großen Fragen unserer Zeit vorbeigeht. Max Weber hatte über solchen Konflikt geschrieben: »Selbstverständlich aber ist nun ferner ... für den Einzelnen ein stets erneut auftauchendes Problem, ob er die Hoffnung auf Realisierbarkeit seiner praktischen Wertungen aufzugeben habe angesichts seiner Erkenntnis des Bestehens einer eindeutigen Entwicklungstendenz, welche die Durchsetzung des von ihm Erstrebten ... derart unwahrscheinlich macht, dass seine Arbeit daran, an der Chance des Erfolgs bewertet, als sterile ›Donquixoterie‹ erscheinen müsste.« (Weber 1988: 513) Für diesen Fall erwog Weber, dass die Menschen unter solchem Druck zur Preisgabe ihrer Ideale neigen und stellte – überaus aktuell – fest: »In Deutschland glaubt man dies mit dem Namen ›Realpolitik‹ schmücken zu dürfen. Es ist jedenfalls nicht einzusehen, warum gerade die Vertreter einer ... Wissenschaft das Bedürfnis fühlen sollten, dies noch zu unterstützen, indem sie sich als Beifallssalve der jeweiligen ›Entwicklungstendenz‹ konstituieren.« (ebd.) »Die spezifische Funktion der Wissenschaft scheint mir gerade umgekehrt: Dass ihr das konventionell Selbstverständliche zum Problem wird.« (ebd.: 502)

---

[1] Das Institut wurde durch Jürgen Habermas, Cornelius Castoriades, Günter Gauss und andere seiner Gäste zur Verwirklichung seines eigenständigen Entwicklungskonzepts ermuntert, von Jürgen Kocka positiv evaluiert – und als nicht passfähig zu den Wissenschaftsstrukturen der alten Bundesrepublik nach anderthalb Jahren aufgelöst (Brie /Klein 1992: 235ff).

Die Verdrängung von Alternativen im Westen 1989 und danach begünstigte eine zunehmend marktradikale Entwicklung des Kapitalismus und eine Entfaltung des Finanzmarktkapitalismus, bis dies in die jüngste mehrdimensionale Krise hineinführte. Zusammen mit der fortschreitenden Schädigung der Biosphäre, vor allem der Gefährdung der Klimastabilität und der Reduzierung der Artenvielfalt, mit dem Andauern von Armut, Hunger, akuten Ernährungs- und Wasserkrisen und millionenfachem Tod durch »an sich« längst mit Erfolg behandelbare Krankheiten in den Entwicklungsländern, mit Kriegen und mit der Erosion der in vielen Erdregionen gerade erst neu aufkeimenden Demokratie ist eine Gesellschaftskrise heraufgezogen, die die gesamte Zivilisation betrifft. Die FAZ vom 22.10.2008 schrieb zu dieser Krise: »Die Lage war derart verzweifelt, dass alleiniges Vertrauen in die Selbstheilungskräfte des Marktes sehr wahrscheinlich in eine Katastrophe geführt hätte.« Der damalige Finanzminister Peer Steinbrück fasste das Gefühl in den inneren Zirkeln der Macht zusammen: »Da haben wir alle in einen Abgrund geblickt.« (Der Spiegel, 29.9.2008)

Die europäische Linke präsentierte in der Krise eine Vielzahl richtiger Forderungen zur Bändigung der Finanzmärkte, zum Schutz der Bürgerinnen und Bürger vor der Abwälzung der sozialen Krisenfolgen auf sie und zur Stabilisierung der Wirtschaft durch Zukunftsinvestitionsprogramme in Bildung, Gesundheit, Infrastrukturen und Umwelt.

> Aber in Deutschland und auch in anderen Ländern hat die Linke auf die öffentlich diskutierte Krise des Neoliberalismus nicht mit dem Aufrufen eines alternativen Gesellschaftsprojekts geantwortet. Sie hat nicht vermocht, in die öffentliche Suche nach Antworten auf die Krise Konturen einer zukunftsfähigen gerechten Gesellschaft einzubringen. So als ließe sich eine linke Gesellschaftsalternative auf die Summe einzelner Forderungen und Projekte reduzieren.

In Zeiten tiefer Erschütterung der kapitalistischen Regulationsweise, der Delegitimierung der Machteliten, des offenen Zutagetretens der Inkonsistenz und Untauglichkeit herrschender Politik hätte eine linke radikale Realpolitik den Legitimationsverlust der herrschenden Politik nutzen und die Unausweichlichkeit einer emanzipatorischen Alternative in das öffentliche Bewusstsein heben müssen, ohne allerdings auch nur im Geringsten auf praktische Maßnahmen und Reformschritte im unmittelbaren Interesse der von der Krise schuldlos Betroffenen zu verzichten. Aber eine solche grundsätzliche Antwort bleibt die gesamte gesellschaftliche Linke bisher schuldig oder kann sie zumindest nicht vernehmbar in den öffentlichen Diskurs einbringen.

Sie handelt in Europa schon seit der zweiten Hälfte der 1990er Jahre aus einer Situation der Schwäche heraus. Aber Generalstreiks in südeuropäischen Ländern gegen die ihnen aufgenötigten Sparprogramme, neue unkonventionelle Protestbewegungen, Aufbegehren der Jugend in mehreren Ländern gegen Arbeits- und Perspektivlosigkeit, Wahlerfolge linker Parteien in Griechenland, Dänemark, Frankreich und in der Slowakei deuten auf eine Gegentendenz des Erstarkens alternativer Kräfte hin. Die Zeit ist gekommen, an die Adresse der Herrschenden zu erklären: Eure vom Kapitalismus bestimmte Transformation hat keine Zukunft. Die kommende Transformation wird eine emanzipatorische, soziale, ökologische und feministische sein!

Doch dies ist zunächst eine normative Behauptung und ein politisches Ziel vieler alternativer Akteure, zum großen Teil angesiedelt im Reich der Hoffnungen. Die gegenwärtigen gesellschaftlichen Kräfteverhältnisse sprechen eher gegen die Wahrscheinlichkeit einer solchen angestrebten Entwicklung. Die Vorstellungen von einer künftigen gerechten, solidarischen Gesellschaft im Einklang mit der Natur beruhen zudem zurzeit nicht auf einer ausgearbeiteten, überzeugenden Transformationstheorie.

Bis heute behauptet sich die Vorstellung, dass Transformation etwas für die »anderen« sei, die sich dem finanzialisierten neoliberalen Kapitalismus anzunähern hätten. Dem liegt das konservative Beharren auf der Überzeugung zugrunde, dass sich an der gegenwärtig dominierenden Gestalt des Kapitalismus nichts Wesentliches zu ändern habe. Die westlichen Zentren bedürften keiner Transformation.

3. Transformation als diffus-unverbindlicher Allerweltsbegriff – eine zweite Deutung im herrschenden Diskurs

Aber mit diesem Dogma mischt sich die Konjunktur einer zweiten Gebrauchsweise des Begriffs Transformation, die sich vor allem durch diffuse Unbestimmtheit auszeichnet. Sie ist nicht auf den Status quo der westlichen Welt fixiert, sondern suggeriert die Auffassung, dass sich die Menschheit bereits mitten in einem neuen großen Transformationsprozess befinde. Die Global Scenario Group im Umfeld des Stockholmer Environment Institute (SEI) beispielsweise sieht sich durch die Globalisierung zu der Aussage veranlasst, die Menschheit sei »derzeit mitten in dem dritten Übergang, den wir als planetarische Phase der Zivilisation bezeichnen« (Stockholm Environment Institute 2003: 15). Sie folge dem ersten Übergang von der Steinzeit zu den ersten Hochkulturen und dem zweiten Übergang von diesen Hochkulturen zur Moderne des letzten Jahrtausends.

Als Transformation zu einer neuen Zivilisation, die sich mitten in ihrer Herausbildung befinde, wird in vielen öffentlichen Diskursen die Fülle ganz unterschiedlicher Tendenzen interpretiert: die Globalisierung, hochtechnologische Umwälzungen, der Aufstieg der Idee nachhaltiger Entwicklung (die aber seit dem Bericht der Weltkommission für Umwelt und Entwicklung »Unsere gemeinsame Zukunft« aus dem Jahr 1987 leider zur Allerweltsdeklaration ohne reale Orientierungskraft herabsinkt), der als postmateriell bezeichnete Wertewandel, demokratische Aufbrüche in vielen Ländern, das Phänomen so genannter sozialer Netzwerke in Gestalt der Facebook- und Twitter-Gemeinden, globale Kräfteverlagerungen zugunsten der BRIC-Staaten und vieles mehr.

In raschem Tempo verbreitet sich der Gebrauch des Begriffs Transformation für eine ökologische Modernisierung des Kapitalismus (Dellheim 2009). Konzentriert auf die Entwicklung und den Einsatz von Umwelttechnologien gewinnt im Sprachgebrauch der EU-Administration »transformation to a low-carbon economy« an Gewicht. In Gremien der Vereinten Nationen wird Transformation vielfach als bereits im Gang befindlicher Übergang zu nachhaltiger Entwicklung verstanden. Die Weltversammlung der Vertreter von etwa 60 Wissenschaftsakademien im Mai 2000 erklärte sich als mobilisiert für eine weltweite Transition zu nachhaltiger Entwicklung (www.interacademies.net). Die erste Potsdamer Konferenz von Nobelpreisträgern im Jahr 2007 fasste eine künftige Große Transformation als Realisierung von Kohlenstoffgerechtigkeit und als Nutzung der Atmosphäre auf abgesenktem Niveau der CO_2-Emissionen auf. In ihrem Memorandum wird formuliert: »Wir stehen an einem geschichtlichen Wendepunkt, wo der Bedrohung unseres Planeten nur mit einer Großen Transformation begegnet werden kann. Diese Transformation muss jetzt beginnen.« Die zweite Potsdamer Konferenz 2009 formulierte »Meilensteine der Großen Transformation« und verstand als solche ein effektives und gerechtes globales Abkommen über den Klimawandel, einen energiewirtschaftlichen Strukturwandel zu geringeren CO_2-Emissionen und den Erhalt und die Wiederaufforstung der tropischen Regenwälder. Der Wissenschaftliche Beirat der Bundesregierung Globale Umweltveränderungen vertritt die Auffassung: »Bereits seit geraumer Zeit befindet sich das fossile ökonomische System international im Umbruch. Dieser Strukturwandel wird vom WBGU als Beginn einer ›Großen Transformation‹ zur nachhaltigen Gesellschaft verstanden.« (WBGU 2011: 1)

Die Europäische Kommission begründete 2007 in der Konferenz »Towards a ›Post-Carbon Society‹. European Research on economic incentives and social behaviour« ihr Verständnis einer Transformation zu einem kohlenstoffarmen Zeitalter als Modernisierung der Lissabon-Strategie: Wachstum und Spitzenpositionen für die Europäische Union in der Welt durch Entwicklung von Umwelttechnologien und Erschließung von Umweltmärkten! In diesem Transformationsverständnis der Kommission wird die Orientierung auf eine technologisch verstandene Nachhaltigkeit zum genauen Gegenteil von gesellschaftlicher Transformation.

Die Deutung ganz verschiedener Prozesse als Transformation zu einer neuen Zivilisation bewegt sich zwischen Realitätsgehalt und diffuser Überdeckung der großen Konfliktlinien unserer Zeit. Tatsächlich bergen manche der genannten Prozesse Potenziale für die Überschreitung des neoliberalen Kapitalismus und für Auswege aus der Zivilisationskrise, in die er geführt hat. Es ist aber völlig offen, ob sie tatsächlich in eine andere Zivilisation münden werden, oder ob sie eher in den neoliberalen Herrschaftsmechanismus integriert bleiben. Da der Geschichtsverlauf offen ist, kann sich durchaus herausstellen, dass viele der genannten Veränderungsprozesse Keimzellen eines großen Zivilisationswechsels sind. Das könnte als der reale Gehalt der Rede von einer sich bereits vollziehenden Transformation zu einer neuen Zivilisation betrachtet werden.

Aber gegen diese Annahme ist einzuwenden, dass dieser (künftigen) Möglichkeit die gegenwärtige Realität einer Zivilisation entgegensteht, in der der neoliberale Kapitalismus noch immer die Verhältnisse der Produktion und Verteilung, die politischen Machtkonstellationen, in erheblichem Maße die Geschlechterverhältnisse, die Weltwirtschaftsbeziehungen, die Sicherheitslage und die Vorstellungen der meisten Erdbewohner von erstrebenswerten Lebensweisen bestimmt. Die Behauptung, wir befänden uns weltweit bereits auf dem Weg in eine Zivilisation jenseits der gegenwärtigen, könnte leicht den Blick für die Größe der Aufgaben trüben, vor denen sich die alternativen Kräfte sehen, die einen wirklichen zivilisatorischen Umbruch zuwege bringen könnten, aber gegenwärtig noch zu schwach dafür und in der Defensive sind.

Die Annahme, die Welt befinde sich bereits in der Transformation zu einer neuen Zivilisation, birgt die Gefahr, dass der Begriff Transformation zum freundlich-unverbindlichen Allerweltsbegriff gerät. Sein antikapitalistisches Potenzial erfährt so eine »diskursive Entsorgung« (Georg Bollenbeck). Seine Verführungskraft besteht dann in der vagen Aussicht darauf, dass alles sich irgendwie zum Guten wenden werde. Macht-, Eigentums- und Herrschaftsverhältnisse bleiben in diesem Typ eines allgemein-menschlichen Diskurses ausgeblendet. Transformation gerät zum Dachbegriff für die Gesamtheit globaler Veränderungen, sowohl der Gefahren wie der Chancen, verbunden durch die Suggestion einer Hoffnung auf guten Ausgang der offenen Situation. Ein Teil der Machteliten stimmt in diesen Diskurs ein – teils mit der Ahnung von der Notwendigkeit neuer Strategien, teils um sich selbst als hegemoniefähig auch im Umgang mit neuen Problemlagen darzustellen. Eine solche Transformationsauffassung findet zuweilen Anschlüsse auch in solchen linksintellektuellen Kreisen, die eine Kritik kapitalistischer Profitdominanz und der finanzkapitalistischen Eigentums- und Machtverhältnisse hinter der Hoffnung auf die Einsicht der politischen Klasse in die Dringlichkeit verantwortungsvollen Handelns zurückstellen.

Die beiden für die Beeinflussung der öffentlichen Meinung wesentlichen Deutungen von Transformation – nämlich erstens als Aufgabe derer, die sich dem gegenwärtigen westlichen Gesellschaftssystem erst anzunähern hätten, während die Grundstrukturen der OECD-Welt keiner tieferen Veränderung bedürften, und zweitens als sich angeblich schon vollziehender globaler Wandlungsprozess zum irgendwie Besseren – sind im Fortgang dieser Arbeit nun ins Verhältnis zu den unterschiedlichen tatsächlichen Entwicklungstendenzen und zu alternativen Zukunftsvorstellungen zu setzen. Denn Transformation wird in dieser Arbeit als realer Prozess verstanden, der sowohl aus nicht intendierten Umständen wie auch aus intendierten Einflüssen resultiert. Das schließt ein, Transformation auch als Ergebnis von Transformationsstrategien zu verstehen. Die dabei zu kennzeichnenden Elemente unterschiedlicher Gesellschaftsprojekte werden vermutlich längere Zeit neben- und gegeneinander bei wechselseitiger Beeinflussung existieren, bis die Kämpfe zwischen ihnen für eine nächste Phase entschieden sein werden (Institut für Gesellschaftsanalyse 1/2009; Candeias 2009). Fünf Entwicklungswege und Szenarien, die diese beschreiben, zeichnen sich ab.

4. Fünf Szenarien möglicher Zukünfte

4.1 Szenario I: Neoliberales »Weiter so«

Dieser Entwicklungspfad folgt der Vorstellung von konservativen Fraktionen der Machteliten, dass Transformation keine Herausforderung für die Zentren der westlichen Welt, sondern ein Problem der anderen sei. Das Institut für Gesellschaftsanalyse der Rosa-Luxemburg-Stiftung hat dies als Weg der Richtungskonstanz auf unveränderter Grundlage bezeichnet (Institut für Gesellschaftsanalyse 2011).

Das Beharren auf dem gegenwärtig vorherrschenden, für die Lösung dringlichster Gesellschaftsprobleme aber untauglichen Gesellschaftskonzept ist der Gegenpol zu dem hier vertretenen Konzept doppelter Transformation. Die folgende knappe Skizze der Grunddefizite neoliberaler Entwicklung ist daher auch ein Plädoyer für eine alternative Transformation.

Auf das Festhalten an einem neoliberalen Kurs auch nach der jüngsten Mehrfachkrise deutet der weiter praktizierte Kanon von Finanzialisierung, Deregulierung, Privatisierung und Liberalisierung hin. Jedes dieser Prinzipien neoliberaler Politik stürzt in jeweils spezifischer Weise Millionen Menschen in Unsicherheiten und vielgestaltige Nöte und fordert den Übergang zu einem entgegengesetzten emanzipatorischen Gesellschaftsprojekt heraus. Auf dem zentralen Konfliktfeld des internationalen Finanzsystems und seiner Krise wird das besonders deutlich:

Finanzialisierung

Die für die Staatenwelt am meisten unkontrollierbaren Märkte sind die Finanzmärkte – trotz vieler einzelner Regulierungsschritte als Reaktion auf die Finanzkrise. Die Finanzmärkte sind das wahre Eden des Marktradikalismus. Das globale Bruttoinlandsprodukt zu laufenden Preisen stieg von 55,6 Bio. US-Dollar im Vorkrisenjahr 2007 auf 62 Bio. 2010. Das globale Volumen allein der Derivate betrug nach Angaben der Bank für Internationale Zusammenarbeit 700 Bio. US-Dollar. Der Umfang der gesamten Finanztransaktionen ist 75-mal so hoch wie die Weltproduktion. Der spekulative Charakter des Großteils von Finanzgeschäften zeigt sich ferner darin, dass die Devisenumsätze 2010 den Weltexport von Gütern und Dienstleistungen in Höhe von 18 Bio. US-Dollar um das 55,5-fache übertrafen (Hickel 2012: 31, 78). Der tägliche globale Geldumsatz auf dem global foreign exchange market betrug 2007 3,3 Bio. US-Dollar, im Gesamtjahr also über eine Brd. US-Dollar. Er stieg trotz der Finanzkrise bis 2010 auf täglich 4 Bio. US-Dollar, wuchs also stärker als die so genannte Realwirtschaft (Matthes nach Angaben des Internationalen Währungsfonds und der Bank für Internationalen Zahlungsausgleich 2011: 1). Mehr als zwei Drittel der globalen Finanzumsätze entfallen auf hochgradig von der Realwirtschaft abgelöste, krisenschwangere Finanzprodukte.

Deregulierung

Eine Vielzahl von Maßnahmen zur Regulierung der Finanzmärkte, ein endloses Karussell von Gipfeltreffen und Finanzministertagungen auf der Ebene der G8, G20 und der EU zur Beratung möglicher politischer Interventionen in die Märkte und ein extremer Aufwand dafür könnten zu dem Schluss führen, die neoliberale Deregulierung sei einer neuen Phase der Re-Regulierung gewichen. Doch das wäre ein Fehlschluss. Zwar nehmen die Staatsinterventionen zu, doch die Mehrzahl von Regulierungsschritten zielt auf die Rettung und Stabilisierung der Banken und Investmentfonds, also der Hauptakteure der weitgehend verselbstständigten Finanzmärkte. Das politische Establishment ist fixiert darauf, ob »die Märkte« Maßnahmen freundlich aufnehmen oder ob sie enttäuscht reagieren, ob sie Regierungen ihr Vertrauen schenken oder entziehen würden, ob sie ihnen – sekundiert von Rating-Agenturen – Kredite zu erträglichen Zinssätzen gewähren oder verweigern. Von den Finanzmärkten ist in der Sprache der Politiker und der Medien die Rede, als seien sie eine Art leiblicher Überwesen. Reguliert wird so, dass die hochgradig deregulierten Wirtschaftsphären nicht ernsthaft angetastet werden.

Beispielsweise gelten die neuen Regeln des Baseler Ausschusses zur Erhöhung des von den Banken zu haltenden Eigenkapitals (Basel III) abgesehen von einer ganzen Reihe einschränkender Vorbehalte nur für Banken, aber nicht für die zur Abwicklung besonders riskanter Geschäfte von ihnen geschaffenen Schattenbanken, in deren Mittelpunkt die kaum regulierten Hedgefonds und Private Equity Fonds stehen. Die Verbindlichkeiten der Schattenbanken übertreffen inzwischen die der normalen Geschäftsbanken (Fisahn 2012: 15). Rudolf Hickel schätzt, dass ein Viertel des weltweiten Bankengeschäfts über die von den Banken beherrschten, aber regellosen Kapitalsphären getätigt wird. 80 Prozent und mehr des Derivatehandels werden auch im fünften Jahr nach Ausbruch der jüngsten Finanzkrise nicht auf geregelten Märkten, sondern over the counter, das heißt vorbei an den Börsen, abgewickelt. Die durch die Gipfelserien der Regierungschefs der G8, G20, der EU und von Weltbank- und IWF-Treffen immer wieder verkündete stärkere Regulierung der Finanzmärkte findet so statt, dass ihre Dereguliertheit grundsätzlich erhalten bleibt.

Zur neoliberalen Deregulierung gehört vor allem die von der Bundesrepublik mit besonderer Härte gegenüber den schwächeren Schuldnerstaaten der EU durchgesetzte Austeritätspolitik. Das heißt, die Deregulierung betrifft am meisten die Rücknahme sozialstaatlicher Leistungen im Gesundheits- und Bildungswesen, bei Arbeitslosigkeit und die Kürzung der Renten.

In Athen wie in ganz Griechenland greifen Hunger, Obdachlosigkeit, Krankheiten, Kriminalität, Prostitution und Ausländerhass um sich. »Der Spiegel« 13/2012: »Vor ein paar Jahren noch saßen Touristen und Athener bei Café Frappé auf dem Omonium-Platz. Heute kampieren Obdachlose auf den Luftschächten, in regelmäßigen Abständen patrouillieren Polizisten in schusssicheren Westen. Selbst der Verkehr hat nachgelassen. ... Hier, mitten in der Stadt, geht es nicht mehr um Zahlungsunfähigkeit eines Staates, es geht um den sozialen Bankrott des Landes. Mit dem Putz an den Polykatoikias, den typischen Athener Wohnhäusern, wackelt auch die Zivilisation. Und wo die Not groß ist, da wächst nicht so sehr das Rettende als vielmehr der Hass.«
»›Zu vermieten‹ steht an vernagelten Fenstern oder hinter blindem Glas, ›Zu verkaufen‹. Massud hat es eilig, er will zu Hause sein, ehe es dunkel ist. Denn dann kommen sie, um ihn zu jagen. Bis zu 20 Mann stark sind die rechten Schlägertypen, sie nähern sich ihren Opfern zu Fuß oder auf Mopeds, mit Knüppeln und mit Messern. Maskiert sind sie, gesichtslos und schnell, sie tauchen plötzlich auf, sie sagen nichts, sie schlagen zu. Mitten im Zentrum von Athen, in den Straßen nördlich des Omonia-Platzes, machen die Neofaschisten Jagd auf Einwanderer. Säubern nennen sie das.

Sie jagen Menschen wie Massud, Afghane aus Kabul, 25, seit fünf Jahren lebt er hier, eine Aufenthaltsgenehmigung hat er nicht, auch wenn er fließend Griechisch spricht. Massud arbeitet als Tagelöhner, in Kabul studierte er Geographie. Oder Sie jagen den Mann mit der dunklen Haut, der einen Einkaufswagen beladen mit Müll und Altmetall über die Straße zerrt. Oder die Frau mit den asiatischen Gesichtszügen, die nun ihr Kind schnappt und den Pappbecher, mit dem sie eben noch auf der Straße bettelte. [...]

Die Stadtmitte sei ›ein Umschlagplatz für Kriminalität, für Drogen und Prostitution‹, sagt auch Athens Bürgermeister Geórgéos Kaminis und klingt dabei eher resigniert als kämpferisch. ... Um 1250 Prozent ist die Rate der HIV-Infizierten 2011 im Vergleich zum Vorjahr gestiegen. ... Vergangene Woche hat der Minister für Bürgerschutz die sogenannte Besenaktion ausgerufen. Menschen ohne Aufenthaltsgenehmigung sollen verhaftet und in neu eingerichtete Auffanglager gebracht werden. [...]

Massud, der Afghane, hat sein Zuhause zu Einbruch der Dunkelheit erreicht, unversehrt. Im Hauseingang steht eine alte Frau. ›Was willst Du?‹, herrscht sie ihn an. ›Ich wohne hier‹, sagt Massud leise. Er hebt die Hand mit dem Schlüssel, die Frau seufzt. Im dritten Stock schließt er die Wohnungstür auf, das Zimmer teilt er mit einem Cousin. ›Ich muss weg‹, sagt er. Gut sei es gewesen in Griechenland, früher. Jetzt sei es furchtbar. Wohin also?«

Privatisierung und Liberalisierung
Zu den beliebtesten neoliberalen Reaktionen auf die Staatsschuldenkrise gehört die Privatisierung von öffentlichem Eigentum, nicht zuletzt der öffentlichen Daseinsvorsorge. Die auf Druck der Bundesrepublik in 25 EU-Ländern gesetzlich oder sogar grundgesetzlich verankerte Schuldenbremse wird überwiegend als Instrument der Kürzung von Sozialausgaben, der Entlassung von Staatsbediensteten und der Senkung von Einkommen für die Verbleibenden eingesetzt. Eine neue Welle der Privatisierung im Bahnverkehr, von Häfen, Flughäfen, Krankenhäusern, Stromkonzernen und Telekommunikationsfirmen bis zum Verkauf von Grundstücken in öffentlicher Hand findet statt. Mit den Erlösen der Privatisierung soll der Schuldendienst von Staaten gestärkt werden, damit die Banken und Investmentfonds als Gläubiger keinen übermäßigen Schaden nehmen. Privatisierungen sind wie die Schuldenbremse in der Regel mit Entlassungen und mit Lohnsenkungen für die weiter Beschäftigten verbunden.

Privatisierungen in den Bereichen Gesundheit, Bildung, Wissenschaft und Mobilität entsprechen dem Prinzip der Liberalisierung, d.h. der Verwandlung aller Sphären der Gesellschaft in Marktsphären. Bisherige Rechte der Bürgerinnen und Bürger auf elementare soziale Güter werden in Leistungen mit Warencharakter verwandelt und bedeuten Entzug für alle, die sich nicht leisten können zu zahlen.

Das neoliberale »Weiter so« läuft per Saldo auf eine ständige Verwandlung der ökonomischen Krise von einer Gestalt in die andere hinaus. Die aus der Immobilienkrise 2007/2008 in den USA entstandene Bankenkrise trug erheblich zum Ausbruch der Weltwirtschaftskrise in Produktion und Dienstleistungen bei. Konjunkturprogramme und Bankenrettungsschirme zur Minderung beider Krisen führten zu einem enormen Anstieg der Staatsverschuldung in den betroffenen Ländern, mündeten also in eine Staatsschuldenkrise als Ausdrucksform der Bankenkrise. Ohne dadurch eine wirkliche Lösung zu erfahren, wird die Staatsschuldenkrise durch harte Austeritätspolitik mit dem Ergebnis sozialer Krisen bearbeitet. Die dadurch eingetretene Senkung der Massennachfrage führt zu Wachstumseinbrüchen, die ihrerseits die Staatsschuldenkrise vertiefen. Dem soll durch einen europäischen Wachstumspakt begegnet werden. Der EU-Gipfel von Ende Juni 2012 verkündete eine 130 Mrd.-Euro-Wachstumsinitiative. Aber 55 Mrd. Euro davon sind ohnehin für die EU-Regionalförderung vorgesehene Mittel, die wegen der von den bedürftigen Ländern abverlangten und von ihnen nicht aufzubringenden Ko-Finanzierung nicht abrufbar sind. Die übrigen Mittel sollen durch Kapitalerhöhungen und Darlehen der Europäischen Investitionsbank und durch EU-Projektanleihen als Ermutigung privater Investoren aufgebracht werden – ihre Mobilisierung steht in den Sternen.

Das vorherrschende Verständnis der eingeforderten wachstumspolitischen Schritte besteht ohnehin darin, auf die Stärkung der Wettbewerbsfähigkeit privater Unternehmen zu setzen – durch Lohndruck und prekäre Beschäftigungsverhältnisse, kurz durch so genannte Flexibilisierung des Arbeitsmarktes zulasten der Lohnabhängigen nach herkömmlichem neoliberalem Muster. Nur – genau dieser Typ »Wachstumspolitik« funktioniert nicht für alle Länder gleichzeitig, weil sie die Massennachfrage mit dem Effekt der Wachstumsdämpfung beschneidet. Die Einschränkung profitabler realwirtschaftlicher Anlagefelder verstetigt wiederum die Tendenz zu spekulativen Finanztransaktionen, u.a. die Spekulation mit Boden, Rohstoffen und Nahrungsgütern mit dem Resultat der Ausweitung von Unterernährung, Hungersnöten und schwersten Gesundheitsschädigungen für viele Menschen in den Entwicklungsländern. Wenn die kaum abwendbare nächste Finanzblase im Gefolge von Finanzinvestitionen und staatlichen defacto-Insolvenzen platzen sollte, werden kaum abermals so viele Billionen für Rettungsschirme verfügbar sein wie in den letzten Jahren. Der nächste Einbruch könnte die bisher erfahrenen Krisen noch übertreffen.

Der Finanzmarktkapitalismus schließt seiner ganzen Natur nach eine langfristige Strategie des ökologischen Umbaus aus. Die Finanzkrise absorbiert die staatlichen Regulierungskapazitäten noch zusätzlich. Sie verdrängt weitgehend jene Aufgaben, die zur Abwendung einer Klimakatastrophe, zur Bewahrung der Biodiversität und generell in der Umweltpolitik in Angriff genommen werden müssten. Auch die umweltfeindlichen Züge des neoliberalen Kapitalismus werden also reproduziert. Das »Weiter so« jener neoliberalen Politik, die in die gegenwärtigen Krisen und Gefahren hineingeführt hat, wird die Lage nur verschlimmern. Eine postneoliberale Transformation wird zur unumgänglichen Aufgabe. Der konservativste, am meisten den neoliberalen Dogmen verpflichtete Teil der Machteliten in den USA und Europa neigt dagegen nach bekanntem Muster dazu, darauf umso verbohrter mit noch härterem Einsatz der erfolglosen Mittel zu reagieren. Daraus resultiert die Tendenz zu einem zweiten Szenario möglicher Zukünfte.

4.2 Szenario II: »Weiter so« – noch autoritärer und entzivilisierter

Das Institut für Gesellschaftsanalyse charakterisierte diese Tendenz als Weg der Richtungskonstanz auf veränderter Grundlage (Institut für Gesellschaftsanalyse 2011). Dieser mögliche Entwicklungspfad zeichnet sich wie der eben charakterisierte in der Realität längst ab. Er ist der Variante I möglicher Zukünfte eng verwandt, von ihr aber durch ein merklich größeres Gewicht ihrer besonders konservativen, demokratiefeindlichen, menschenverachtenden und antisozialen Seiten unterschieden. Die Ungerechtigkeiten der Verteilung der Lebenschancen, die Zerstörung natürlicher Lebensgrundlagen, die vielfache Missachtung des Bürgerwillens und die innere und äußere Unsicherheit in einer permanenten Folge von Krisen untergraben die Akzeptanz der herrschenden Politik. Die Hegemoniefähigkeit der Machteliten, das heißt Führung durch überzeugende Ideen und durch Berücksichtigung von Mehrheitsinteressen, schwindet. Als Reaktion darauf greifen die konservativsten Kreise des Blocks an der Macht verstärkt zu autoritären, überwachungsstaatlichen Herrschaftsformen. Zu ihrer Begründung werden äußere Gefahren durch internationalen Terrorismus und durch »Schurkenstaaten« beschworen und Ängste vor inneren Bedrohungen geschürt. Der Ausbau der Frontex, die mit Schiffen, Flugzeugen und Polizeigewalt politisch Verfolgte und Armutsflüchtlinge um den Preis von tausenden Toten durch Ertrinken, Verhungern und Verdursten von Europa fernhalten soll, und Tausende Kilometer bewaffneter, opferreicher Stacheldrahtgrenze der USA zu Mexiko sind Zeichen einer Festungsmentalität gegen »Fremde«. Seit 1988 bis Oktober 2012 sind an den EU-Außengrenzen mindestens 18.576 Menschen zu Tode gekommen (Neues Deutschland 29.10.2012). Ausländerfeindlichkeit, das Schüren eines Generalsverdachts gegen die »Anderen«, die Diskriminierung von Langzeitarbeitslosen, die Herabsetzung von Obdachlosen, Antisemitismus und Islamfeindlichkeit, rassistische und chauvinistische Einstellungen dringen bis in die Mitte der Gesellschaft vor oder kommen von dort.

Der Rechtspopulismus findet in vielen Regionen Deutschlands beunruhigenden Widerhall. Die Anfälligkeit von zwei Dritteln der Deutschen für die rassistischen und fremdenfeindlichen Angriffe Thilo Sarrazins gegen Arbeitslose, Muslime und generell gegen Menschen mit Migrationshintergrund ist ein alarmierender Beleg dafür. »Rund die Hälfte aller europäischen Befragten ist der Ansicht, es gebe zu viele Zuwanderer/innen in ihrem Land. Zwischen 17 Prozent der Befragten in den Niederlanden und über 70 Prozent in Polen meinen, Juden/Jüdinnen versuchten heute Vorteile daraus zu ziehen, dass sie während der Nazizeit die Opfer gewesen sind. Und ein Drittel glaubt an eine natürliche Hierarchie zwischen Menschen verschiedener Ethnien. Rund die Hälfte und mehr verurteilen den Islam pauschal als eine Religion der Intoleranz. Die Mehrheit in Europa vertritt zudem sexistische Einstellungen, die auf eine traditionelle Rollenverteilung setzen, und fordert, dass Frauen ihre Rolle als Ehefrau und Mutter ernster nehmen sollen. ... Gleiche Rechte werden Homosexuellen zwischen 17 Prozent in den Niederlanden bis hin zu 88 Prozent der Befragten in Polen verweigert; diese finden es keine gute Sache, Ehen zwischen zwei Frauen bzw. zwei Männern zu erlauben.« (Zick/Küpper/Hövermann 2011: 14)

Wichtige Fraktionen der neoliberalen Machteliten, im deutschen Parteiensystem vom konservativen Flügel der CDU/CSU und von der FDP repräsentiert, nutzen die Instrumentalisierung von Angst und Nationalismus («die faulen Griechen«), um verunsicherte Aufsteiger, radikalisierte mittelständische Leistungsindividualisten, Teile der bedrohten Arbeitnehmermitte, Menschen in prekären Lebenslagen und autoritätsorientierte Geringqualifizierte durch Abgrenzungsstrategien gegen andere an die Herrschenden zu binden. Die NPD und andere rechtsextreme Kräfte missbrauchen die Gesamtheit dieser Veränderungen für ihre menschenverachtende Politik und versuchen, die Entwicklung noch weiter nach rechts zu treiben. In den USA stehen Teile der republikanischen Partei und der religiösen Rechten, insbesondere die Tea-Party-Bewegung, für das Szenario II.

Würde sich diese Herrschaftsvariante weiter durchsetzen, so wären eine weitere Vertiefung der sozialen Spaltung, die kulturelle Ausgrenzung großer Minderheiten der Gesellschaft, ein Vorrang konservativ-autoritärer Werte und der Verfall humanistischer Normen, Entsolidarisierung und insgesamt ein Entzivilisierungsprozess die Folgen. Die Herrschaft der Mächtigen würde auf verengter Grundlage reproduziert werden. In Europa würde eine Spaltung zwischen einem Kerneuropa und der Peripherie voranschreiten. Die Gesamtheit innerer Entzivilisierungsprozesse würde mit verstärkter Neigung zu imperialer Außenpolitik und zum Einsatz auch militärischer Mittel bei der Ressourcen- und Einflusssicherung korrespondieren. Das Erstarken einer neuen Rechten in vielen Ländern Europas und in den USA ist die Quintessenz dieser Entwicklungsvariante und eine ihrer Triebkräfte.

Die ständige Gefahr, dass der Entwicklungsweg eines neoliberalen »Weiter so« noch mehr nach rechts und für Entzivilisierungsprozesse geöffnet wird, fordert umso dringlicher die Alternative einer emanzipatorischen Transformation heraus. Die beweglicheren Fraktionen des herrschenden Blocks allerdings präferieren einen modifizierten neoliberalen Entwicklungspfad, der hier als Szenario III charakterisiert wird.

4.3 Szenario III: Staatsinterventionistisch modifizierter und grün modernisierter neoliberaler Kapitalismus

Diese mögliche Entwicklungsvariante wird vom Institut für Gesellschaftsanalysen der Rosa-Luxemburg-Stiftung als Weg partieller Richtungsveränderung auf modifizierter Grundlage bezeichnet. Während die mögliche Entwicklungsvariante II eine Entwicklung nach rechts auf neoliberaler Grundlage bedeutet, ist das Szenario III durch den Widerspruch zwischen dem Festhalten an der neoliberalen Grundorientierung (Finanzialisierung, Deregulierung, Privatisierung, Liberalisierung, Erosion der Demokratie) und teilweiser Selbstkorrektur dieses Entwicklungstyps durch verstärkte Regulierung der Finanzmärkte, staatliche Förderung von umweltorientiertem Strukturwandel, durch Global Governance, internationale Regime, Re-Kommunalisierung von unten und Zugeständnisse an Bürgerbeteiligung gekennzeichnet. Der neoliberale Kapitalismus wird flexibler. Die beweglicheren Teile der Machteliten wenden sich einem grünen Kapitalismus zu, d.h. ökologischem Wandel im Rahmen neoliberaler Machtstrukturen. Sie öffnen sich vorsichtig für öffentliche Infrastrukturinvestitionen, für halbherzige Lohnuntergrenzen anstelle gesetzlicher Mindestlöhne, für manche feministische Forderungen, für längeres gemeinsames Lernen der Kinder, für gesellschaftliche Initiativen gegen Rechtsextremismus und für einen nur gedämpften Zuwachs der Rüstungsausgaben. Elemente solcher Entwicklung stecken in der Politik Angela Merkels, stärker im Kurs der SPD und von Frankreichs Staatspräsidenten Hollande.

Das Szenario III, in der Realität stark verbunden mit Tendenzen des Szenario I, beschreibt eine wahrscheinliche Entwicklung der kommenden Zeit, die sich bereits gegenwärtig deutlich abzeichnet. Der Marktradikalismus wird durch mehr Staatsinterventionismus verteidigt. Keynesianisch inspirierte staatliche Politik dient neoliberaler Grundorientierung. Der Keynesianismus wird zu einem Bastard-Keynesianismus, der Neoliberalismus zum Bastard-Neoliberalismus. Eine postneoliberale Transformation zu einer deutlich veränderten Gestalt und neuen Phase des Kapitalismus findet nicht statt und bleibt daher eine Herausforderung. Aber der Neoliberalismus selbst verändert sich durch starke staatsinterventionistische Tendenzen und durch ökologische Modernisierung.

Beispiel Finanzmarktregulierung
Als übergreifende Regulierungsinstitution wurde von den G20 der Financial Stability Board geschaffen, der systemrelevante Banken einer strengeren Aufsicht unterwerfen soll. Er ließ sich allerdings zunächst allein zur Bestimmung des Begriffs Systemrelevanz mehr als ein Jahr Zeit. Eine Entflechtung so genannter systemrelevanter Großbanken liegt außerhalb der Macht des Boards. Die Europäische Union hat in Ergänzung der nationalen Aufsichtsorgane ein ganzes System der Finanzaufsicht institutionalisiert. Es umfasst drei neue Behörden und zwei europäische Ausschüsse, die Europäische Bankenaufsichtsbehörde (EBA), die Europäische Aufsichtsbehörde für das Versicherungswesen und die betriebliche Altersversorgung (EIOPA), die Europäische Wertpapier- und Marktaufsichtsbehörde (ESMA), den Ausschuss für Systemrisiken (ESRB) und den gemeinsamen (Dach-)Ausschuss der Aufsichtsbehörden (Joint Committee) (Fisahn 2012: 18ff.). Der European Systemic Risk Board (ESRB) soll bei drohenden Krisen dem EU-Rat Risikowarnungen übermitteln und Empfehlungen unterbreiten, aber er hat keine Vollzugsmacht.

Die EBA kann Organen der Europäischen Union Empfehlungen geben. Sie darf nationale Behörden und einzelne Branchen unter der Voraussetzung der Feststellung eines Krisenfalls zu Maßnahmen gegen Krisen verpflichten. Aber sie kann Umsetzungsprozesse nicht beeinflussen, ihre Initiativen können in einem EU-Beschwerdeausschuss und vor dem Europäischen Gerichtshof angefochten werden (ausführlich ebd.: 20ff.). Die Financial Times Deutschland urteilte über diese »Behörde ohne Durchgriffsrechte« unter dem Titel »Kontrolleure von der traurigen Gestalt«: »Die Europäische Bankenaufsicht ist ein Fehlkonstrukt.« (FTD, 12.12.2011)

Die Europäische Union versucht auf halbherzige Weise auch, eine begrenzte Kontrolle über den Handel mit OTC-Derivaten zu etablieren. Das sind außerbörslich (over the counter) gehandelte Wertpapiere. Kontrakte über standardisierte OTC-Derivate sollen einem Clearingverfahren unterworfen werden, in dem unter anderem die Absicherung von Risiken geprüft wird. Aber Verbote oder Beschränkungen solcher Derivate sind nicht vorgesehen, die Risikominderung beim Handel nicht standardisierter Produkte wird den beteiligten Privatakteuren überlassen, und vor allem sind keine wirksamen Sanktionen gegen verantwortungslose Spekulationen vorgesehen.

Projekte der Finanzregulierung wie der Fiskalpakt und der Stabilisierungsmechanismus (Eurorettungsfonds) ESM sind Ausdruck früher nicht für möglich gehaltener Regulierungspotenz des Kapitalismus unter Einsatz von rund 700 Mrd. Euro im Fall des ESM. Ab März 2013 sollen nur noch diejenigen Euro Staaten »unter angemessenen Auflagen« eine Stabilitätshilfe aus dem

Eurorettungsfonds bekommen, die den Fiskalpakt unterzeichnet haben. Dieser legt fest, dass das jährliche Defizit von Staatshaushalten 0,5 Prozent ihres Bruttoinlandsprodukts nicht übersteigen darf und dass bei Überschreiten dieser Schuldengrenze eine Schuldenbremse automatisch mit der Folge von Sanktionen greift.

Die Grundkonstruktion des Ganzen verbleibt in neoliberalen Grenzen. Die Macht der Banken und Investmentfonds und die Verteilungsverhältnisse einschließlich der Vermögen, die auf die Finanzmärkte drängen und dort zu Spekulationsblasen führen, werden nicht angetastet. Die Regulierung der Finanzmärkte bleibt ganz und gar unzureichend. Die Umverteilung von unten nach oben wird im Ergebnis des Fiskalpakts fortgesetzt, weil die Begrenzung der Schulden vorwiegend zulasten von Sozialausgaben erfolgt. Dem Credo der Deregulierung folgend bleiben große öffentliche Zukunftsinvestitionsprogramme für einen sozial-ökologischen Umbau aus, die durch eine einmalige Abgabe auf große Vermögen und eine gerechte Steuerpolitik finanziert werden könnten.

Ein Zwischenfazit zeigt auf dem Feld der Finanzmarktregulierung exemplarisch, dass der neoliberale Kapitalismus die Dominanz der profitbestimmten Märkte durch die Zuflucht zu verstärkter Regulierung sichert, dass er sich dabei erheblich verändert und erstaunliche Anpassungskapazitäten mobilisiert. Darin wird ein erhebliches Transformationspotenzial erkennbar. Aber eine postneoliberale Transformation findet trotzdem nicht statt, sondern nur eine veränderte Reproduktion des neoliberalen Kapitalismus samt seiner Grenzen. Beides, das Vorhandensein eines Transformationspotenzials und das Ausbleiben einer problemlösenden Transformation, fordern die Linke zu einer emanzipatorischen Transformationsstrategie heraus.

Beispiel ökologische Modernisierung

Das gleiche Bild bietet ein Blick auf das umkämpfte Feld des ökologischen Umbaus. Der Klimawandel, die fortschreitende Zerstörung der Biodiversität und andere Umweltkrisen, die tendenzielle Verknappung des Öls und anderer strategischer Ressourcen sowie damit verbundene Preis- und Kostensteigerungen, aber auch die Wettbewerbschancen durch Green-Tech-Spitzenpositionen veranlassen die flexibleren Kräfte im herrschenden Block dazu, eine Stabilisierung des Neoliberalismus durch eine grüne Modernisierung anzustreben. Sie reagieren damit auch auf den Druck von Umweltbewegungen und auf ein wachsendes öffentliches Umweltbewusstsein.

Nach Angaben der Unternehmensberatung Roland Berger hatte der Weltmarkt für Grüne Technologien mit einem Volumen von 1,4 Bio. Euro bereits 2007 den Umsatz des Maschinenbaus übertroffen. Bis 2020 könnte sich der

Green-Tech-Umsatz vorsichtig geschätzt auf 3,2 Bio. Euro erhöhen. Der Wissenschaftliche Beirat der Bundesregierung Globale Umweltveränderungen schätzt den globalen zusätzlichen Investitionsbedarf für eine Transformation zur klimaverträglichen Gesellschaft im Vergleich zu einem »Weiter so« bis 2030 auf jährlich 200 bis etwa 1.000 Mrd. US-Dollar und im Zeitraum von 2030 bis 2050 noch beträchtlich höher (WBGU 2011: 4). Beispielsweise rechnet der Hauptverband der Deutschen Bauindustrie allein für die Errichtung von Offshore-Windanlagen mit einem Umsatz von 25 bis 30 Mrd. Euro in den nächsten Jahren (FTD, 17.11.2011). Die Bundesregierung fördert Offshore-Anlagen mit fünf Mrd. Euro (der freitag, 8.3.2012). Die Märkte für Umwelttechnologien sind das größte zukunftsfähige Akkumulationsfeld für das Kapital hochtechnologisch leistungsfähiger Länder, die mit ihrer Expansion allerdings andere Länder umso stärker unter Konkurrenzdruck setzen und in die Verschuldung drängen.

Diese Chance hat begünstigt, dass sich die deutsche Bundesregierung unter dem Druck der Anti-AKW-Bewegung gezwungen sah, die beschlossene Verlängerung der AKW-Laufzeiten nach dem Fukushima-Schock zurückzunehmen und gegen den Widerstand der großen Energiekonzerne den Ausstieg aus der Kernenergie einzuleiten. Die Energiestrategie der Bundesregierung sieht für 2050 eine Reduzierung der Treibhausgasemissionen um mindestens 80% im Vergleich zu 1990 vor, bis 2020 um 40 Prozent. Der Anteil der erneuerbaren Energien am Bruttostromverbrauch soll bis 2050 auf 80 Prozent steigen, bis 2020 auf 35 Prozent. Bis 2050 soll der Primärenergieverbrauch im Vergleich zu 2008 um 50 Prozent reduziert werden, bis 2020 um 20 Prozent. Regenerierbare Energien werden nach dem Erneuerbare Energien-Gesetz durch Einspeisevergütungen seit dem Jahr 2000 wirksam gefördert.

Das ist kein pures neoliberales »Weiter so«. Die Energiewende ist ein einschneidender Bruch. Doch dieser Bruch überschreitet nicht den Rahmen des neoliberalen Kapitalismus. Vorangetrieben wird eine technologische Umwälzung, deren umfassendes Gelingen langfristiger verbindlicher Zielsetzungen, strategischer Strukturpolitik, der Ausschöpfung der Vorteile dezentraler Verfügbarkeit der Energieträger, demokratischer Bürgerbeteiligung, gerechter Umverteilung der Lasten und Gewinne und sozialer Absicherung der Folgen des Strukturwandels bedürfte. Aber die von großen Teilen der Machteliten verinnerlichte Marktfixiertheit, profitbedingtes Festhalten an der fossilistisch-atomaren Machtbasis der Energiekonzerne und an zentralistischen energiewirtschaftlichen Strukturen, Differenzen zwischen Bund und Ländern und zwischen Wirtschafts- und Umweltministerium haben dazu geführt, dass eine klare politische Führung der hochkomplexen

Energiewende in Deutschland fehlt. Sie wird nur halbherzig verfolgt und zum Teil politisch eher gebremst. Als wichtigstes Klimaschutzinstrumentarium gilt der Handel mit CO_2-Emissionszertifikaten, dessen Ausgestaltung die erwartete Wirkung kaum erzielen wird (BUND 2010: 3f.). Die von der EU-Kommission geplante verbindliche Verbesserung der Energieeffizienz um ein Fünftel bis 2020 wurde vom Bundeswirtschaftsministerium als angeblich planwirtschaftliches Projekt zu Fall gebracht.

Die Befreiung energieintensiver Unternehmen von Energieabgaben wurde massiv ausgeweitet und damit der Druck zur Verbesserung der Energieeffizienz verringert. Die dadurch fehlenden Mittel in Milliardenhöhe müssen nun die Verbraucher tragen. Die ungeplanten Kürzungen der Energieeinspeisevergütungen für Solarstrom hat die Branche in große Schwierigkeiten gebracht. Der Bau neuer fossiler Kraftwerke verlangsamt die Energiewende. Die vor allem unter deutschem Druck der Europäischen Union aufgenötigte Austeritätspolitik stärkt einen antisozialen Marktliberalismus und nimmt besonders den wirtschaftsschwächeren Staaten den Spielraum für Umweltinvestitionen.

Ökologische Teilfortschritte werden bei anhaltender Schwächung des Sozialstaats kaum mit sozialem Fortschritt verbunden sein, sondern häufig die ohnehin sozial Schwächeren durch höhere Preise, Abgaben oder Steuern belasten. Soweit er überhaupt stattfindet, wird der Rückbau besonders schädigender Branchen kaum von einer Strategie sozialer Absicherung des Wandels begleitet werden. Dies und die Erosion der Demokratie entziehen dem sozial-ökologischen Wandel die breite aktive Unterstützung durch die Zivilgesellschaft und begrenzen ihn dadurch. Die Demontage öffentlicher Daseinsvorsorge durch Privatisierung und Liberalisierung mindert die Chance, durch attraktive, diskriminierungsfreie Angebote von Bildung, Gesundheitsleistungen und Kultur, von Räumen zwischenmenschlicher Begegnung und öffentlicher Mobilität einen überzogenen stofflichen Konsum umweltschonend auf ein vernünftiges Maß zu beschränken.

Eine ökologische Modernisierung des neoliberalen Kapitalismus ist bereits im Gange und eine wahrscheinliche Perspektive. Doch ein neoliberaler grüner Kapitalismus, in dem Umwelttechnologien vor allem als Potenzial in der internationalen Verdrängungskonkurrenz gelten, wird die Ungleichgewichte vergrößern, die zu den Ursachen der gegenwärtigen Krise gehören. Wenn für die konkurrenzstarken Exportmächte die Rechnung aufgeht, durch grüne Technologien das Wachstum zu stärken, droht es, Verbesserungen der Ressourceneffizienz wieder aufzehren (rebound effect). Die dem neoliberalen Kapitalismus immanente innergesellschaftliche und globale Vertiefung der Kluft zwischen Reichtum und Armut steht einem erfolgreichen sozialökologischen Umbau sowohl durch die Verschwendung der Reichen wie durch die umweltzerstörenden Wirkungen der Armut entgegen.

Per Saldo ergeben Impressionen von einem Szenario III, von einem in der Realität sich abzeichnenden staatsinterventionistisch gestützten und durch ökologische Modernisierung modifizierten neoliberalen Kapitalismus, dass er transformatorische Ansätze hervorbringt, ihre Entfaltung zu einer postneoliberalen innerkapitalistischen Transformation jedoch verhindert und dadurch in tiefe Krisen verstrickt bleibt.

Das rückt die Dringlichkeit einer Transformation zu einer besseren Gesellschaft, zumindest aber zu funktionsfähigeren bürgerlich-kapitalistischen Gesellschaften abermals in den Blick. Ein Szenario IV, das dem entspricht, hätte aber nur bei einer wesentlichen Veränderung der Kräfteverhältnisse eine Chance.

4.4 Szenario IV: Sozial und ökologisch regulierter postneoliberaler Kapitalismus (Green New Deal)

Dieser Entwicklungsweg würde einen Richtungswechsel auf erneuerter bürgerlicher Grundlage, das heißt postneoliberale Transformation im Rahmen des Kapitalismus zu einem veränderten Akkumulationsregime und zu einer veränderten Regulationsweise gegenüber dem neoliberalen Kapitalismus bedeuten.

Der flexible Teil der Machteliten, der affin für solche Wandlung ist, könnte sich im Unterschied zum Szenario III mehr oder weniger vom marktradikalen, finanzgetriebenen Neoliberalismus lösen. Er sieht in einem grünen Kapitalismus neue Felder der Kapitalverwertung und Expansion und könnte sich bei genügend starkem Druck von Gegenmächten partiell veranlasst sehen, emanzipatorische Forderungen in eine veränderte Entwicklungsweise aufzunehmen, um sie im Rahmen der eigenen Herrschaftsverhältnisse zu absorbieren.

Auch dieser Teil des Blocks an der Macht vertritt kein emanzipatorisches Gesellschaftsprojekt, könnte jedoch durch den Druck der Umstände gezwungen werden, in Koevolution mit Elementen eines linken Projekts zu handeln.

Auf einem solchen Entwicklungspfad könnte in der Tat das Morgen beginnen, im Heute zu tanzen.

André Dosé, ein Schweizer Spitzenmanager, früher CEO (chief executive officer) der Swissair, erklärte in einem Interview: »Ich bekam vor zwei Jahren einen Ehrendoktortitel in Barcelona. Ich sollte dann eine Rede über Management halten. Ich habe mich aber entschieden, über das Gefälle zwischen Arm und Reich zu sprechen. Das ist meiner Meinung nach das größte Problem, das wir in Zukunft überhaupt haben ... Die heutige Situation weltweit mit diesem Gefälle wird früher oder später zu einer Eskalation führen, die ein globales Ausmaß haben wird. ... Ob das Umdenken jetzt schon stattfinden kann oder ob das Problem erst noch größer werden muss, weiß ich nicht. ... Ja, ich würde auch eine starke Politik akzeptieren, die ein Korrektiv zur Wirtschaft sein kann.« (Mäder/Aratnam/Schilliger 2010: 188f.; 191). Der Chef des elitären Davoser Weltwirtschaftsforums, Klaus Schwab, schrieb in der Financial Times Deutschland: »Das System, das uns in die Krise geführt hat, ist längst überholt, aber wir verleugnen diese Realität zu unserem eigenen Nachteil. Wir gehen schizophren mit der neuen Realität um und tun weiterhin so, als hätte sich nichts Grundlegendes geändert.« (FTD, 25.1.2012)

Die Financial Times Deutschland und die Frankfurter Allgemeine Zeitung, das Flaggschiff bürgerlicher Meinungsbildung unter den Printmedien, druckten ganze Artikelserien von Autoren aus etablierten Kreisen. Zur Rhetorik solcher Beiträge meint FAZ-Mitherausgeber Frank Schirrmacher, sie sei »früher ausschließlich militanten, systemfeindlichen Kräften ... vorbehalten« gewesen (Schirrmacher 2010: 9).

Der Übergang zu einem postneoliberalen Kapitalismus wäre nicht die Rückkehr zum Fordismus, das heißt zum sozialstaatlich regulierten Kapitalismus der Jahrzehnte nach dem Zweiten Weltkrieg. Sie ist schon deshalb nicht möglich, weil der fordistische Klassenkompromiss auf einmalig günstigen Wachstumsbedingungen des Nachkriegskapitalismus basierte. Das starke Wachstum des Bruttoinlandsprodukts in allen westlichen Industrieländern ermöglichte eine gleichzeitige Steigerung der Unternehmerprofite, der Masseneinkommen und der staatlichen Ausgaben für den Ausbau des Sozialstaats. Nicht der Rückbau Umwelt zerstörender Branchen wie heute war das Gebot, sondern das fordistische Wachstum beruhte ebenso auf der Expansion der Ölindustrie, der Petrochemie, der Automobilindustrie, der Atomwirtschaft und des Flugzeugbaus wie auf zuvor nie gekannter Ausweitung der Konsumgüterindustrien sowie auf dem Ausbau des Gesundheits- und Bildungswesens und generell der öffentlichen Daseinsvorsorge. Heute dagegen ist mit niedrigen Wachstumsraten zu rechnen, müssen in größtem Umfang Green-Tech-Branchen zulasten anderer Industrien gefördert und die öffentliche Daseinsvorsorge trotz erheblicher Staatsverschuldung gegen den Trend der Privatisierung ausgeweitet werden. Die Voraussetzung dafür ist eine Abkehr von der Dominanz des Finanzmarktkapitalismus.

Das Konzept einer doppelten Transformation zielt aus der Sicht der demokratisch-sozialistischen Linken darauf, demokratische, soziale und ökologische Tendenzen eines postneoliberalen Kapitalismus gegen dessen Herrschaftsstrukturen derart zu stärken, dass diese Entwicklungsvariante einen Übergangscharakter annimmt. Während die bürgerlichen Kräfte zwar Auswege aus neoliberalen Sackgassen suchen, aber in letzter Instanz doch die Dominanz der Profitlogik zu sichern trachten, kämpft die Linke für die Dominanz der sozial-ökologischen Gegenlogik.

> Ein grüner und in Grenzen sozial regulierter Kapitalismus kann nach der hier vertretenen Auffassung zum Feld entscheidender Kämpfe darum werden, ob von den Herrschenden nicht zu verhindernde progressive Entwicklungen abermals in die bürgerlich-kapitalistischen Herrschaftsverhältnisse eingebunden werden, oder ob dieser Integrationsmechanismus zugunsten einer doppelten Transformation durchbrochen wird. Hier wird die Möglichkeit erwogen, ob zunächst im Rahmen des Kapitalismus die Charaktere einer solidarischen gerechten Gesellschaft zunehmende Bedeutung gewinnen und in einer Folge von Brüchen in eine zweite Große Transformation zur vollen Entfaltung einer solchen Gesellschaft übergehen können.

Viele Linke, viele kritische Umweltaktivisten betrachten Entwicklungen in die Richtung eines grünen Kapitalismus ausschließlich als eine weitere Variante der Behauptung kapitalistischer Herrschaft (BUKO 2012: 19). Genau das soll ein Grüner Kapitalismus nach dem Willen des herrschenden Blocks tatsächlich sein. Wenn allerdings beachtet wird, dass die Green Economy ein offenes Hauptfeld des Kampfes um die Zukunft ist, und dass auch ein Grüner Kapitalismus erst im Spannungsfeld von Kapitallogik und sozial-ökologischer Logik reale Gestalt annimmt, sind sowohl die Kritik und Abwehr herrschaftsgrüner Modernisierung wie Kämpfe um sozial-ökologische und demokratische Qualitäten einer grünen Entwicklung des Kapitalismus unverzichtbar.

In Europa könnten sich bürgerlich-kapitalistische, demokratischere Gesellschaften herausbilden, mit einem wieder erstarkenden Sozialstaat und einem erheblichen Gewicht des Öffentlichen, insbesondere der öffentlichen Daseinsvorsorge. Sie könnten durch die Verbindung eines Social New Deal mit einem Green New Deal Gestalt gewinnen. Systemrelevante Banken würden entflochten, die klassischen Bankdienstleistungen vom Investmentgeschäft getrennt, Teile des Bankensystems in öffentlich-rechtliche Form überführt, ein strenges internationales Regime der Finanzmarktregulierung und öffentlicher Medienagenturen eingeführt werden. Die Macht der Energiekonzerne würde zugunsten vieler dezentraler Unternehmen im Bereich der erneuerbaren Energien und durch die Überführung von Netzen mit dem Charakter eines natürlichen Monopols in die öffentliche Hand eingeschränkt werden.

Das Öffentliche – öffentliche Güter, öffentliches Eigentum, öffentliche Daseinsvorsorge, öffentliche Räume, öffentliche und öffentlich geförderte Beschäftigung in den Bereichen Gesundheit, Pflege, Bildung, Kultur und Kommunales, Beteiligung der Öffentlichkeit an demokratischen Entscheidungen – erhielte ein starkes gesellschaftliches Gewicht. Die Haushaltskonsolidierung würde mit einer Politik des Ausgleichs der internationalen Ungleichgewichte und stärkerer Binnennachfrage in den Exportländern, mit stärkerer Steuerbelastung von Großvermögen, großen Erbschaften und profitstarken Unternehmen und mit der Abkehr von der Austeritätspolitik verbunden werden. Der notwendige sozial-ökologische Strukturwandel könnte unter diesen Bedingungen durch große öffentliche Investitionsprogramme gefördert werden. Eine soziale und ökologische Rahmenplanung für die Märkte und starke staatliche Regulierung strategischer Strukturveränderungen würden mit wirtschaftsdemokratischem Wandel, mit lokaler und regionaler Selbstbestimmung verbunden sein.

Die gegenwärtige Profitdominanz widerspricht solchen Entwicklungen und marginalisiert sie. Aber sie existieren gleichwohl in Ansätzen bereits heute, zuweilen sogar ausgeprägt. Sie sind nicht grundsätzlich durch Kapitalverhältnisse ausgeschlossen, wenn diese durch die Dominanz einer demokratischen Politik über ökonomische Machtinteressen gebändigt werden. Die Erfolge des skandinavischen Modells über einen langen Zeitraum, der New Deal Präsident Roosevelts, Rüstungskontrollen und die Abrüstungsschritte in den 1980er Jahren verweisen darauf – obwohl der Wohlfahrtsstaat in Schweden und anderen Ländern in den letzten Jahren wieder erheblich geschwächt wurde, in den USA heute die Bedingungen des New Deal der 1930er Jahre nicht mehr gegeben sind und die weltweiten Rüstungsausgaben heute höher liegen als zur Zeit der Blockkonfrontation.

Die Möglichkeit eines »besseren Kapitalismus« und die Blockade aller ernst gemeinten Ansätze solcher Entwicklung liegen eng beieinander. Ernst Bloch, der Autor des Werkes »Das Prinzip Hoffnung« und hier wiederholt zitiert, weil Transformation zwar Gefahren, aber eben auch Hoffnung birgt, gab zu bedenken: »Kein Ding ließe sich wunschgemäß umarbeiten, wenn die Welt geschlossen, voll fixer, gar vollendeter Tatsachen wäre. Statt ihrer gibt es lediglich Prozesse, das heißt dynamische Beziehungen, in denen das Gewordene nicht völlig gesiegt hat. Das Wirkliche ist Prozess; dieser ist die weitverzweigte Vermittlung zwischen Gegenwart, unerledigter Vergangenheit und vor allem: möglicher Zukunft.« (Bloch 1985: 225)

Drei Gruppen von Umständen sprechen für einen zukunftsgeöffneten Prozess, für die Möglichkeit eines sozial regulierten Kapitalismus in Verbindung mit einem Green New Deal.

Erstens: Ökonomisch wäre solche Entwicklung im bürgerlichen Rahmen möglich, weil eine umwelttechnologische Investitionswelle für viele Jahre einer großen Zahl von Branchen erhebliche Profite verspricht. Vermehrte Aufwendungen für die öffentliche Daseinsvorsorge in Bildung, Gesundheit, Wissenschaft und materielle Infrastrukturen mögen Verluste für Privatunternehmen auf diesen Feldern bedeuten, aber eine Verbesserung der allgemeinen Reproduktions- und Wettbewerbsbedingungen für das Gesamtkapital. Eine gerechtere Primärverteilung zwischen Profiten und Löhnen und eine Stärkung des Sozialstaats durch höhere Besteuerung der Leistungsstarken in der Gesellschaft, von großen Vermögen und Erbschaften, würde zwar die Profite von Großunternehmen mindern, aber durch die Stabilisierung der Massennachfrage das Wachstum und die Legitimierung der bürgerlich-kapitalistischen Herrschaftsverhältnisse begünstigen.

Eine Schwächung der finanzkapitalistischen Fraktion der Machteliten wäre zwar nur gegen den erbitterten Widerstand der Eigentümer von großen Geldkapitalvermögen, der Großbanken und Investmenthäuser angesichts ihnen drohender Verluste erreichbar, würde aber die Unternehmen in Produktion und nichtfinanziellen Dienstleistungen von verlustreichen Rückwirkungen von Finanzkrise und Spekulationsgeschäften auf das produktive Kapital befreien. Kreditklemmen bei Bankenkrisen als Folgen der Unsicherheiten durch die Anhäufung von Schrottpapieren wären zum Vorteil vor allem für kleine und mittlere Unternehmen vermeidbar.

Zweitens: Wenn sich in der Geschichte Teile der herrschenden Klassen zu weitreichenden Reformen gedrängt fühlten, geschah dies in der Regel dann, wenn sie die bestehenden Grundstrukturen in Gefahr sahen. Solche Gefahren drohen den heutigen Machteliten durchaus. Weitere große Finanzkrisen könnten das System abermals an den Rand des Abgrunds führen; aber angesichts der bereits extremen Verschuldung könnte dann der Spielraum für Rettungsschirme entschieden enger als bisher sein oder wäre nur mit härteren sozialen Konflikten zu erkaufen. Gefahren sind ferner mit dem beschleunigten Anwachsen der gesellschaftlichen Kosten des Klimawandels und mit der Ressourcenverknappung verbunden. Klimawandel, Ressourcenkriege, Staatenzerfall und damit verbundene Migrationsströme könnten bis an die Schwelle eines Atomkrieges führen. Bei einem zeitlichen Zusammenfallen derartiger Gefährdungen gar könnten sich flexible und strategisch denkende Teile des herrschenden Blocks durchaus gezwungen sehen, sich einer postneoliberalen kapitalistischen Transformation zu öffnen.

Die eigenen Herrschaftsinteressen auch der beweglicheren Teile der Machteliten, die Furcht der Mächtigen, dass weitgehende Reformen der bestehenden Verhältnisse außer Kontrolle geraten könnten, und der Widerstand der konservativen Kräfte lassen es allerdings als ganz unwahrscheinlich erscheinen, dass eine progressive postneoliberale Transformation des Kapitalismus überwiegend aus einer Revolution von oben resultieren wird.

Drittens ist daher anzunehmen, dass die Machteliten die Chancen der Kapitalverwertung durch eine Flucht nach vorn – vor allem in eine grüne Ökonomie – nur dann wahrnehmen und aus den Gefahren der gegenwärtigen Epoche nur dann befreiende (Teil-)Schlussfolgerungen ziehen werden, wenn sie durch veränderte gesellschaftliche Kräfteverhältnisse im Ergebnis heftiger Kämpfe emanzipatorischer Gegenmächte dazu gezwungen werden.

> Vorerst jedoch hat das Szenario eines Green New Deal-Kapitalismus, getrieben von der Dreifachkombination neuer Verwertungschancen für das Kapital, drohender Gefahren und des Drucks von unten, nur geringe Chancen gegen die Varianten fortgesetzter neoliberaler Entwicklung. Aber es wäre die einzig mögliche innerkapitalistische Transformation zu größeren Fortschritten bei der Bewältigung der vielfachen Krisenprozesse und ungelösten Großprobleme unserer Zeit. Deshalb ist dieser Weg nicht ausgeschlossen. Er könnte zumindest in Europa bei einem anhaltenden Versagen der neoliberalen Strategien an Anziehungskraft gewinnen. Für die Linke wäre eine postneoliberale Transformation der bürgerlich-kapitalistischen Gesellschaft die bestmögliche Bedingung für eine eigene Strategie doppelter Transformation.

Eine überaus eigenartige historische Konstellation könnte sich in Europa herausbilden. Der Weg zur zeitweiligen Stabilisierung eines »besseren Kapitalismus« führt kraft List der Dialektik über den Verlust von Einfluss der Mächtigen zugunsten alternativer Akteure.

Der vorteilhafteste Entwicklungspfad für eine ökologische Modernisierung, für die Zurückdrängung der Finanzkrise, für den Zusammenhalt der Gesellschaft und damit für die Sicherung der bürgerlich-kapitalistischen Gesellschaften käme nur zustande, wenn der Druck der Linken und anderer Gegenmächte ganz erheblich anwächst. Er käme nur zustande, wenn es gelänge, gegen die Kapitallogik die Logik von Alternativen stark zur Geltung zu bringen, wenn die Klassenkämpfe und sozialen Bewegungen von unten entscheidenden Einfluss auf das gesellschaftliche Geschehen gewinnen. Dann würde bei wichtigen Entscheidungen neben der Kapitalrentabilität der Gewinn für die Persönlichkeitsentfaltung jeder und jedes einzelnen ein zunehmend wichtiger Maßstab sein. Entschieden mehr partizipative Demokratie wäre die Voraussetzung dafür. Mehr individuelle Freiheit für alle würde möglich durch mehr sozial gleiche Teilhabe an den Bedingungen freier Entwicklung der Individuen und durch mehr Solidarität, um dies zu erreichen.

Das bedeutet, im Verlauf einer postneoliberalen bürgerlichen Transformation würde, wie im 1. Kapitel bereits dargestellt, ein Erstarken von Elementen und Tendenzen einer solidarischen gerechten Gesellschaft stattfinden. Anders ausgedrückt wäre die bürgerliche Transformation mit Tendenzen einer doppelten Transformation verbunden. Diese würde als progressive Transformation im bürgerlich-kapitalistischen Rahmen verlaufen, in dem zugleich Übergänge zu einer Großen Transformation beginnen.

Diese Erwartung ist nicht Ausdruck halblinker reformistischer Illusionen und keine subversive Politikvariante nach dem Muster des trojanischen Pferdes. Sondern eine bürgerlich-kapitalistische Transformation nach dem neoliberalen Kapitalismus mit sozialen und ökologischen Akzenten kann einfach nur in Gang kommen und Erfolg haben, wenn linke Gegenmacht dies erzwingt und das von Karl Polanyi festgestellte Gegenprinzip der Rettung der Gesellschaft entschieden an Raum gewinnt. Eine progressive postneoliberale Entwicklung wäre daher durch den eigenartigen Widerspruch gekennzeichnet, dass die bürgerlich-kapitalistische Gesellschaft für gewisse Zeit stabilisiert wird, indem sich zugleich Ansätze einer anderen solidarischen Gesellschaft in ihrem Rahmen herausbilden. Sie würde Züge einer Übergangsgesellschaft annehmen.

> Die Entwicklung in dieser Richtung würde sich in ständigem Widerspruch zu den gegebenen kapitalistischen Eigentums-, Verfügungs- und Herrschaftsverhältnissen vollziehen, permanent eingeschränkt durch sie, gemessen an konsequent solidarischen Maßstäben nur mit großen Defiziten und stets von Rückfällen in neoliberale Verhältnisse bedroht. Der mit dem Szenario IV umrissene mögliche Entwicklungspfad wäre schon geöffnet für progressive Antworten auf die unter neoliberal geprägten Verhältnissen unlösbaren Probleme. Aber noch wären diese Antworten trotz aller möglichen Fortschritte begrenzt und anfällig für Rückschritte.

Aus der Sicht des hier präsentierten Vorschlags einer linken Transformationsstrategie ginge es daher darum, alle Fortschrittspotenziale des Szenario IV auf dem Weg der oben bereits skizzierten doppelten Transformation aufzuheben, das heißt zu bewahren, aus ihren herrschaftlichen Begrenzungen zu lösen und in die Grundstrukturen einer solidarischen gerechten Gesellschaft einzubringen.

Deshalb ist nach den Grundkonturen eines alternativen Gesellschaftsprojekts zu fragen, die schon dem Widerstand gegen neoliberale Entwicklungen Orientierung geben, die in einem postneoliberalen Kapitalismus bereits in Ansätzen Gestalt annehmen, und die sich nach den hier entwickelten Vorstellungen in einer zweiten Großen Transformation voll entfalten könnten. Das führt zu einem Szenario V möglicher Zukünfte, dem Projekt einer modernen sozialistischen Linken.

4.5 Szenario V: Solidarische gerechte Gesellschaft im Einklang mit der Natur oder demokratischer grüner Sozialismus

Der Übergang zu einer solchen Gesellschaftsalternative ist der Inhalt einer zweiten Großen Transformation. Dies wäre ein Richtungswechsel auf neuer antikapitalistischer Grundlage.

Transformationsprozesse sind zwar intendierte Prozesse, die die Akteure mit bestimmten Zukunftsvorstellungen zu gestalten versuchen. Aber zugleich vollziehen sie sich in Kämpfen von Kräften mit unterschiedlichen, teils gegensätzlichen Interessen und auch als Resultat nichtintendierter Verläufe. In einem Gespräch mit mir verglich Anna Seghers Wege in die Zukunft mit dem Überwinden eines Bergmassivs. Auf dem Gipfel in der Hoffnung auf hinfort leichtere Wege angelangt, könnte sich der Ausblick auf neue, vorher gar nicht sichtbare Höhen auftun, die mit neuen, zuvor nicht erwarteten Mühen bewältigt werden müssen. Im Bewusstsein dieser Einschränkungen sind Vorstellungen über eine von der Linken erstrebte solidarische und gerechte Gesellschaft nicht als Masterplan mit feststehenden Konturen zu verstehen, wohl aber als erstrebenswerte Grundqualitäten in den Suchprozessen unterwegs zu einer besseren Gesellschaft, als Antworten auf elementare Widersprüche der Gegenwart.

Wohin sollte eine zweite Große Transformation führen, die nach dem Konzept einer doppelten Transformation bereits in einem postneoliberalen Kapitalismus beginnt, Gestalt anzunehmen? Zu einer demokratischen, solidarischen, gerechten Gesellschaft auf nachhaltigen Wegen – darin sind sich die meisten Linken einig. Und viele von ihnen, wenn sie sich denn begrifflich festlegen sollen, werden diese Gesellschaft als demokratischen Sozialismus bezeichnen, wie das in Deutschland die Partei DIE LINKE tut. Ein Trend in alternativen Diskursen ist, einen modernen demokratischen Sozialismus als grünen Sozialismus zu erwarten (vgl. Luxemburg 3/2012).

Aber weder die vielgestaltige Linke in Deutschland noch gar die europäische Linke verfügen über eine gemeinsame Vorstellung von den Konturen der von ihr erstrebten Gesellschaft. Sie haben noch kein vorweisbares Bild von ihrer Hoffnungsgesellschaft. Die Parteien haben mehr oder weniger umfangreiche Grundsatzprogramme, in denen eine Fülle von Forderungen auf einer Vielzahl von Politikfeldern benannt werden. Die Gewerkschaften stehen dahinter meist nicht zurück. Die sozialen Bewegungen sehen sich in der Regel nicht gedrängt zu programmatischer Arbeit, eher passen sie ihre Forderungen den Wechsellagen der Politik an. Den in den einzelnen Ländern unterschiedlichen Problemlagen entsprechend, den Besonderheiten in der Geschichte ihrer Bewegungen und Parteien und den verschiedenen nationalen Kulturen folgend, zeichnet sich die Mosaik-Linke insgesamt durch eine bunte Palette von Zukunftsvorstellungen aus.

Damit bleibt die Linke entschieden zurück hinter den Herausforderungen des Kampfes zwischen den gegensätzlichen Varianten künftiger Entwicklungspfade. Gewiss bedürfen ihre vielen Akteure vieler konkreter Antworten auf das Übermaß einzelner offener Probleme. Doch ebenso braucht die Linke ein zusammenfassendes Gesellschaftsprojekt, das mit wenigen Grundaussagen zum Inhalt einer doppelten Transformation beschrieben werden kann. In der hier präsentierten Arbeit werden die Leitideen für eine doppelte Transformation als Erzählung einer modernen Linken bezeichnet.

5. Umrisse einer doppelten Transformation – die Erzählung einer modernen Linken

Gegen die Suche nach einer gemeinsamen Erzählung der pluralen Linken gibt es allerdings viele Einwände.

5.1 Einwendungen gegen die Suche nach einer Erzählung von einem alternativen Gesellschaftsprojekt

- Der französische Philosoph Jean François Lyotard proklamierte 1979 in seinem Bericht »Das postmoderne Wissen« das »Ende der großen Erzählungen«. (Lyotard 1979) Als das Wesentliche einer großen Erzählung betrachtete er die Entfaltung einer zentralen Idee, die ihr ganzes Denkgebäude zusammenhält. Aber er hielt die Gefahr der Überhöhung solcher Idee zu einem absoluten und allein gültigen Erklärungs- und Orientierungsprinzip für unausweichlich und durch historische Erfahrungen belegt. Er prangerte die Neigung der Mächtigen an, ihre eigenen als absolute Wahrheit verstandenen Gesellschaftsvorstellungen autoritär und diktatorisch durchzusetzen. Ein Ende jeglicher Diktatur schließe daher auch das Ende großer Erzählungen ein. Sowohl staatssozialistische Ansprüche auf ein Wahrheitsmonopol als auch die neoliberale Heiligung des Marktes als Maß aller Dinge deuten auf den Realitätsgehalt der lyotardschen Befürchtungen hin. Zwar sollte deshalb nicht gleich Abstand von begründeten emanzipatorischen Zukunftsvorstellungen genommen werden. Aber die Erzählung einer demokratischen Linken darf auf keinen Fall mit dem Anspruch eines Wahrheitsmonopols daherkommen. Sie muss offen für unterschiedliche Einsprüche, für andere Ansätze und für Lernprozesse sein.
- Der Postmodernediskurs, für den Lyotard entscheidende Anstöße gab, enthält in einem noch weiteren Sinne als der Zurückweisung autoritärer Denkgebäude deren Ablehnung.

Das Grundpostulat dieses Diskurses ist die Pluralität aller Wirklichkeit. »Pluralität ist nicht nur der Kampfruf, sondern auch das Herzwort der Postmoderne.« Und: »Schätzung des Differenten und Heterogenen bestimmen die neue Orientierung.« So formulierte Wolfgang Welsch als Herausgeber des Bandes »Wege aus der Moderne. Schlüsseltexte der Postmoderne-Diskussion«. (Welsch 1988: 13, 12) Und gegen Einheitsvorstellungen jeglicher Art rief er Robert Musil an: »... jetzt stell dir bloß eine ganze, universale, eine Menschheitsordnung, mit einem Wort eine vollkommene zivilistische Ordnung vor: so behaupte ich, das ist der Kältetod, die Leichenstarre, eine Mondlandschaft, eine geometrische Epidemie!« (Musil 1952: 464) Denn, so die bestimmende Überlegung der Postmodernisten, das reale Leben sei derart durch Vielfalt, Mehrdimensionalität, Spezifika, Kaleidoskopien, kurz von solcher Breite der Phänomene in ausdifferenzierten Gesellschaften gekennzeichnet, dass jeder Versuch, Einheit und Übergreifendes in der Vielfalt zu erfassen, eben wirklichkeitsfern und antiquiert sei. Jean Baudrillard hat dazu allerdings angemerkt, dass die Überhöhung des Pluralitätsprinzips ihrerseits ein Modus der Uniformierung sei. In dieser Gestalt kommt die verborgene Absicht daher, die Suche nach dem Wesentlichen in der Vielgestaltigkeit, nach Einsichten in den Zusammenhang des Ganzen und gar nach alternativem Gestalten solchen Zusammenhangs zu diskreditieren.

Auch in der gegenwärtigen Linken wird nicht selten argumentiert, die Ausdifferenzierungs- und Individualisierungsprozesse in der Gesellschaft, verbunden mit einer kaum übersehbaren Fülle von Interessen und persönlichen Lebensvorstellungen, würden in Widerspruch zu Zusammenführendem stehen. Das unerwartete Hervortreten unvorhersehbarer Konflikte, der plötzliche Wechsel von Handlungsbedingungen und Zufällen in Entscheidungssituationen lassen nach häufig vertretenen Auffassungen die Suche nach einem gemeinsamen Rahmen politischen Handelns unzeitgemäß erscheinen. Die dem durchaus entsprechende Pluralität auch in linken Bewegungen schließe eine gemeinsame Erzählung aus. Der zutreffende Befund starker Unsicherheiten in den gesellschaftlichen Handlungsbedingungen lässt aber auch eine andere Schlussfolgerung zu. Eine moderne linke Erzählung darf eben nicht als starrer Handlungsrahmen formuliert werden. Ihre Leitideen müssen offen für veränderte Bedingungen und neue Einsichten sein.

■ Eine Distanz zu einer übergreifenden gemeinsamen Erzählung von den Zielen und Wegen emanzipatorischer Aufbrüche scheint auch der Blick auf die jüngere Geschichte der neuen sozialen Bewegungen nahezulegen. Die Sozialforumsbewegung, die ihren Ausgangspunkt im Jahr 2001 in Porto Alegre hatte, verstand sich stets als «Bewegung der Bewegungen« und lehnt Beschlüsse oder Dokumente zu einem gemeinsamen Selbstverständnis nach wie vor ab. Als in den 1980er Jahren die revolutionären und antikapitalistischen Bewegungen gegen Krieg, Rassismus und Neokolonialismus an Kraft verloren, verbreiteten sich als Reaktion darauf Ansätze eines »pragmatischen Organisierens«. Sie waren nicht an großen Alternativvorstellungen, sondern am »organizing« von Bürgerinnen und Bürgern zur Selbstvertretung ihrer eigenen Interessen und denen der Communities orientiert. Allerdings entstand aus dem pragmatischen Organisieren einzelner Projektinitiativen die Tendenz ihrer Verknüpfung zu einer übergreifenden gesellschaftspolitischen Bewegung durch »transformative organizing« (Kaindl/Rilling 2011: 23f.).

»Fragend schreiten wir voran.« So lautet das Orientierungsmuster der Zapatistas. Das Prinzip der »lernenden Organisation« scheint das Gerinnen schon gewonnener Erfahrungen zu einer Erzählung im Verständnis eines Teils der alternativen Akteure auszuschließen. Doch solche Erzählung ist ja nicht als das Ende von Lernprozessen zu verstehen.

Auch der Beginn eines neuen Bewegungszyklus in Gestalt der Occupy Wall Street-Bewegung und der Indignados, der Empörten in Spanien und anderen Ländern, wird vielfach als Absage an zusammenführende Ideen in Gestalt einer linken Erzählung und darauf beruhender Organisiertheit gedeutet. Mathew Lawrence Kearney schrieb in seiner Analyse der als ein Vorfeldereignis der Occupy-Bewegung verstandenen siebzehntägigen Besetzung des Capitols von Wisconsin: »Dieser Mangel an Organisation war für Wisconsin und vielleicht auch für Occupy Wall Street eine Art verdrehter Vorteil. Die spontane und nicht zentralistische Natur der Organisierung wurde eine Voraussetzung dafür, dass sie geschah. Die Abwesenheit einer verantwortlichen Autoritätsstruktur zwang die Menschen, ihre Ideen selbst umzusetzen.« (Kearney 2012)

Auch Peter Marcuse ging der Frage nach, warum die Occupy-Bewegung selbst solche elementaren Forderungen nicht zusammenfasse, denen wahrscheinlich die allermeisten folgen würden. Warum »keine systematische Strategie, um sie durchzusetzen? Weil dies bedeuten würde, dass etablierte Spiel mitzuspielen – und das ganze Wesen dieser Bewegung besteht darin, die Regeln dieses Spiels zurückzuweisen.« (Marcuse 2011) Richard Wolff argumentierte: »Entscheidend sind nicht fertige Forderungen, die dann von den bereitstehenden Apparaten und ihren Ideologen ›sachlich geprüft‹, partiell ausgewählt und ›weiterverarbeitet‹ werden, sondern die Debatten um eine Alternative zum gegenwärtigen Kapitalismus selbst mitsamt der mit ihnen verbundenen demokratischen Diskussionskultur.« (Wolff 2010: 128) Im Aufruf zum 34. BUKO-Kongress »Krisen. Kämpfe. Transformationen« hieß es: »Statt klarer politischer Forderungen ist es gerade deren Abwesenheit, die Occupy für viele attraktiv macht.« (BUKO 2012)

Aber nicht zu früh und nicht vorbei an potentiellen MitstreiterInnen fertige Forderungen zu formulieren, bedeutet nicht Verzicht darauf, dem Grundgestus des Aufbegehrens eine gemeinsame Sprache zu verleihen. Deshalb meint Peter Marcuse: »In diesem Sinne ist es richtig, Ansprüche auf Rechte zu formulieren, vielleicht eher in der Form von Manifesten als in detaillierten Forderungskatalogen: Rechte im Sinne von Aussagen über allgemeine Prinzipien, die scharf genug formuliert sind, um konkrete Positionen zu großen Themen erkennen zu lassen, vielleicht mit Beispielen, aber nicht auf Einzelheiten beschränkt.« Und: »Es ist vor allem wichtig, Forderungen als Teile eines größeren Bildes zu sehen, als Mittel für größere Anliegen, nicht als Ziele.« (Marcuse 2011: 32) Dieses größere Bild könnte in der Erzählung einer modernen Linken über die Umrisse eines alternativen Gesellschaftsprojekts gezeichnet werden – wenn denn die Gefahr der Bevormundung und Einengung der sich selbst ermächtigenden Akteure erkannt und kategorisch vermieden wird.

> Dies ist für eine moderne Linke zu einer zentralen Herausforderung geworden: den gesamten Stil ihres politischen Wirkens und ihre Kommunikationsweise auf die Selbstermächtigung der vielen Akteure und auf den Respekt vor deren ganz eigenen Vorstellungen von einer anderen besseren Gesellschaft einzustellen – und doch einen eigenen und einenden Beitrag in den gesellschaftlichen Diskurs über eine gerechte solidarische Gesellschaft und in die Suche nach gemeinsamen Strategien einzubringen.

Die Occupy-Bewegung und die Indignados als »unideologische Rebellen« ohne vorgegebenes Programm und ohne vorgezeichnete Pfade seitens etablierter Organisationen entwickelten zumindest für eine kurze Zeit eine weltweit beachtete Kraft. Am 15. Oktober 2011 manifestierten die Occupy-Aktivisten in etwa 480 Städten rund um die Erde ihren Protest. Dieser Erfolg löste die Neigung zu uneingeschränkter Erhebung des Diffus-Spontanen in den Rang angemessenster Kampfführung aus. Die Schriftstellerin Marlene Streeruwitz hat diese Tendenz einprägsam formuliert: »Für Frager. Oder Bittsteller. ... Für die ist das eine verwirrende Situation. Von Leuten, die nur gehen. Von denen gibt es da nur eine Abbildung. Das Bild. Da gibt es dann keine Grundsatzerklärung. ... Der Text ist dann das Gehen. ... Wenn das Gehen der Text ist, dann kann das Lesen nur im Gehen bestehen. Das ist das Neue daran. ... Im Gehen. Im politischen Gehen sind der Text und die Deutung in eins gefallen. ... Ein Ziel wissend: Nein: ... Das politische Gehen ist ein politisches Programm, dass sich der Sprache enthält. ... Das wird lange nicht verstanden werden. Aber es ist die Reduktion auf die kleinste Möglichkeit öffentlicher Erscheinung im politischen Spazieren, das die größte Erwartung an eine neue Sprache des Politischen zulässt. Jede und jeder für sich und darin alle gemeinsam. Es geht ja im grund nur darum zu sagen, dass wir alle da sind. Und dass es um unsere Leben geht. Und dass wir die nicht preisgeben wollen.« (Streeruwitz 2011: 49ff.)

Dies zu demonstrieren nach langem Niedergang der Linken, selbst ohne ausformuliertes Wissen um das Wohin und den Weg dorthin, ist in der Tat ein beachtlicher Aufbruch! Zu würdigen ist er mit Nachdruck gegen alle vorgefertigten Vorstellungen davon, wie Zukunftskämpfe auszusehen hätten. Und zur Beteiligung sind Linke aller Art aufgefordert. Aber solche Zustimmung bedarf der Ergänzung, die nur scheinbar das Gegenteil vom Lob des Gehens ist. Wer geht, wird irgendwann entscheiden müssen, wohin es gehen soll. Dann entsteht aus den unterschiedlichen Erfahrungen des Gehens die Vorstellung von den größeren Ansprüchen, die den vielen Schritten der Vielen auf vielen Wegen doch eine gemeinsame Richtung geben könnte.

Die Occupy Wall Street-Bewegung legt übrigens auch andere Interpretationen als die des ungerichteten Gehens der Masse von Einzelnen nahe. Sie hat durchaus eine Erzählung. Schon ihr Selbstverständnis »We are the 99 percent!« ist das Konzentrat einer Erzählung von der Spaltung der Gesellschaft, von der Empörung über die Ungerechtigkeit der sozialen und politischen Klüfte, von der notwendigen Aneignung des Öffentlichen, verkörpert in der Besetzung bekannter öffentlicher Plätze, von der Dringlichkeit des Aufstandes gegen die Macht der Banken, symbolisiert durch die Besetzung des Zuccotti-Platzes im Herzen des New Yorker Finanzdistrikts. Die neue rebellische Welle forderte die etablierten Mächte durch die zum Teil wochenlange Besetzung zentraler öffentlicher Plätze heraus. Freiheit, Gerechtigkeit und Menschenwürde sind die unverkennbaren Ansprüche der Empörten. Und Beobachter der Occupy Wall Street-Bewegung fragen sich, ob das Abflachen dieses Aufbegehrens nicht auch mit dem Ausbleiben stabilisierender Vorstellungen von gemeinsamen Zielen und Wegen zusammenhängt.

■ Es gibt noch eine weitere Herkunft starker Abneigung gegen die Markierung von Grundkonturen eines linken Gesellschaftsprojekts, die hier als Erzählung bezeichnet wird. Distanz zu solcher Erzählung wird häufig von linken Aktivistinnen und Aktivisten artikuliert, die in konkreten Initiativen und Projekten hoch engagierte politische Arbeit leisten – ob in Bündnissen vor Ort gegen Rechtsextremismus und Neonazis, in Kietzprojekten, Kulturvereinen, in der Kommunalpolitik oder in Dutzenden anderen Zusammenhängen. Sie verweisen darauf, dass die Menschen, mit denen sie gemeinsam praktische Antworten auf Alltagsprobleme suchen, nicht nach irgendwelchen Erzählungen über größere Zusammenhänge fragen, sondern nach handfester Unterstützung in irdischen Angelegenheiten. Das trifft sicher zu. Aber die meisten Bürgerinnen und Bürger haben durchaus auch eine Meinung darüber, wie gerecht oder ungerecht es in der Gesellschaft zugeht, wie wenig die Oberen auf ihre Sorgen reagieren, wie es um die Demokratie und um die Umwelt steht. Und wenn sie sich um ihr Erspartes sorgen, dann sind ihnen Gedanken über den Zustand des Finanzsystems nicht so fern. Konkretes Engagement muss also das Nachdenken über größere Zusammenhänge nicht ausschließen.

Das Kümmern um Löhne und Arbeitsbedingungen, um bezahlbare Mieten und Stromrechnungen, um die Bewahrung vor Altersarmut, um die Kinder von zugewanderten Familien und den Erhalt von Jugendklubs steht nicht im Gegensatz zum Nachdenken darüber, was das Gemeinsame in dem Engagement auf so unterschiedlichen Feldern ist, was die so unterschiedlichen Akteure verbindet und ihre Durchsetzungskraft entschieden stärken kann, wenn sie sich dieses Verbindende bewusst machen. Wahr ist allerdings, dass solches Nachdenken stets mit den Erfahrungen der Akteure konkreter Projekte, Initiativen und Bewegungen zu verbinden ist.

Es greift auch zu kurz, über den Nutzen einer alternativen Gesellschaftsvorstellung, hier als Erzählung bezeichnet, allein aus Sicht der Arbeit an einzelnen konkreten Projekten und engagierter Bürgerinnen und Bürger in spezifischen Vernetzungen und Initiativen zu urteilen. Eine linke Partei ist zweifellos für das Wirken in solchen Zusammenhängen da. Das ist ihre Erdung und Legitimation.

Doch Parteien sind ebenso Zentren politischer Meinungsbildung zu Grundproblemen gesellschaftlicher Entwicklung. Sie haben erheblichen Anteil am Zustandekommen des öffentlichen Bewusstseins und des Mehrheitsverhaltens. Sie bringen Strategien hervor, die einzelnen politischen Entscheidungen die Richtung geben. Sie können diese Funktion nur teilnehmend an den geistigen Auseinandersetzungen in der Gesellschaft wahrnehmen, nur durch die Verankerung auch in intellektuellen Milieus, deren Ansprüche oft weiter als einzelne Projekte reichen.

Jahrzehnte vor der praktischen Umsetzung neoliberalen Denkens in marktradikale Politik in Chile, Großbritannien, den USA und schließlich auf globaler Ebene haben Wissenschaftler, Politiker und Journalisten in Dutzenden von konservativen Think Tanks und Universitätsinstituten an den Leitideen gearbeitet, die heute den neoliberalen Kapitalismus bestimmen. Die gesellschaftliche Linke muss den Handschuh aufgreifen, den die neoliberalen Konservativen längst in die Arena der geistigen Auseinandersetzung um die Zukunft geworfen haben. Die neoliberale Erzählung ist eben nicht tot. Sie hat sich vielfach diskreditiert, aber sie wird umso aufwändiger weiter vertreten. Die Linke muss ihre eigenen Leitideen für eine zukunftsfähige Gesellschaft entwickeln und in ihrer »Erzählung« von einem emanzipatorischen Gesellschaftsprojekt bündeln. Dies ist keine abgehobene intellektuelle Übung, wie zuweilen vermutet wird. Das ist die Pflicht der Linken in den politisch-geistigen Kämpfen unserer Zeit. Die Linke braucht eine Erzählung, die ihre Einheit in der Vielfalt fördert und die in der Öffentlichkeit erkennbar macht, wofür die europäische Linke steht.

Das neoliberale Projekt kommt mit klaren Ansagen daher: Privatisierung, Liberalisierung, Deregulierung, Finanzialisierung! Das sind die Dreh- und Angelpunkte in der Erzählung des Neoliberalismus, die über die Jahrzehnte in das öffentliche Bewusstsein gehämmert wurden. Was aber sind die Leitideen einer modernen Gegenerzählung der Linken? Grundsatz- und Wahlprogramme allein mit ihrer in der Regel schwer überschaubaren Fülle einzelner Vorhaben und Forderungen in vielen Politikfeldern können einem zentralen politischen Imperativ nicht ausreichend entsprechen: das Politikangebot der Linken für eine bessere Gesellschaft mit wenigen Grundaussagen knapp und unverkennbar darzustellen. Einer der bekanntesten Maler und Grafiker der DDR war Arno Mohr. Seine Motive und Anliegen präsentierte er auf sparsamste Weise mit wenigen ausdrucksstarken und absolut treffenden Strichen. Das Wesentliche offenbart sich in seinen Arbeiten bei einem einzigen Blick. Parteiprogramme leisten das nicht. Ihr Volumen macht sie schwer verdaubar.

Aber eine Erzählung hervorzubringen, die nur weniger zentraler Leitideen bedarf, um das Bild einer Gesellschaftsalternative auf der Höhe unseres Jahrhunderts zu zeichnen – das ist das Gebot für eine Linke in Zeiten einer krisengeprägten Scheidewegsituation (Klein 2011).

5.2 Die »vier U«

Eine Erzählung der Linken sollte einigen wichtigen Anforderungen genügen.

- Sie sollte, befreit von dem Ballast aller Einzelforderungen, der Parteiprogrammen samt sprachlicher Spröde zumeist anhaftet, einen kühnen Bogen zwischen den elementarsten Vorwärts-Bedürfnissen, die im Gegenwärtigen schlummern, und der Vision von den Wegen und Zielen ihrer Verwirklichung schlagen. Ernst Bloch hat dies mit Bezug auf den schottischen Essayisten und Historiker Thomas Carlyle wunderbar ausgedrückt. Carlyle schrieb: »Was der geistige Vorkämpfer sagt, waren alle Menschen schon nicht weit entfernt zu sagen, sehnten sich danach, es auszusprechen. Die Gedanken aller fahren wie aus einem schmerzlichen Zauberschlaf bei seinem Gedanken auf und erwidern ihn mit Zustimmung.« Und Bloch kommentierte: »Kommt diese Zustimmung oft auch erst bei der nächsten Generation oder auch noch später, so lag doch das Pulver zum Schuss schon vorher bereit, und die Publizität der Zeit hat den Schuss nur nicht gehört, eben weil er an ihrem Horizont geschah.« (Bloch 1985: 143)

Aufzuspüren, welche Lebensfragen im Dasein der Menschheit zu Antworten drängen und geahnte Antworten dem Unausgesprochenen zu entreißen, das könnte den Inhalt einer modernen linken Erzählung ergeben. Der Begriff Erzählung mag den mobilisierenden Unterschied zu einem eher nüchternen Wissenschaftsresultat, einem Partei- oder Gewerkschaftsdokument ausdrücken. Die hier vorgelegte Arbeit löst diesen Anspruch nicht ein. Sie präsentiert nicht das »Lösungswort der Zeitahnung« (ebd.). Ihr Anspruch ist allerdings, mit dem Konzept einer doppelten Transformation zu einer besseren Gesellschaft ein Gerüst vorzuschlagen, dass einer wortmächtig formulierten und realistisch fabulierenden Erzählung inneren Zusammenhalt geben könnte.

Das Ideal einer Erzählung, die ganze Völker aus dem Dämmern reißt wie der Kuss im Märchen das Dornröschen, wird es in den harten Wirklichkeiten der realen Welt kaum geben. Und nicht alle Menschen werden sich durch ein »Geniewort« auf der Höhe der Zeit (Bloch) erwecken lassen. Aber den Atem des Aufbegehrens in der Gegenwart und des fantasievollen Denkens bis weit an den Horizont sollte eine Erzählung der Linken schon haben.

- Da die Erzählung einer modernen Linken tatsächlich alles Vernünftige und Zukunftsträchtige aufgreifen würde, das »Menschen schon nicht weit entfernt zu sagen« sind, sollte solcher Erzählung gelingen, leicht verständlich zu sein. Sie wird wohl einen Balanceakt zwischen dem Erfassen der überaus komplexen und differenzierten gesellschaftlichen Realität und einfacher, anschaulicher Darstellung vor uns liegender Transformationsprozesse bewältigen müssen.
- In einer modernen linken Erzählung sollten viele ihre eigenen Erzählungen von ihren Problemen und Träumen wiederfinden. Sie kann also nicht eine Erfindung von oben und von Theoretikern sein, obwohl sie theoretische Grundlagen aufnehmen und diese auch sichtbar machen sollte. Die Perspektive solcher Erzählung ist eine Sicht von unten statt des Standpunkts der Herrschenden. Allerdings nimmt sie viele Perspektiven in sich auf, auch die von Milieus der gesellschaftlichen Mitte bis hinein in das aufgeklärte, sozial denkende Bürgertum. Sie bricht mit den Geschichten, die sich linke Sektierer im ihrem internen Kosmos wechselseitig erzählen.

Akteure der Occupy Wall Street-Bewegung haben beispielsweise den Blog eingerichtet, in dem eine kaum unübersehbare Zahl derer, die sich zu den 99 Prozent rechnen, ihre Anklagen erheben. Eine an Krebs erkrankte Studentin berichtet, dass sie sich keine Krankenversicherung mehr leisten kann und nicht weiß, wie sie mit den erhöhten Studiengebühren fertig werden soll. Ein Unternehmerpaar, das acht Leute beschäftigt, hält sich nach Versicherung und Steuern nur notdürftig über Wasser und kann nicht begreifen, warum Großunternehmen fast keine Steuern zahlen. Ein Gedienter aus dem freiwilligen AmeriCorps kann sich trotz einer Vollzeitstelle in einem New Yorker Museum allein keine Einzimmerwohnung leisten. Eine Frau hat ihre Arbeit und ihr Haus verloren. Sie lebt von Zahltag zu Zahltag, schuldet der Bank nach der Zwangsräumung noch 30.000 Dollar und sieht sich als eine, die Glück hatte, weil sie nach acht Jahren wieder eine gute Arbeit gefunden hat. Sie alle und viele andere erzählen ihre eigenen Geschichten als Teil der gemeinsamen Erzählung von einer ungerechten Gesellschaft, die im Namen der Würde des Menschen geändert werden muss.

■ Eine Erzählung der Linken wird dann lebendig, wenn sie von vielen Menschen mit ihren jeweils eigenen Färbungen selbst erzählt wird. Ähnlich wie Ton Veerkamp über die Bibel als Große Erzählung des Judentums und des Christentums schrieb: »So wird aus den vielen Texten das Ganze der Großen Erzählung, so heterogen ihre Ausrichtung und ihre Herkunft gewesen sein mag.« (Veerkamp 2012: 22)

■ Eine zeitgemäße Erzählung der Linken hat die wichtige Aufgabe, den Zusammenhang vieler einzelner alternativer Projekte zu einem gemeinsamen Gesellschaftsprojekt herzustellen. Einzelne Projekte für sich genommen könnten leicht dem besseren Funktionieren und der Bewahrung der alten Verhältnisse einverleibt werden. Sie aber als Teil einer realitätsnahen Vision zu vertreten und in der öffentlichen Darstellung in die Erzählung von einer erreichbaren besseren Gesellschaft einzuordnen – das vermag Einzelschritten eine über den Tag hinausreichende Anziehungskraft zu verleihen.

David Harvie schrieb: »Manchmal bedarf es eines Akts der Fantasie (sogar Fantasterei), um zu enthüllen, was wirklich möglich ist.« (Harvie 2012: 147) Der tief in langjährig gewohntem Verhalten verwurzelte Glaube, dass es nicht anders ginge als im normalen Lauf der Dinge, ist der Anker für die herrschenden Verhältnisse. Dieser Anker kann den Machteliten durch die Kombination von widerständigem lebensweltlichem Verhalten mit der Vision einer anderen Welt entrissen werden, wenn diese die Herzen der Abhängigen und Unterdrückten ergreift. Marx' und Engels' »Manifest der Kommunistischen Partei« hat solche Kraft entwickelt. Es ist die wirkungsmächtigste Erzählung in der Geschichte der Arbeiterbewegung. Das Manifest »Empört Euch!« des greisen Stéphane Hessel war jüngst den Aufbegehrenden Spaniens Anlass, sich die Empörten, die Indignados, zu nennen. Hessel schrieb: »Nun sind wir an einer Schwelle angelangt: hinter uns die herben Enttäuschungen des ersten Jahrzehnts, vor uns die Möglichkeiten des kommenden Dezenniums.« Und: »Es ist eine Botschaft der Hoffnung, dass die Gesellschaften unserer Zeit Konflikte durch gegenseitiges Verständnis in wachsender Geduld werden lösen können – auf der Grundlage unabdingbarer Rechte, deren Verletzung, von welcher Seite auch immer, unsere Empörung auslösen muss.« (Hessel 2010: 20, 19)

Eine mobilisierende Erzählung steckt auch in dem Werk Frantz Fanons. Es galt in den 1960er Jahren als die Stimme des Aufstandes in der Dritten Welt. Fanon beschrieb die Macht der alltäglichen Gewohnheit so: »Das Unterrichtswesen, gleichgültig, ob weltlich oder religiös; die Ausbildung von moralischen Reflexen, die vom Vater auf den Sohn übertragen werden; die vorbildliche Anständigkeit von Arbeitern, die nach fünfzig Jahren guter Dienste mit einer Medaille bedacht werden; die allgemein ermunterte Liebe zu Eintracht und zur bürgerlichen Bravheit – all diese geradezu ästhetischen Formen des Respekts vor der etablierten Ordnung schaffen um den Ausgebeuteten eine Atmosphäre der Unterwerfung und Entsagung, welche den Ordnungskräften ihre Arbeit beträchtlich erleichtert.« (Fanon 1966: 29) Als Fanal des Ausbruchs des globalen Südens aus der Versklavung durch den Norden setzte er der Suggestion der Alternativlosigkeit seine Schrift »Die Verdammten dieser Erde« entgegen, die als ein Manifest des Antikolonialismus gelten darf. Sie entfaltet die Vision sich selbst befreiender Menschen: »Der Kolonialisierte entdeckt also, dass sein Leben, sein Atmen, seine Ratschläge die gleichen sind wie die des Kolonialherrn. Er entdeckt, dass die Haut eines Kolonialherren nicht mehr wert ist als die Haut eines Eingeborenen. Diese Entdeckung teilt der Welt einen entscheidenden Stoß mit. Jede neue und revolutionäre Sicherheit des Kolonialisierten rührt daher. Wenn nämlich mein Leben das gleiche Gewicht hat wie das des Kolonialherren, dann schmettert mich sein Blick nicht mehr nieder, lässt mich nicht mehr erstarren, seine Stimme versteinert mich nicht mehr. Ich bin nicht mehr verwirrt in seiner Gegenwart. Ich mache ihn fertig. Nicht nur, dass seine Gegenwart mich nicht mehr stört, sondern ich bin schon dabei, ihm eine Falle nach der anderen zu stellen, so dass er bald keinen anderen Ausweg mehr haben wird als die Flucht.« (ebd.: 35)

■ In einer Erzählung, in einer großen und bewegenden zumal, wird in der Regel eine zentrale Idee entfaltet, die ihr Faszination und hegemoniale Kraft verleihen kann. So schreibt Ton Veerkamp über die Struktur des Alten Testaments: »Diese Struktur hat eine wirkliche und wirksame Mitte. ›Mitte‹ ruft die Metapher eines Planetensystems auf: ein schweres Gravitationszentrum, das alle Elemente des Systems in feste Bahnen zwingt. Die ›Mitte‹ der Großen Erzählung zwingt alle Einzelerzählungen, sich ihr zu fügen, sich von ihr aus verständlich machen zu lassen und so zu einer einheitlichen –

noch einmal: nicht homogenen, nicht orthodoxen – Erzählung zu werden. Die Mitte ist der NAME.« (Veerkamp, 2012: 50) NAME meint hier Gott, dessen Name (Jahweh) nach jüdischer Praxis aber nicht ausgesprochen werden darf, um nicht eine bildliche Vorstellung zu erwecken, die seiner nicht vorstellbaren Allmacht und Allpräsenz nicht gemäß wäre.

Die bestimmende »Mitte« in kapitalistischen Gesellschaften ist der Profit, das in letzter Instanz dominierende Maß der Entwicklung. Der Profit ist in Wahrheit gemeint, wenn in der neoliberalen Erzählung die Märkte als gleichsam allwissende Überwesen verklärt werden, deren Vertrauen durch Unterwerfung zu gewinnen sei. Mehrung des Kapitalreichtums zulasten von Mensch und Natur ist das Resultat der Profitdominanz.

»Freie Individualität, gegründet auf die universelle Entwicklung der Individuen« (Marx, 2005: 9), menschlicher Reichtum also – das ist das Bestimmende für ein alternatives Gesellschaftsprojekt. Persönlichkeitsentfaltung einer und eines jeden in Einklang mit der universellen Erhaltung der Natur anstelle höchstmöglichen Profits, das kann als der archimedische Punkt einer gerechten solidarischen Gesellschaft, eines demokratischen grünen Sozialismus, und des Weges dahin betrachtet werden. Das ist der Grundtenor der Erzählung einer modernen Linken. Vier Kapitel einer solchen Erzählung ließen sich mit diesem Grundtenor aufschlagen, vier Leitideen entwickeln:

- gerechte Umverteilung von Lebenschancen und Macht,
- sozial-ökologischer Umbau von Wirtschaft und Gesellschaft,
- demokratische Umgestaltung von Wirtschaft und Gesellschaft,
- umfassende Friedenssicherung und internationale Solidarität.

In allen vier Leitvorstellungen steckt die »Mitte« dieser Erzählung oder findet ihren Ausdruck: die freie Entfaltung einer und eines jeden. »Vier U« werden nach dieser Vorstellung eine zukunftsfähige bessere Gesellschaft und die Transformation dahin bestimmen. Alle Teilprojekte, Forderungen und linken Praxen auf einzelnen Politikfeldern sollten an diesem Viereck von Maßstäben zu messen sein. An ihnen sollten sie orientiert sein, was immer auch ihr konkreter Inhalt ist. Die vier hier entwickelten Leitideen wirken in der Realität nicht getrennt voneinander, sondern bilden ein Ganzes. Der sozial-ökologische Umbau der Gesellschaft schließt natürlich gerechte Umverteilungsprozesse ein und kann nur im Verlauf einer Demokratisierung der Gesellschaft und in solidarischen internationalen Zusammenhängen erfolgreich sein. Ein zentraler Aspekt gerechter Umverteilung ist Gerechtigkeit in der Verfügung über Umweltressourcen. Und diese Umverteilung wird nur in Demokratisierungsprozessen durchsetzbar sein. Gleichwohl gestattet die gesonderte Benennung der vier hier dargestellten Leitideen, wesentliche politische Maßstäbe einer linken Alternative sofort zu erkennen.

Die »vier U« einer modernen linken Erzählung von der freien Persönlichkeitsentfaltung einer und eines jeden:

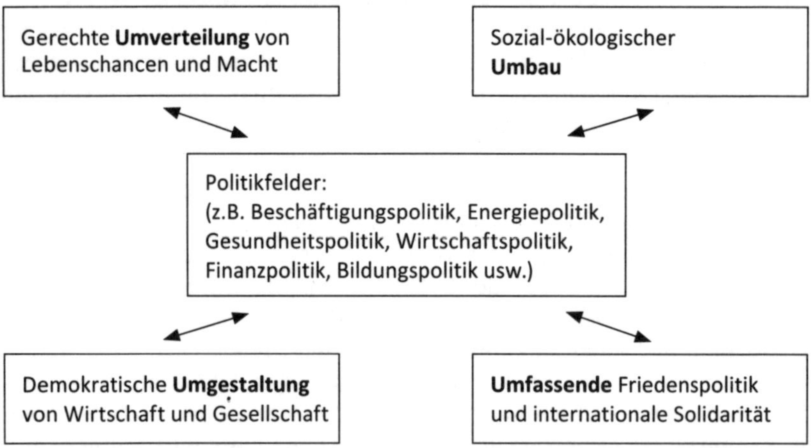

Rainer Rilling hat gefragt: »Wie können die Prozesse materiell-stofflicher, libertär-demokratischer und sozialökonomischer Transformation so verbunden werden, dass sie sich zu einer Richtung des Wandels verdichten und überzeugend in das Zentrum der Perspektive eines demokratischen und eben auch grünen Sozialismus der Linken rücken?« (Rilling 2012: 8) Die hier dargestellte Antwort auf diese Frage ist eine doppelte. Erstens ist es die Orientierung aller einzelnen Transformationsschritte und -projekte an sozial gleichen Bedingungen für die freie Persönlichkeitsentfaltung aller, die zu einem linken Gesamtprojekt führt. Zweitens entfaltet sich diese zentrale Idee nach der hier vertretenen Auffassung in vier konkretisierenden Leitideen oder Eckpunkten eines alternativen Gesellschaftsprojekts. Indem einzelne Vorhaben möglichst allen »Vier U« entsprechen und Geltung verschaffen, sind sie in unterschiedlichster Weise auf die Persönlichkeitsentfaltung einer und eines jeden und damit auf das Gesamtprojekt der Linken bezogen.

5.3 Kapitel 1 einer modernen linken Erzählung: Gerechte Umverteilung von Lebenschancen und Macht

»Wenn wir uns jetzt in Solidarität versammeln, um einem Gefühl der massenhaften Ungerechtigkeit Ausdruck zu verleihen ...« So beginnt die »Erklärung der Beratung von New York City«, überschrieben mit einem Slogan, der die Ungerechtigkeit der herrschenden Verhältnisse auf den Punkt bringt: »We are the 99%«. Die Occupy Wall Street-Bewegung, die Bewegung der Indignados in Südeuropa und die Rebellionen in Nordafrika haben ihren Ausgangspunkt in der Kluft zwischen Oben und Unten, in autoritärer Herrschaft und Perspektivlosigkeit vor allem der Jugend. Gerechte Umverteilung von Lebenschancen und Macht – die jüngsten emanzipatorischen Kämpfe bestätigen diese erste Leitidee einer modernen linken Erzählung. Sie ist kein künstliches Konstrukt. Sie drückt aus, was den Zeitgeist von unten bewegt.

Diese Kämpfe sind Ausdruck eines für bürgerlich-kapitalistische Gesellschaften konstitutiven fundamentalen Widerspruchs. Beruhend auf Kapitaleigentum an den entscheidenden Produktions- und Dienstleistungsressourcen und auf der Aneignung des in Lohnarbeit erzeugten Mehrwerts beziehungsweise Profits durch die Eigentümer dieser Ressourcen und gestützt auf die kostenlose Nutzung der familiären Sorgearbeit schwillt der Reichtum in den Händen der Kapitaleigentümer und Manager an, und die Vermögens- und Einkommenskluft zwischen ihnen und der Bevölkerungsmehrheit wird immer tiefer. Der Zuwachs des Reichtums birgt wachsende Potenzen zur Überwindung sozialer Ungleichheit, aber im Widerspruch zu dieser Möglichkeit wächst die Ungleichheit. Im Jahr 2010 lebten in der Europäischen Union 80 Mio. Menschen unterhalb der nationalen Armutsgrenze (Europäische Kommission 2010: 12), während die Superreichen Europas zusammen über 10,2 Bio. US-Dollar reines Finanzvermögen verfügten (World Wealth Report 2011: 4).

Kapitalherrschaft, patriarchale Verhältnisse, ethnisch, nationalistisch und geopolitisch begründete Hierarchien, die Ausplünderung schwächerer Erdregionen durch die Metropolenstaaten und andere Herrschaftsstrukturen führen, verflochten miteinander, zu tiefen Spaltungen der Gesellschaft. Frauen und die Bevölkerungsmehrheit im globalen Süden sind von der ungerechten Verteilung von Lebenschancen besonders betroffen. Im Widerstand dagegen kommt Frauen und indigenen Bewegungen daher ebenfalls eine besondere Rolle zu, die in vielen Kämpfen auch deutlich wird.

Fernsehen und bunte Blätter sind dabei, uns mit einer Bilderflut vom Leben der Reichen und Schönen zu suggerieren, die Klüfte zwischen oben und unten seien das Normalste der Welt. Aber zwischen der Herrschaft über Öl- und Bankimperien und dem Fehlen von Geld für einen Schulausflug ist keine Normalität herzustellen. Der Regen fließt nicht von unten nach oben – wohl aber das Geld. Wenn die oberen zehn Prozent der deutschen Bevölkerung über 61 Prozent des gesamten Vermögens und die weniger wohlhabenden 70 Prozent der Bevölkerung über gerade einmal neun Prozent des Gesamtvermögens verfügen (ver.di 2011), kann von gerechter Verteilung der Lebenschancen und von gleicher Freiheit für alle keine Rede sein.

Ungleichheit der Lebenschancen und der Verteilung von Machtressourcen betrifft alle Sphären der Gesellschaft. Im Folgenden wird das Ringen um gerechte Verteilung und Umverteilung unter drei Aspekten betrachtet:

- mehr Lebenschancen in der Welt der Produktion und Arbeit,
- mehr Chancen in der lebensweltlichen Reproduktionssphäre jenseits der Erwerbsarbeit,
- mehr Lebenschancen durch die Ausweitung des Öffentlichen.

Mehr Lebenschancen in der Welt der Produktion und Erwerbsarbeit

Umverteilung von Lebenschancen und Macht – das vermag Gewerkschaften, feministische und andere soziale Bewegungen zusammenzuführen und kann auch sozial denkende bürgerliche Milieus erreichen, wie sich in den folgenden Abschnitten zeigt.

Soziale Ungleichheit wurzelt noch immer in der Produktion. Dort findet die Primärverteilung des geschaffenen Neuwerts, seine Teilung in Löhne und Gehälter einerseits und Kapitalgewinne andererseits statt. Dort wird ein Teil des von den Lohnabhängigen geschaffenen Wertes durch die kapitalistischen Eigentümer der Produktionsmittel und anderer Produktionsressourcen angeeignet, das heißt es findet Ausbeutung statt.

Unter den Bedingungen des sozialstaatlich regulierten (fordistischen) Kapitalismus, der in den USA mit dem New Deal begann, schon vor dem Zweiten Weltkrieg in skandinavischen Staaten Gestalt annahm und sich in den Nachkriegsjahrzehnten in allen westlichen Industrieländern durchsetzte, wurde diese Ausbeutung zeitweilig überdeckt. Besonders günstige Wachstumsbedingungen und politische Konstellationen ermöglichten den Lohnabhängigen und ihren Gewerkschaften, eine produktivitätsorientierte Lohnentwicklung durchzusetzen.

Von 1950 bis Mitte oder Ende der 1970er Jahre stiegen die Löhne im OECD-Bereich institutionell verankert mindestens genauso schnell wie die volkswirtschaftliche Produktivität (Busch/Land 2012: 116). Ein Teil der Produktivitätssteigerung wurde in die Senkung der Arbeitszeiten umgesetzt. Der Lebensstandard der Bevölkerungsmehrheit in den westlichen Industrie-

Produktivität, Lohn pro Arbeitnehmer und Quotient beider für die Zeiträume 1961 bis 1975 und 1976 bis 2009 im internationalen Vergleich

	Produktivität und Lohn (konstante Preise), jährliche Steigerungsraten vor und nach dem Umbruch							
	1961-1975				1976-2009			
Land	Produktivität	Lohn Pro Arbeitnehmer	Konsum	Quotient-Lohn/ Produktivität	Produktivität	Lohn pro Arbeitnehmer	Konsum	Quotient Lohn/ Produktivität
1	2	3	4	5	6	7	8	9
European Union (15 countries)	3,93	4,36	4,31	1,11	1,68	1,14	2,14	0,68
Euro area (12 countries)	4,38	4,86	4,82	1,11	1,66	1,02	2,12	0,61
Belgium	4,01	4,95	4,38	1,23	1,58	1,49	1,91	0,94
Denmark	2,87	3,60	4,23	1,26	1,54	1,47	1,84	0,95
Germany	3,73	4,33	4,63	1,16	1,67	1,32	1,74	0,79
Ireland	4,33	4,60	4,00	1,06	2,99	2,05	3,54	0,68
Greece	7,85	5,04	6,46	0,64	1,53	1,39	2,94	0,91
Spain	6,12	6,70	6,43	1,10	1,63	1,03	2,85	0,64
France	4,70	4,97	5,17	1,06	1,67	1,23	2,26	0,74
Italy	4,96	5,31	4,97	1,07	1,44	0,82	1,98	0,57
Luxembourg	2,17	3,69	4,38	1,70	1,64	1,18	3,07	0,72
Netherlands	3,71	4,93	4,62	1,33	1,42	1,03	2,21	0,73
Austria	4,46	4,63	4,11	1,04	1,84	1,38	2,04	0,75
Portugal	5,64	7,81	6,40	1,38	2,36	1,40	2,56	0,59
Finland	4,40	4,51	4,96	1,03	2,27	1,73	2,35	0,76
Sweden	3,19	3,29	3,78	1,03	1,66	1,40	1,45	0,84
United Kingdom	2,32	3,01	2,54	1,30	1,84	1,44	2,36	0,79
Norway	3,70	4,08	4,32	1,10	1,92	1,57	2,89	0,82
United States	2,10	1,93	3,63	0,92	1,42	1,31	2,90	0,92
Japan	7,08	7,35	7,14	1,04	1,99	1,26	2,50	0,63
Mexico					1,46	-0,38	3,24	-0,26
Korea	3,45	1,56	6,53	0,45	4,14	4,05	5,47	0,98
Australia	2,10	3,07	4,81	1,46	1,35	0,82	3,19	0,61

Anmerkung: Wenn der Quotient aus Lohn pro Arbeitnehmer und Produktivität (Spalten 5 und 9) größer als 1 ist, sind die Löhne schneller gestiegen als die Produktivität, ist er kleiner als 1, so sind die Löhne langsamer gestiegen.
Quelle: Busch/Land (2013): Web-Tab. 4.2.: Internationale Daten

ländern konnte erheblich verbessert werden und stützte die Vorstellung einer nunmehr sozialen Marktwirtschaft. Unternehmer und Lohnabhängige profitierten unter diesem fordistischen Akkumulationsregime etwa im gleichen Verhältnis von der Produktivitätssteigerung (ebd.: 126). Allerdings beruhten die westlichen Lebensweisen in erheblichem Maße auf der Ausplünderung des globalen Südens und der Natur sowie auf unbezahlter und gering geschätzter Sorgearbeit von Frauen als verdrängtes Hinterland der Kapitalverwertung.

Im Verlauf der 1970er Jahre geriet die fordistische Produktionsweise in die Krise, die von den Machteliten für die Transformation zu einer neuen Daseinsweise des Kapitalismus, zum neoliberalen Kapitalismus, genutzt wurde (Streek 2011; Klein 2003: 26-60). Hochtechnologische Umwälzungen, Individualitätsgewinne, Reichtumszuwachs, aber vor allem Privatisierung, Deregulierung, Liberalisierung, Finanzialisierung und Entdemokratisierung prägen seitdem die Entwicklung. Die zeitweilig überdeckten sozialen Klüfte vertiefen sich erneut. Die soziale Ungleichheit und die Naturzerstörung nehmen zu. In Deutschland liegt das Wachstum der Realeinkommen nach einem durch Impulse der deutschen Einheit bedingten zeitweiligen Anstieg gegenwärtig praktisch bei Null und ist für wachsende Bevölkerungsteile negativ. Die Sozialberichterstattung des Statistischen Bundesamts 2011 weist eine Senkung der Reallöhne von 2000 bis 2010 um vier Prozent aus. Nach Gewerkschaftsangaben betrugen die Reallohnverluste in diesem Zeitraum sogar 5,4 Prozent (König/Detje 2012: 50).

Im Jahr 2011 arbeiteten in Deutschland 7,8 Millionen Erwerbstätige im Niedriglohnbereich. Selbst unter den Vollbeschäftigten verdienen 650.000 Menschen weniger als das Existenzminimum und brauchen Unterstützung durch Hartz IV-Leistungen. Rund sieben Millionen sind in abgabefreien Minijobs beschäftigt. Die Zahl der vielfach diskriminierten LeiharbeiterInnen ist von 310.000 im Jahr 2003 auf etwa eine Million 2012 gestiegen. Jede(r) Zehnte von ihnen ist »Aufstocker«, das heißt verdient weniger als die Hartz IV-Sätze. Mehr als eine Million Menschen zählen zu den Langzeitarbeitslosen, obwohl viele Betroffene schon aus den Arbeitslosenstatistiken herausgerechnet sind (Detje/König 2012a: 39). Die Lohnstückkosten sind in Deutschland im Vergleich zu allen anderen Industrieländern am wenigsten gestiegen – mit Ausnahme von Österreich.

Auf dieser Grundlage, kombiniert mit hoher Innovationskraft, konnte die deutsche Wirtschaft seit 2000 einen Leistungsbilanzüberschuss von rund 1,2 Bio. Euro erzielen. Die Kehrseite ist die Verschuldung der konkurrenzschwächeren Importländer nicht zuletzt in Südeuropa. Darauf wird, vor allem gedrängt durch die Bundesrepublik, mit harter Austeritätspolitik re-

Abbildung 1:
Durchschnittliche jährliche Steigerung der Realeinkommen in den Zyklen

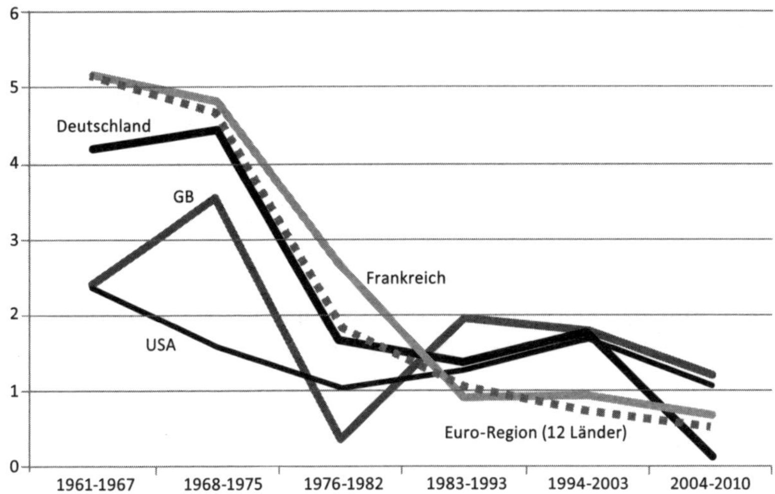

Quelle: Busch/Land (2013): Web-Tab. 4.2.: Internationale Daten

agiert, die in Deutschland mit der Aufnahme einer Schuldenbremse in das Grundgesetz de facto Verfassungsrang erhalten hat. Die Folge ist in den südeuropäischen Mitgliedstaaten der EU eine Explosion der Armut. Das gehört zur Bilanz deutscher neoliberaler Wirtschaftspolitik.

Die dramatische Zunahme sozialer Probleme in der Europäischen Union, die vermehrte soziale Ungleichheit, gesteigerter Leistungsdruck, wachsende Unsicherheit der Lohnabhängigen, Existenzängste und dadurch bedingte physische und psychische Erkrankungen werden in erheblichem Maße durch einen »Formwandel von Herrschaft in der Arbeitswelt« bewirkt (Detje/Sauer, 2012: 63). Joachim Bischoff bezeichnet diesen Wandel als Veränderung der Betriebsweise des Kapitalismus (Bischoff u.a. 2006: 74ff., 80).

Der Kern dieser Veränderungen in der Produktion besteht darin, dass der Markt dem neoliberalen Grunddogma folgend zur alternativlos vorgegebenen Größe für das gesamte Betriebs- und Unternehmensgeschehen erklärt wird – mit der Folge des Übergangs von einer direkten zentralistischen Unternehmensteuerung zu einer indirekten und enthierarchisierten Steuerung.

Aus den globalen Machtkonstellationen und insbesondere aus den auf den internationalen Finanzmärkten erzielbaren Profitmargen werden durch die Konzernspitzen Konkurrenzbenchmarks, Renditevorgaben, Umsatzziele und ein Soll von Kosteneinsparungen abgeleitet und auf die Geschäftsfelder, Betriebe, Betriebsteile, Leistungszentren, Profit- und Cost-Center bis auf einzelne Arbeitsgruppen heruntergebrochen. Budgets, Personalzahlen und technische Ausstattung werden vorgegeben. Als Sachzwang der Märkte deklariert, werden die entsprechenden Kennziffern bis zu den Beschäftigten aufgefächert, denen es überlassen bleibt, in eigener Initiative auf das Hineinwirken des Marktes in die Unternehmen zu reagieren. Unternehmensziele in der Marktkonkurrenz werden zum eigenen Interesse der einzelnen umdefiniert, sich mit flexiblen Arbeitszeiten, Lohnzurückhaltung und höherer, oft ruinöser Arbeitsintensität an die Wechsellagen des Marktes anzupassen (Wagner 2012: 23ff; Detje/Sauer, a.a.O.: 64). Detje und Sauer, Wagner, Hensche und andere Köpfe im Gewerkschaftsspektrum schließen daraus: »Ein neues Projekt der Demokratisierung der Wirtschaft hat – um die politischen Dimensionen der Großen Krise zu bearbeiten – an den weitreichenden Veränderungen in den Unternehmen und der Organisation der Arbeit anzusetzen.« (Detje/Sauer a.a.O.: 67) Sie beklagen eine einseitige Konzentration linker Analysen der Krise auf monetäre Prozesse: »Es ist die politische Dimension, die in den Analysen der aktuellen Krise vollständig ausgeblendet wird. Mit dem Verlust des arbeitspolitischen Fokus sind auch die abhängig Beschäftigten als ökonomische und gesellschaftliche Akteure aus dem Blick geraten.« (ebd.: 61) Dieser Einschätzung folgend werden von Gewerkschaftsseite im Kontext gerechter Umverteilung von Lebenschancen u.a. gesetzliche Mindestlöhne, die Eindämmung prekärer Beschäftigungsverhältnisse, die Überwindung tariffreier Zonen durch die Stärkung des Tarifsystems und die Erleichterung der Allgemeinverbindlichkeitserklärung von Tarifverträgen eingefordert.

In dem Band »Demokratisierung der Arbeit« (Wagner 2012) wird über solche einzelne Zielsetzungen hinausgehend auf einen neuen Anlauf zu Demokratie von unten orientiert. Die Ergänzung strategischer Entscheidungen in der obersten Unternehmensebene durch flache Hierarchien und die Delegierung von Verantwortung bis zu den einzelnen Beschäftigten werden als Herausforderung und Chance für die Lohnabhängigen und ihre Vertretungen aufgefasst. Die nach unten delegierte Selbstverantwortung, die nach dem Willen der Unternehmer als Selbstanpassung der Beschäftigten an die Kapitalverwertungszwänge zu funktionieren hat, soll in deren Selbstermächtigung zur Durchsetzung der eigenen Interessen, in ihre Beteiligung an Entscheidungen nicht allein über das »Wie« der Produktion, sondern auch über das »Was und Wofür« und über andere Produktions- und Arbeitsregime verwandelt werden. »Der entscheidende Punkt dürfte sein, wie weit die ambitionierten Anforderungen an Wirtschaftssteuerung mit einem Aktivierungskonzept ›von unten‹ gekoppelt werden können.« (Detje/Sauer a.a.O.: 68) Das notwendige ›von unten‹ schließt ein, die Tradition kollektiver Interessenvertretung durch die Gewerkschaften weit stärker mit individueller Persönlichkeitsentfaltung zu vereinen, die hier als die Grundidee einer modernen linken Erzählung betont wurde: »Eine neue Gewichtung der Rolle des Individuums muss ein Kernelement der Entfaltung gewerkschaftlicher Gegenmacht werden.« (Wagner 2012: 35) Darauf zielen unter anderem die Konzepte des Organizing in der Gewerkschaftsarbeit.

Gerechte Umverteilung von Lebenschancen und Macht erfordert aus der Perspektive der Produktions-und Arbeitswelt unter anderem

- die Ausweitung der Mitbestimmung am Arbeitsplatz als Form unmittelbarer Demokratie mit Reklamations- und Initiativrechten der Einzelnen,
- als Gegengewicht zur Aushöhlung von Flächentarifverträgen durch immer mehr betriebliche Entscheidungen die tarifpolitische (Wieder-)Aneignung betrieblicher Themen (Hensche 2012: 247) und zwingende Wahl von Betriebsräten,
- die Schaffung von öffentlichen Räumen in den Unternehmen für die Verständigung in den Belegschaften über ihre Interessen und Forderungen,
- Einflussnahme der Beschäftigten und ihrer Vertretungen auf überbetriebliche Rahmenbedingungen, auf Sektor- und Strukturpolitik. Wenn die Marktbedingungen von den Konzernspitzen zu Zwangsbedingungen unternehmerischen Handelns bis zum letzten Beschäftigten erklärt werden, müssen die Beschäftigten und ihre Gewerkschaften auf die regionalen, nationalen und internationalen Rahmenbedingungen des Marktes Einfluss nehmen,
- Stärkung von gesellschaftlichem, öffentlich-rechtlichem und genossenschaftlichem Eigentum auf dem Weg zu einer Mischwirtschaft mit unterschiedlichen Eigentumsverhältnissen, die aber sämtlich als sozial und ökologisch gestaltungsbedürftig unter dem Einfluss ›von unten‹ zu verstehen sind,
- Stärkung der öffentlichen Daseinsvorsorge als Rückhalt für die Einzelnen auch in schwierigen Lebenssituationen,
- Verständigung der Gewerkschaften und anderer Akteure auf übernationale Forderungen an europäische soziale Mindeststandards und an gemeinsame Infrastruktur-, Regional- und Industriepolitik in der EU,
- eine demokratische Reform der Europäischen Unternehmensverfassung.

Kurz, wirtschaftsdemokratischen Veränderungen der Industrie kommt in progressiven Transformationsprozessen größte Bedeutung zu. Eine beginnende Öffnung der Gewerkschaften für gesamtgesellschaftliche Probleme über Forderungen nach guter Arbeit und gerechter Einkommensverteilung hinaus deutet bereits darauf hin, dass die notwendige Umverteilung von Lebenschancen und Macht nicht auf die Sphäre von Produktion und Erwerbsarbeit zu beschränken ist.

Mehrdimensionalität sozialer Ungleichheit und Neubewertung der lebensweltlichen Reproduktionssphäre

Ausbeutung, Unterdrückung, Ungleichheit und Diskriminierung haben weit mehr Dimensionen als den Widerspruch zwischen Kapital und Arbeit in der Produktion. Vor allem feministische Diskurse haben den Blick auf die Verwobenheit unterschiedlicher Strukturen gelenkt, die in jeweils spezifischer Weise Herrschaft, Differenzierung und Ungleichheit hervorbringen. Gabriele Winker und Nina Degele unterscheiden in ihrem Buch »Intersektionalität. Zur Analyse sozialer Ungleichheiten« vier Sektionen oder Grundstrukturen, die soziale Ungleichheiten hervorbringen: Klassenverhältnisse, in deren Zentrum in bürgerlichen Gesellschaften das Kapitalverhältnis steht; Geschlechterverhältnisse, in deren Zentrum patriarchale Herrschaft von Männern über Frauen ausgeübt wird, die aber auch Ausgrenzungen von Lesben, Schwulen, Transsexuellen, Bisexuellen und anderen einschließen; Rassismen, die Hierarchien entlang von ethnischen Unterschieden umfassen; aber auch Ausgrenzungsverhältnisse, die sich an Körperlichkeiten (Bodyismen) anschließen, also an Verschiedenheiten in Aussehen, Alter, Gesundheitszustand oder Behinderungen, Leistungsfähigkeit und so weiter. Diese unterschiedlichen Unterdrückungs- und Ungleichheitsverhältnisse existieren nicht nebeneinander, sondern eng verflochten miteinander. Patriarchale Macht ist nicht vom Kapitalverhältnis abgeleitet, wohl aber profitieren Unternehmen von niedrigen Löhnen für Frauen bei gleichen Arbeitsleistungen ebenso wie von der Diskriminierung migrantischer Arbeitskräfte, die oft nur in prekären Verhältnissen beschäftigt werden oder überproportional von Arbeitslosigkeit betroffen zum Druck auf die Beschäftigten beitragen. Fremdenhass hilft durch die Ablenkung von ökonomischen Herrschaftsverhältnissen die Spaltung zwischen oben und unten zu überdecken, bedeutet aber für die Ausgegrenzten gleich mehrfache Diskriminierung, von der Frauen auf dem Hintergrund patriarchaler Hierarchien besonders betroffen sind, ganz und gar, wenn sie noch eine andere Hautfarbe als die Weißen haben.

Winker und Degele bezeichnen den Theorieansatz, der die Verwobenheit unterschiedlicher Herrschafts-und Ungleichheitsverhältnisse hervorhebt, im Anschluss an Kimberlé Crenshaws Begriffsprägung intersectionality als Intersektionalitätsansatz (Winker/Degele 2009).

Allen Unterdrückungs- und Diskriminierungsverhältnissen ist gemeinsam, dass sie die Persönlichkeitsentfaltung der Individuen einschränken und ihre Menschenrechte missachten. Gegen alle diese Herrschafts- und Ungleichheitsverhältnisse gilt gleichermaßen die Grundforderung des Sozialismus nach sozial gleicher Teilhabe für jede und jeden an den Bedingungen reicher Persönlichkeitsentfaltung aller Menschen. Solche Bedingungen müssen sowohl in der Sphäre der Produktion erkämpft werden als auch in der Sphäre der Reproduktion des Lebens außerhalb der Erwerbsarbeit. Es geht um menschenwürdige Arbeits- und Lebensbedingungen.

In feministischen Diskursen wird die Aufmerksamkeit darauf gelenkt, dass die Umverteilung von Lebenschancen und Macht in diesen beiden verschiedenen Gesellschaftsbereichen unterschiedliche Herausforderungen für transformatorische Kämpfe birgt. Dies wird als reproduktionstheoretischer Ansatz diskutiert. Hervorgehoben wird, dass die Unterwerfung der gesellschaftlichen Entwicklung unter die Verwertung des Kapitals, unter das Profitmachen also, zu einer Trennung zwischen der Produktion als der wahren Welt des Kapitals, seiner Vermehrung nämlich, und der Reproduktion führt. Als Reproduktion wird die »Herstellung und Wiederherstellung des für das (gute) Leben Notwendigen« verstanden (Biesecker/Hofmeister 2006: 91). Der Begriff der Reproduktion, den Marx als Bezeichnung für die ständige Wiederholung und Fortsetzung der Produktion und für die Herstellung der dazu erforderlichen volkswirtschaftlichen Proportionen verstand, erfährt im feministischen Diskurs eine grundsätzliche Veränderung und Erweiterung. In diesem Diskurs wird nicht die einfache oder erweiterte Wiederholung der Produktionskreisläufe als Reproduktion verstanden, sondern die Reproduktion menschlichen Lebens durch alle dafür außerhalb der Produktion notwendigen Arbeiten und anderen zwischenmenschlichen Beziehungen.

Marx hob zwar die Bedeutung allgemeiner Reproduktionsbedingungen hervor, aber in seiner Reproduktionstheorie unterschied er vereinfacht nur die Produktion von Produktionsmitteln und die Produktion von Konsumtionsmitteln, die für die ständige Wiederholung des Wirtschaftskreislaufs bestimmte Proportionen zueinander erfordern. Er blendete in seinen Reproduktionsschemata die Sphären der fürsorgenden Arbeit in der Familie und der Sozialleistungen in der Bildung, im Gesundheits-, Pflege- und Betreuungssektor, in der Kultur und anderen Feldern sozialer Reproduktion aus. Er bildete damit ab, dass für die Kapitalverwertung nur die Produktion als produktiv im Sinne der Erzeugung von Mehrwert beziehungsweise Profit gilt. Die sorgende und vorsorgende Arbeit, die Carearbeit, außerhalb der unmittelbaren Produktion in der häuslichen Sphäre und in der öffentlichen kostenlosen oder zu geringen Zahlungen erfolgenden Daseinsvorsorge, erscheinen dem marktwirtschaftlichen Denken als unproduktiv, weil sie nicht direkt Profit abwirft. Die in der häuslichen Sphäre oder in Dienstleistungen außerhalb der Familie überwiegend von Frauen geleistete Care-Arbeit wird aus dieser einäugigen Perspektive gering geschätzt.

Dieser herrschenden Kapitallogik entspricht eine vielschichtige Benachteiligung und Diskriminierung von Frauen. Familienarbeit ohne Entgelt macht abhängig vom erwerbstätigen Haushaltsvorstand. Berufstätige Frauen erzielen nicht nur ein geringeres Einkommen bei gleicher Arbeit als Männer, sondern tragen in der Regel weiter den Hauptanteil an der Doppelbelastung durch Erwerbs- und Familienarbeit, die überdies ihre Teilhabe am gesellschaftlichen Leben einengt. Wenn in den Industrieländern qualifizierte Frauen ihre häusliche Belastung auf zumeist migrantische Hausarbeiterinnen verlagern, geschieht dies meist mit der Folge noch größerer Ungleichheit und Rechtlosigkeit der Hausbeschäftigten. Die Mehrdimensionalität oder Intersektionalität der Herrschafts- und Ungleichheitsverhältnisse wird also im feministischen Reproduktionsdiskurs in besonderer Weise deutlich gemacht. Hervorgehoben wird, wie patriarchale Normen in der Familienarbeit das kostenlose Fundament der Reproduktion menschlicher Arbeitskraft für das Kapital hervorbringen.

Das bedeutet, dass der größte Teil der geleisteten Arbeit – in Deutschland im Jahr 2001 96 Mrd. Stunden Reproduktionsarbeit im Vergleich zu 56 Mrd. Stunden Erwerbsarbeit – einer Abwertung und geringer Wertschätzung unterliegt, vielfach diskriminiert erfolgt, und dass zudem die humanorientierten Dienstleistungen im öffentlichen Sektor unterentwickelt sind. Zu große Schulklassen, zu wenig Sozialpädagogen, zu wenig Kitaplätze, große Defizite im Gesundheitswesen, Pflegenotstand, unwürdige Zustände in vielen Senioren- und Pflegeheimen deuten auf eine Krise der sozialen Reproduktion hin. Die marktradikale Antwort darauf ist eine noch stärkere Verlagerung der Sorgearbeit aus dem öffentlichen Sektor in privatwirtschaftliche Unternehmen und in die private Familiensphäre. Die forcierte Austeritätspolitik in Europa verstärkt diesen doppelten Trend.

Das Kapital entledigt sich eines großen Teils der gesellschaftlichen Reproduktionskosten, indem die wachsenden Betreuungs-, Erziehungs- und Pflegearbeiten den Familien und dort vor allem den Frauen überantwortet werden.

Dies ist die erste große Externalisierung: Das Kapital bzw. der Unternehmer entlastet sich von Kosten, indem ein riesiger Bereich von Reproduktionsarbeiten in der privaten Haushaltssphäre überwiegend zulasten von Frauen stattfindet. Produktion und Reproduktion werden getrennt. Adelheid Biesecker und Sabine Hofmeister nennen diese Trennung das »Prinzip des Ökonomischen« im Kapitalismus (Biesecker/Hofmeister 2006: 143ff.). Sofern die weitgehend kostenlose Auslagerung reproduktiver Sorgearbeit in die privaten Haushalte die Kapitalverwertung entschieden erhöht, ist diese Trennung aber keineswegs absolut, sondern ein sehr gewichtiger Faktor der Verwertung selbst. Die als angeblich unproduktiv mit allen Folgen der Diskriminierung geltende Nichterwerbsarbeit ist in Wahrheit die erste fundamentale Grundlage der Kapitalverwertung in der angeblich allein produktiven Sphäre der Erwerbsarbeit.

Die zweite große Externalisierung ist die Entlastung der Kapitalkosten durch die Verbannung aller negativen Wirkungen der Produktion auf die Natur aus der Kalkulation der Unternehmen. Würden die Belastung der Atmosphäre mit klimarelevanten Gasen, die Verschlechterung der Bodenqualitäten, die Verknappung nicht regenerierbarer Ressourcen, die Übernutzung der Wasserreservoirs und die Gefährdung der Naturdienstleistungen für das menschliche Leben von den Unternehmen als Kosten zu tragen sein, würden die Profite dahinschmelzen wie der Schnee in der Sonne. Nur die Externalisierung dieser Kosten mit der Folge schwerer Störungen in den Naturkreisläufen und der Gratisdienste der Natur, zulasten schwächerer Regionen, besonders von Kindern und Frauen dort, aber auch zulasten der Gesundheit in den reichen Ländern und vor allem künftiger Generationen bewahrt das Kapital – noch – vor einem Einbruch des gesamten Verwertungsprozesses.

Die Natur ist neben der Gesamtheit von Reproduktions- oder Sorgearbeiten die zweite fundamentale Grundlage kapitalistischer Produktion. Aber wie die überwiegend weibliche Carearbeit als selbstverständlich verfügbare und daher gering zu schätzende Ressource betrachtet wird, gilt dem marktwirtschaftlichen Denken auch die Natur als grenzenlos verfügbar. Tendenziell rücksichtsloser Umgang mit beiden Grundvoraussetzungen kapitalistischer Produktion ist die Folge dieser Gemeinsamkeit. Und besondere Betroffenheit von Frauen sowohl durch die negativen Folgen der Abwertung ihrer Sorgearbeit als auch durch die ökologische Krise vor allem im globalen Süden sind eine weitere Gemeinsamkeit.

Das »Reproduktive hat also zwei verschiedene, aber funktional identische Orte: einen anscheinend außer- und vorgesellschaftlichen Ort in der ökologischen Natur und einen als außen gesetzten innergesellschaftlichen Ort in der Privatheit der Haushalte und Familien, wo die Frauen als ›Natur‹ ›Reproduktionsarbeit‹ leisten.« (Biesecker/Hofmeister 2006: 145) Beiden Orten wird unter den Bedingungen der Profitdominanz zugemessen, als kostenlose Basis der Kapitalverwertung, also radikal kostenmindernd für das Kapital und sozial folgenschwer besonders für Frauen, zu funktionieren.

Was ist die Quintessenz dieser feministischen Konzeption für die Erzählung einer modernen Linken? Gerechte Umverteilung von Lebenschancen und Macht als eine erste Leitidee einer solchen Erzählung erfordert aus dieser Sicht eine »neue Bewertung – von Entwicklung (D.K.) – aus der Perspektive von Lebensprozessen« (Biesecker/Wichterich/von Winterfeld 2012: 5). Umverteilung bedeutet dann, die gesellschaftliche Wertschätzung und den gesellschaftlichen Ressourceneinsatz statt auf ein profitgetriebenes Wachstum der Produktion auf die (Reproduktions-)Bedingungen eines guten Lebens zu konzentrieren.

Die Entfaltung der humanorientierten Dienstleistungsbereiche und die verstärkte Lenkung von Ressourcen dorthin, also eine erhebliche Veränderung der Gebrauchswertsstruktur des Sozialprodukts, ist nun aber von der gegenwärtigen finanzdominierten Wertregulierung nicht zu erwarten. Auf diesen Widerspruch zwischen den Anforderungen der Persönlichkeitsentfaltung jeder und jedes Einzelnen an die Bereitstellung von Gebrauchswerten in entsprechenden Proportionen und der profitdominierten Wertregulierung wurde bereits in den einleitenden Passagen verwiesen. Der Wertregulierung gerät mehr denn je die menschliche Dimension des Umgangs mit den stofflichen Ressourcen der Gesellschaft aus dem Ruder.

Im Reproduktionsdiskurs stoßen wir erneut auf die Unverträglichkeit des Strebens nach menschenwürdigen Lebensbedingungen mit den Wirkungen des Marktmechanismus. Dieser bringt gewiss weit wirksamer als es die staatssozialistische Zentralplanung vermochte, die tausend kleinen Dinge des Lebens auf den Ladentisch – und gleich noch tausend völlig sinnlose Dinge dazu. Aber die Großstrukturen, die Lebenszufriedenheit, soziale Sicherheit und Sicherheit der natürlichen Lebensgrundlagen bedeuten, werden durch diesen Mechanismus verfehlt.

Dies hebt aus spezifischer Sicht der feministische Reproduktionsdiskurs in das öffentliche Bewusstsein. Die in diesem Diskurs stattfindende neue Bewertung gesellschaftlicher Ressourcen betrifft sowohl die Reproduktionsarbeit im Sinne der Sorge für ein gutes Leben als auch eine Gestaltung der gesellschaftlichen Naturverhältnisse, die die Produktions- und Lebensweisen dem nachhaltigen Erhalt der Biosphäre anpasst und unterordnet.

In den ökonomischen und gesellschaftlichen Proportionen behält natürlich eine naturverträgliche Produktion der materiell-stofflichen Güter des Lebens elementare Bedeutung. Funktionierende Austauschverhältnisse zwischen der Produktion von Produktionsmitteln (Maschinen, Anlagen, materielle Infrastrukturen) und der Produktion von Konsumtionsmitteln bleiben wichtig. Aber bei Entscheidungen über die Grundproportionen wirtschaftlicher und gesellschaftlicher Entwicklung gewinnen die häusliche Sorgearbeit samt ihrer Bedingungen und vor allem die Stärkung der öffentlichen Daseinsvorsorge und der Commons als ihrer Grundlage erstrangiges Gewicht. Horst Müller plädiert deshalb dafür, neben der Produktion von Produktionsmitteln und der Produktion von Konsumtionsmitteln als eine dritte Hauptabteilung gesellschaftlicher Arbeit die »sozialwirtschaftlichen Dienste« für die Reproduktion des Lebens jenseits der Produktion zu verstehen (Müller 2012: 77-93).

> Vereinfacht ausgedrückt: Was für einen menschenwürdigen Lebensalltag wichtig ist, rückt in der Werteskala der Gesellschaft weit nach oben. Die materielle Produktion bleibt dafür eine entscheidende Voraussetzung, jedoch nicht mehr zulasten der Natur und von Frauen. Die Erzählung einer modernen Linken handelt daher von größter Aufmerksamkeit für beide Sphären, für die der Produktion und für die Lebenswelt darüber hinaus. Sie handelt vom prinzipiellen Bedeutungszuwachs der lebensweltlichen Reproduktion im Verhältnis zur Produktion, von der Ausrichtung aller Gesellschaftsbereiche an den Erfordernissen eines menschenwürdigen Lebens, von gerechten Geschlechterverhältnissen in beiden Sphären und von deren Einklang mit dem Erhalt der Biosphäre auch im Interesse menschlichen Lebens.

Die Neugestaltung des Verhältnisses von Erwerbsarbeit in der Produktion und Sorgearbeit außerhalb der materiellen Produktion und – untrennbar davon – die Durchsetzung von Geschlechtergerechtigkeit in beiden gesellschaftlichen Sphären haben einen Dreh- und Angelpunkt. Er heißt Zeitgestaltung. Hier nun gerät ein weiterer feministischer Diskursstrang notwendig in den Blickpunkt, die von Frigga Haug entwickelte Vier-in-Einem-Perspektive (Haug 2011). In ihr schneiden sich wichtige Stränge einer modernen linken Erzählung. »Es ist der Vorschlag, das Leben so zu fassen, dass die vier Hauptdimensionen des Menschseins: gesellschaftliche Arbeit – heute in der Form der Erwerbsarbeit –, die Arbeit in der Reproduktion des Menschen, die Tätigkeit an eigener Kultur und Entwicklung und schließlich die Politik in etwa zu gleichen Teilen das individuelle Leben bestimmen.« (Haug 2009: 22) Dies ist eine Perspektive der Überwindung von Arbeitslosigkeit durch Arbeitszeitverkürzung und gerechte Verteilung der Arbeit, der damit verbundenen gravierenden Veränderung aller Arbeitsverhältnisse und der gesamten Betriebsweise, der Geschlechterverhältnisse, der Aufwertung aller kulturellen Lebensdimensionen und der Demokratie.

Entscheidende Facetten einer modernen Erzählung der Linken erfahren eine Bündelung, gelänge die Verwirklichung dieser Vier-in-Einem-Perspektive. Sie könnte zu einem Schlüsselprojekt einer emanzipatorischen Gesellschaftsalternative werden. In einer Erzählung von solchem Projekt wird sie zu einem dramaturgischen Höhepunkt. Frigga Haug zielt mit diesem Ansatz auf eine gerechte Umverteilung im Verhältnis von Erwerbsarbeit, Fürsorgearbeit, ehrenamtlicher oder Gemeinwesensarbeit und individueller Selbstentfaltung. Sie sieht einen »strategischen Herrschaftsknoten« gegenwärtig darin, dass die gesellschaftlich anerkannte, für das Kapital profitträchtige Erwerbsarbeit sich ständig auf die unsichtbare, kaum anerkannte Sorgearbeit von der Geburt der Kinder bis zur Fürsorge für die Alten stützen kann. Würde nun die verfügbare Zeit zu etwa gleichen Teilen (vielleicht von jeweils vier Stunden) auf diese vier Sphären menschlichen Tuns aufgeteilt, gleichermaßen auf Männer und Frauen, so würden der absolute Vorrang der Produktion gegenüber der Reproduktion von nichtstofflichen Freiheitsgütern für ein menschenwürdiges Leben, die Priorität der Sphäre privater Kapitalverwertung gegenüber der öffentlichen Daseinsvorsorge, die Doppelbelastung vor allem von Frauen durch Erwerbs- und Sorgearbeit und ihre Diskriminierung schwinden. Zeit für ein »gutes Leben« würde gewonnen. Die dafür unerlässliche öffentliche Auseinandersetzung um Werte und Handlungsorientierungen würde die tief verinnerlichte Unterordnung unter Kapitalverwertung und Wachstumsdenken allmählich auflösen.

Das bedeutet, dass sich das Umverteilungskonzept – die Umverteilung von Lebenschancen und Macht als erste Leitidee einer Gesellschaftsalternative –, die gewerkschaftliche Orientierung auf die demokratische Erneuerung der Arbeitswelt von unten, der auf die Vielschichtigkeit von Umverteilung verweisende Intersektionalitätsansatz, der Reproduktionsansatz und das mit ihm eng verwandte Vier-in-Einem-Konzept in einer konsistenten Begründung linker Transformationsstrategie wechselseitig ergänzen. Gegenwärtig werden sie aber in der Regel getrennt voneinander diskutiert. Den Betroffenen von Ungleichheit, Herrschaft und Diskriminierung allerdings mag es gleich sein, aus welcher Perspektive ihre Lage zu erfassen ist.

Reclaim the Public!

Ob in der Produktion oder über sie hinaus: Aus der Sicht von Hartz IV-EmpfängerInnen und prekär Beschäftigten, aus der Perspektive von abhängigen und benachteiligten Frauen, vom Standpunkt Hunderter Millionen Menschen auf der Erde, die heute nicht wissen, wie sie morgen ihren Hunger stillen können, in der Not der Millionen, deren Kinder in den armen Ländern an längst heilbaren Krankheiten sterben, aus der

Sicht von unten also ist eine Umverteilung von Lebenschancen ihr erstes Überlebensproblem.

Gewiss wird diese Umverteilung in der Gestalt vieler einzelner Projekte erstrebt, etwa in Deutschland im Kampf um einen gesetzlichen Mindestlohn, um die Wiedereinführung einer Vermögenssteuer in Form einer Millionärssteuer, um die Re-Kommunalisierung von Einrichtungen der öffentlichen Daseinsvorsorge oder in Aktionen gegen Neonazis und Rechtsextremismus. Doch immer geht es dabei um ein Gemeinsames, um die Umverteilung der Chancen für ein menschenwürdiges Leben in Würde.

Davon wird daher ein erstes Kapitel einer zeitgemäßen linken Erzählung handeln. Immer noch zerreißt der Widerspruch zwischen Arm und Reich die Gesellschaft. Und doch ist es nicht nur die alte Geschichte, die die Linken schon immer erzählt haben. Nie zuvor war die Spaltung der Gesellschaft so absurd und skandalös wie heute. Denn in der westlichen Welt ist der Reichtum so angewachsen, dass es im Gegensatz zu früheren Zeiten möglich wäre, in übersehbarer Zeit für alle Menschen ein menschenwürdiges Dasein in sozialer Sicherheit zu gewährleisten und obendrein den armen Ländern der Erde umfangreiche Unterstützung für die Überwindung von Armut und Umweltzerstörung zu geben.

Nie zuvor hat das falsche Maß für die Entwicklung, der Profit, große Teile der Menschheit so existenziell gefährdet wie mit dem Heraufziehen einer Klimakatastrophe, der Zerstörung der Artenvielfalt und dem Andauern von Kriegen bis zur Möglichkeit von atomaren Kriegen noch immer. Die ausgeklügelten Instrumente der internationalen Finanzmärkte wurden zu Vehikeln der Fahrt in die Billionen schwere Verschuldung von Banken, Staaten und Haushalten. Je reicher die Vermögenden, desto größer ihre Forderungen nach Verzinsung ihrer Vermögen durch die Schuldner und desto radikaler die Sparprogramme, die die Menschen arm machen. Das Maß aller Dinge in der kapitalistischen Gesellschaft, der Profit samt der Wertpapierkurse, funktioniert nicht einmal mehr für die Machteliten, denen die Kontrolle über das Geschehen entgleitet.

Ein anderes Maß muss sein – der Mensch selbst. An diesem Punkt gewinnt die Umverteilung ihren erstrangigen Platz in einer linken Erzählung. Denn Freiheit bleibt vorwiegend die Freiheit der Mächtigen und Reichen, wenn nicht für alle soziale Gleichheit an den Bedingungen individueller Freiheit durchgesetzt wird: an Erwerbs- und an Reproduktionsarbeit in der Familie, an Bildung, Information, Gesundheitsleistungen, Umweltraum, Kultur, Zugang zu öffentlichen Räumen und an demokratischen Entscheidungsprozessen.

Umverteilung heute betrifft die Gesamtheit aller dieser Freiheitsgüter (Michael Brie), aller Lebenschancen in den reichen Gesellschaften selbst und rund um die Erde. Das ist so einleuchtend, dass inzwischen alle Parteien in ihren Programmen Freiheit und Gerechtigkeit proklamieren. Nur eine Erzählung, die der Linken, gewinnt hier besondere Brisanz. Denn sie handelt davon, dass Umverteilung von Lebenschancen auch die Umverteilung von Macht und Eigentum erfordert. Ein funktionierender Finanzsektor, eine Energiewirtschaft, die Klimastabilität und bezahlbare Energieversorgung für alle sichert, Gesundheit, Bildung, Kultur, Information und die Grundversorgung mit Wasser und Mobilität sind potentiell öffentliche Güter, die unter gesellschaftliche Kontrolle und zu großen Teilen direkt in die öffentliche Hand gehören, um wirklich von allen benutzt und gestaltet zu werden (Ostrom 2011).

> Diese Gemeingüter oder Commons zu einer entscheidenden Grundlage öffentlicher Daseinsvorsorge als Bürgerrecht auszugestalten, gegen Privatisierung zu verteidigen oder ihre private Beherrschung zu beenden – das ist eine Hauptaufgabe der Umverteilung und ein zentrales Thema einer linken Erzählung. Diese handelt nicht allein von der Umverteilung zwischen oben und unten, zwischen Männern und Frauen, sondern auch zwischen Privatem und Öffentlichem. In der Transformation zu einer zukunftsfähigen Gesellschaft wird das Öffentliche – öffentliche Güter, öffentliche Daseinsvorsorge, öffentliches Eigentum, öffentliche und öffentlich geförderte Beschäftigung, öffentliche Räume und Teilhabe der Öffentlichkeit an Entscheidungen – zur conditio humana für individuelle Freiheit.

Das Öffentliche wird zum Medium der Solidarität, weil öffentliche Leistungen ohne Entgelt oder gegen nur geringe Zahlung gerechte Teilhabe an elementaren Lebensbedingungen oder Freiheitsgütern wie Bildung, Energie, Kultur, Gesundheit, Information und Mobilität zu bieten vermag. Die Commons werden zum Halt der Einzelnen gegen eine Zukunft der Entsicherung und Ausgrenzung. Nicht zuletzt schließt das Öffentliche den Schutz globaler öffentlicher Güter ein: der Stabilität der Biosphäre und besonders der Klimastabilität, des Friedens und der menschlichen Sicherheit gegen Armut, Hunger und behandelbare Krankheiten.

Das linke Projekt der Transformation zu einer gerechten Gesellschaft erfordert daher die Rückgewinnung, Stärkung und Gestaltung des Öffentlichen als Klammer zwischen den Einzelnen in der Gesellschaft, zwischen Ich und Wir. Wer individuelle Selbstbestimmung will, muss die Ausweitung und demokratische Gestaltung des Öffentlichen wollen. Das Projekt des Neoliberalismus ist die Individualisierung aller gegen alle. Das Projekt der Linken ist die Individualität aller durch Teilhabe am Öffentlichen für alle.

Reclaim the Public! Darum geht es in den Volksbegehren gegen die Privatisierung von Krankenhäusern und für die Kommunalisierung von Stadtwerken und Verkehrsbetrieben. Das führte im Norden Perus beispielweise zu gegenwärtig noch andauernden Kämpfen, zu Demonstrationen und einem Generalstreik zur Verteidigung großer Bergseen, des Laguna Azul und des Laguna Chica, als öffentliches Gut. Diese Aktionen richten sich gegen die Verwandlung der Seen in Abfallhalden für Abraum und zyanidhaltigen Abfall eines gigantischen Bergbauprojekts, an dem auch die Weltbank Aktien hält (ak, 20.1.2012).

Es ist kein Zufall, dass sich die arabische Rebellion in Nordafrika, die Occupy Wall Street- Bewegung und die Bewegung der Empörten, der Indignados, in der Besetzung zentraler öffentlicher Räume manifestierte, des Tahrir-Platzes in Kairo, des Syntagma-Platzes in Athen, der Plaza de Mayo in Buenos Aires, des Hydepark in London und des Rothschild-Boulevards in Tel Aviv.

Umverteilung in dem hier dargestellten weiten Sinne betrifft nicht allein die Verteilung des Produzierten, sondern bereits die Produktion und die Arbeit in und außerhalb der Produktionssphäre. Soll die öffentliche Daseinsvorsorge in den Bereichen Gesundheit, Pflege, Betreuung, Bildung, Mobilität und anderen Infrastruktursektoren für alle Bürgerinnen und Bürger mehr soziale Gleichheit und mehr Selbstverwirklichung ermöglichen, erfordert dies die Bereitstellung der materiellen Voraussetzungen dafür und folglich einen Strukturwandel in der Produktion sowie veränderte Proportionen im Einsatz des gesellschaftlichen Arbeitsvermögens.

Umverteilung gewinnt damit einen umfassenden Bedeutungsinhalt. Und doch ist dieser Inhalt für die einzelnen ein konkreter: Sicherheit des Arbeitsplatzes, gerechtere Einkommensverhältnisse, mehr wirkliche Souveränität, mehr individueller Einfluss auf politische Entscheidungen, mehr Zeit der einzelnen für sie selbst, für die Familie und Freunde. Die Transformation folgt einer Perspektive von unten.

Wo in den Verlauf gesellschaftlichen Wandels sind die Kämpfe um eine gerechte Umverteilung von Lebenschancen und Macht einzuordnen? Können sie bereits im Rahmen von Transformationsprozessen bürgerlich-kapitalistischer Gesellschaften erfolgreich sein oder sind größere Erfolge erst von einer Großen Transformation jenseits des Kapitalismus zu erwarten? Ein solches »Entweder – Oder« erfasst den Verlauf früheren und künftigen gesellschaftlichen Wandels kaum. Sicher werden eine gerechte Verteilung von

Macht und Chancen für ein menschenwürdiges Leben erst auf der ganzen Linie durchgesetzt sein, wenn die Dominanz des Profits in der Gesellschaft überwunden ist, wenn also eine zweite Große Transformation vom Kapitalismus zu einer solidarischen gerechten Gesellschaft nachhaltiger Entwicklung weit fortgeschritten sein wird. Im Kontext des Konzepts einer doppelten Transformation kommt es aber nicht minder auf die Einsicht an, dass dieser große Umverteilungsprozess bereits in einer postneoliberalen Transformation zu einer sozial-ökologisch regulierten bürgerlich-kapitalistischen Gesellschaft erheblich vorangetrieben werden kann.

Für diese Möglichkeit sprechen auch praktische Erfahrungen. Im Verlauf des New Deal in den USA war immerhin zeitweilig eine 90-prozentige Besteuerung der Spitzeneinkommen erreicht worden, die Erbschaftssteuer lag bei 77 Prozent. Dieser tiefste Bruch in der amerikanischen Geschichte zugunsten sozialer Verantwortung des Staates erfolgte vor dem Hintergrund einer herrschaftsbedrohenden Krise, eines nach links rückenden öffentlichen Bewusstseins, des Drucks der von tiefster Unsicherheit betroffenen Massen und demokratischen Engagements von Intellektuellen. In den skandinavischen Ländern ist die Staatsquote, in der sich die Umverteilung des Bruttoinlandsprodukts über die öffentliche Hand widerspiegelt, durchweg höher als in den angelsächsischen Ländern, die Arbeitslosigkeit und die Armut sind deutlich niedriger. Im Durchschnitt der skandinavischen Länder liegt der Anteil des Staates an der Wertschöpfung doppelt so hoch wie in Deutschland. In Norwegen beschäftigt der Staat rund 30 Prozent der Erwerbstätigen, in Dänemark und Schweden ist dieser Anteil noch höher, verbunden mit einem erheblichen Fortschritt der Geschlechtergerechtigkeit. In Dänemark beispielsweise liegt die Teilzeitquote der Frauenbeschäftigung sogar um zwei Prozent unter der der Männer.

In einer Studie aus dem Jahr 2005 werden gestützt auf die Auswertung von elf, durch unterschiedliche internationale Organisationen ermittelten Indices Lebensqualität und menschliche Sicherheit im globalen Vergleich untersucht. Schweden schaffte es zehnmal in die Spitzengruppe der zehn erfolgreichsten Länder, Finnland neunmal, Dänemark und Norwegen siebenmal und Island, nur in neun der elf Indices erfasst, erreichte sechsmal einen Platz in der Gruppe der zehn Spitzenländer. Zum Vergleich: Deutschland war dort nur zweimal vertreten, einmal davon als besonders wettbewerbsfähig. Auf dem so wichtigen Feld der Geschlechterpolitik belegten die fünf skandinavischen Länder die ersten fünf Plätze, vor allem dank der Gleichstellungspolitik im öffentlichen Sektor (Heintze 2005). Die Kinderarmut ist in den skandinavischen Staaten konstant weit niedriger als in anderen europäischen Ländern. Trotz starker neoliberaler Gegentrends bleiben

Grundqualitäten der skandinavischen Wohlfahrtsstaaten erhalten und verweisen auf die Chancen progressiver Reformen im Kapitalismus.

In Chile hatte die Regierung Allende im Rahmen bürgerlicher Demokratie die Wahlen 1970 und 1973 mit einem ausgeprägt linksdemokratischen Programm gewonnen, das die Unterstellung großer Wirtschaftssektoren unter die Regierung vorsah. Chile konnte auf das fortgeschrittenste Gesundheits- und Bildungswesen in Lateinamerika verweisen. Die drei größten politischen Parteien befürworteten das Regierungsprojekt der Verstaatlichung der von US-Unternehmen kontrollierten Kupferminen, der größten Einnahmequelle des chilenischen Staatshaushalts.

> Chile war auf dem Weg der Transformation zu einer sozial-liberalen Gesellschaft, in der Elemente des Sozialismus zu erstarken begannen.

Der Beweis dieser Möglichkeit mobilisierte das US-Establishment zum konterrevolutionären Gegenschlag. Multinationale Konzerne, die ihre Machtpositionen in Chile durch Verstaatlichungspläne trotz des Angebots Allendes zu fairen Verhandlungen über Entschädigungen gefährdet sahen, vereinten sich mit der chilenischen Reaktion, mit dem Pentagon, der CIA und der wirtschaftswissenschaftlichen Kerntruppe des neoliberalen Projekts, den so genannten Chicago-Boys um Milton Friedman. Dieser lauerte schon seit langem auf ein Vollstreckungsfeld seines Marktradikalismus. Der Militärputsch in Chile leitete das erste praktische Experiment des neoliberalen Kapitalismus ein (Klein, N. 2007: 75-106).

> Diese Niederlage eines linksdemokratischen sozialen Entwicklungspfades beweist nicht dessen Unmöglichkeit, wohl aber die ungeheure Schwierigkeit, Kräfteverhältnisse, innere Bedingungen und internationale Konstellationen zu schaffen, die ein Rollback progressiver Veränderungen verhindern, indem die reaktionären Herrschaftsverhältnisse zugunsten eines linken Blocks demokratischer Gegenmacht zurückgedrängt werden. Die langwährenden Erfolge wohlfahrtstaatlicher Entwicklung in skandinavischen Ländern verweisen gleichwohl auf Möglichkeiten progressiver Transformation bereits unter bürgerlich-kapitalistischen Bedingungen.

5.4 Kapitel 2 einer modernen linken Erzählung: Sozialökologischer Umbau von Wirtschaft und Gesellschaft

Ist gerechte Umverteilung die Antwort der Linken auf die Gesamtheit von Herrschaftsverhältnissen, so ergibt sich eine zweite Leitlinie für eine bessere Gesellschaft aus einem zweiten fundamentalen Widerspruch des Kapitalismus. Dieser Widerspruch besteht darin, dass das profitgetriebene Wachstum zunehmend auf der Zerstörung der Naturbedingungen eben dieses Wachstums und des gesamten menschlichen Lebens beruht. Der Preis des Wachstums ist eine Überausbeutung der Naturressourcen, die zu deren Verknappung tendiert, und die Überlastung der Natursenken, d.h. der Aufnahmefähigkeit der Natur für Emissionen und Abfälle aller Art.

In eine moderne Erzählung der Linken gehört ein zentrales Kapitel über eine sozial-ökologische Zeitenwende, an dem ein großer Teil der pluralen Linken und auch die Partei DIE LINKE bisher nur sehr zögerlich arbeitet und das doch den rot-grünen Faden aller Kapitel ihrer Erzählung ergeben muss (Brangsch/Dellheim/Spangenberg/Wolf 2012). Seit Kurzem allerdings wächst auch in der Linkspartei das Bewusstsein dafür. Ausdruck dessen ist u.a. das Diskussionspapier »Plan B. Das rote Projekt für eine sozial-ökologische Zukunft« vom Sommer 2012 (DIE LINKE 2012) und daraus entspringende Neuorientierungen. Die Transformation des 21. Jahrhunderts wird von einem sozialen und zugleich ökologischen Umbau bestimmt sein. Soziale Gerechtigkeit erfordert Umverteilung, aber wie viel und ob für künftige Generationen überhaupt etwas zu verteilen bleibt, hängt vom Erhalt unserer natürlichen Lebensbedingungen ab. Wirtschafts- und Gesellschaftspolitik heute muss deshalb auf den sozial-ökologischen Umbau der Ökonomie konzentriert sein.

> Sozialökologische Transformation, Umkehr im Verhältnis der Gesellschaft zur Natur, Gestaltung zukunftsfähiger gesellschaftlicher Naturverhältnisse – das ist gleichrangig mit einer Umverteilung von Macht- und Lebenschancen, die zweite Leitidee einer modernen Erzählung der gesellschaftlichen Linken.

In Marx´ und Engels´ »Manifest der Kommunistischen Partei« pulsiert die produktivistische Dynamik des Kapitalismus. Die umwälzende Wucht der Kapitalakkumulation wird ebenso als Movens der Zivilisation erfasst wie als Prozess maßloser Ausbeutung und Unterdrückung. Die Triumphe kapitalistischer Produktivkraftentwicklung und die erdumspannende Veränderungsmacht der modernen bürgerlichen Gesellschaften werden begrüßt als ein

Verlauf, der mit Sicherheit in die proletarische Revolution münden werde. Und sie werden attackiert als Zerstörung von Gesundheit, Würde und Leben aufseiten des Proletariats.

Ein zweiter großer Prozess der Zerstörung, die Unterwerfung der Natur unter das Diktat des Profits, tritt in diesem großen Dokument der Emanzipation jedoch zurück. Die Möglichkeit, dass vor den erwarteten revolutionären Umwälzungen die natürlichen Lebensgrundlagen von hunderten Millionen Menschen vernichtet werden könnten, drängte sich in der Mitte des 19. Jahrhunderts noch nicht auf.

Höchstwahrscheinlich würden die Autoren der wirkungsmächtigsten Erzählung des Kommunismus heute dieser Problemdimension ähnliches Gewicht wie den sozialen Konflikten in der Gesellschaft beimessen. Vielleicht würden sie ihre Anklage etwa in folgender Weise erweitern:

»Die Bourgeoisie kann nicht existieren, ohne die Produktionsinstrumente, also die Produktionsverhältnisse, also sämtliche gesellschaftlichen Verhältnisse fortwährend zu revolutionieren.« (Alle Zitate: MEW 4: 467ff.) Sie kann nach ihren eigenen Gesetzen nicht existieren, ohne ständig Krieg zu führen gegen die Natur. »Die fortwährende Umwälzung der Produktion, die ununterbrochene Erschütterung aller gesellschaftlichen Zustände, die ewige Unsicherheit und Bewegung zeichnet die Bourgeoisepoche vor allen früheren aus.« Aufgelöst werden die Gleichgewichte der Natur, aufgezehrt ihre Ressourcen und überfordert ihre Fähigkeit, die Exkremente des Wachstums zu absorbieren. »Alle festen eingerosteten Verhältnisse mit ihrem Gefolge von altehrwürdigen Vorstellungen und Anschauungen werden aufgelöst, alle neugebildeten veralten, ehe sie verknöchern können.« Aller Respekt vor der Natur zerrinnt, alle Sorge um ihren Erhalt wird verdrängt. Die Fortschritte sparsamen Umgangs mit den natürlichen Ressourcen werden verschlungen vom Wachstum, noch ehe sie Mensch und Natur entlasten können. »Alles Ständische und Stehende verdampft, alles Heilige wird entweiht, und die Menschen sind endlich gezwungen, ihre Lebensstellung, ihre gegenseitigen Beziehungen mit nüchternen Augen anzusehen.« Die für ewig gehaltenen Gletscher schmelzen dahin wie die Verlässlichkeit der Regenperioden und die Dienste der tropischen Wälder für die Stabilität des Klimas. Und die Menschen sehen sich angelangt am Rande der Vernichtung ihrer natürlichen Lebensgrundlagen durch die eigenen Verhältnisse.

»Das Bedürfnis nach einem stets ausgedehnteren Absatz für ihre Produkte jagt die Bourgeoisie über die ganze Erdkugel.« Sie opfert die Regenwälder ihrem Ressourcenhunger und raubt den Bauern im Süden ihre Äcker. Auf der Jagd nach Energiequellen öffnet sie die Meeresböden wie die Büchse der Pandora. »Die uralten nationalen Industrien sind vernichtet worden und werden noch täglich vernichtet. Sie werden verdrängt durch neue Industrien, deren Einführung eine Lebensfrage für alle zivilisierten Nationen wird, durch Industrien, die nicht mehr einheimische Rohstoffe, sondern den entlegensten Zonen angehörige Rohstoffe verarbeiten und deren Fabrikate nicht nur im Lande selbst, sondern in allen Erdteilen zugleich verbraucht werden.« »An die Stelle der lokalen und nationalen Selbstgenügsamkeit und Abgeschlossenheit tritt ein allseitiger Verkehr, eine allseitige Abhängigkeit der Nationen voneinander.« Doch der Weltverkehr verschlingt Kohle und Öl und heizt die Erdatmosphäre im Verein mit der modernen Produktion und Lebensweise bis zur Gefahr einer Klimakatastrophe auf. Die Erfahrungen sparsamen Naturverbrauchs durch lokales und regionales Wirtschaften werden in den Wind geschlagen.

»Die Bourgeoisie reißt durch die rasche Verbesserung aller Produktionsinstrumente, durch die unendlich erleichterten Kommunikationen alle, auch die barbarischsten Nationen in die Zivilisation.« Sie treibt die ihre eigene Zivilisation voran zur Vernichtung ihrer Naturgrundlagen, also bis zur Zivilisationskrise unserer Tage. Jene, die in wenigen Erdregionen dieser Raserei bisher noch entkamen, die indigenen Völker, rufen die Weisheit der Vorfahren und deren Einklang mit der Natur in das Gedächtnis der Menschheit, um die herrschende Zivilisation zu bändigen, die sich der Kultur der noch naturverbunden Lebenden so überlegen wähnt.

»Wodurch überwindet die Bourgeoisie Krisen? Einerseits durch die erzwungene Vernichtung einer Masse von Produktivkräften; ... durch die Eroberung neuer Märkte und die gründlichere Ausbeutung der alten Märkte.« Andererseits durch Ausbeutung der Natur, durch die Überdehnung ihrer Belastbarkeit bis zu Naturkatastrophen, die die Vernichtungskraft der größten Kriege noch zu übertreffen drohen. Überwunden werden muss nun die Weise, in der die Machteliten die Krise zu überwinden trachten. Zu brechen ist mit einem Wachstum, das einst Zivilisation bedeutete und sie heute samt ihrer Naturgrundlagen an den Rand des Abgrunds treibt. –

In eine moderne Erzählung der Linken gehört daher ein zentrales Kapitel vom Grundprozess des sozial-ökologischen Umbaus, der die Transformation des 21. Jahrhunderts bestimmen wird.

Gegen die rücksichtslose Ausbeutung und Überlastung der Natur durch die kapitalistische Wachstumsgesellschaft wendet sich nach und nach die Einsicht, dass die Menschen selbst ein Teil der Natur und ihrer Kreisläufe sind, und dass die Endlichkeit der Naturressourcen zu einem Ende des bisherigen, am Zuwachs des Bruttoinlandsprodukts orientierten Wirtschaftswachstums führen muss. Lebens- und Wirtschaftsweisen müssen mit dem Erhalt der Natur und ihrer dem Menschen zuträglichen Gleichgewichte in

Einklang gebracht werden. Ein Green New Deal wird zum umkämpften Feld der kommenden Jahrzehnte. Der Übergang von einer die Umwelt zerstörenden fossilistisch-atomaren zu einer solaren Energiewirtschaft, von vorwiegender Steigerung der Arbeitsproduktivität zum Vorrang gesteigerter Ressourcenproduktivität, von profitdominiertem Wachstum zu nachhaltiger Entwicklung ist zur zentralen Herausforderung innerhalb eines nur schmalen Zeitfensters geworden.

Diffuse Transformationsvorstellungen durchgeistern die Medien und die offizielle Sprechweise in UNO-Kreisen und in der Europäischen Union. Eine Große Transformation, meist verkürzt verstanden als Übergang zu Dekarbonisierung durch einen Schub von Investitionen in Umwelttechnologien, sei schon dabei, der Menschheit eine freundlich-nachhaltige Zukunft zu eröffnen – als sei dies kraft Einsicht der Regierenden und ohne Veränderung der Macht- und Eigentumsverhältnisse möglich (siehe Kapitel 2).Tatsächlich lautet die zukunftsentscheidende Frage, in welchen gesellschaftlichen Zusammenhängen und von wem ein Green New Deal durchgesetzt wird. Die Antwort darauf ist nach der hier vertretenen Auffassung (noch) offen. Wird der neoliberale Kapitalismus eine grüne Ökonomie als Lebenselixier in sich aufnehmen? Diese Tendenz ist sehr stark. Ulrich Brand beispielsweise hält diese Frage bereits für entschieden zugunsten eines neoliberalen green capitalism. Dann würden die Produktions- und Lebensweisen zwar ökologischer, doch nicht grundsätzlich anders werden, nicht gerechter, nicht sozialer, nicht demokratischer und ohne wesentliche Veränderung der gegenwärtigen Eigentums-, Verfügungs-, Verteilungs- und Machtstrukturen.

> Würden stattdessen mit einer grünen Wirtschaft die Kräfteverhältnisse zugunsten eines postneoliberalen Richtungswechsels verändert, so könnte es gelingen, schon im Rahmen der bürgerlich-kapitalistischen Gesellschaften eine tatsächlich emanzipatorische Zeitenwende einzuleiten. Dem sozialstaatlich regulierten Kapitalismus (Fordismus) und dem neoliberalen Kapitalismus könnte eine Transformation zu einer nächsten Phase oder Formation des Kapitalismus folgen: zu einem sozial und ökologisch regulierten oder sozial-liberalen Kapitalismus – mit wiederum offener Perspektive.

Ob die gesellschaftliche Linke, ob die Partei DIE LINKE, die zugleich ökologisch und sozial orientierten Kräfte bei den Grünen und in der SPD diesen Kampf zugunsten einer postneoliberalen sozial-ökologischen und libertären Transformation entscheiden können, hängt vor allem von einer gravierenden Veränderung der gesellschaftlichen Kräfteverhältnisse nach links ab, aber auch von der Überwindung weiterer Hindernisse. Die Bewältigung von Hindernissen oder das Scheitern an ihnen macht die Spannung manch guter Erzählung aus.

Ein erstes solches Hindernis sind herkömmliche Vorstellungen linker Parteien und Bewegungen über das Verhältnis der Gesellschaft zur Natur. Auch sie betrachteten die Natur in der Regel überwiegend als Herrschaftsobjekt und Ausbeutungsquelle. »Rechte der Mutter Erde«, wie im »Abkommen der Völker« von Cochabamba deklariert (Weltkonferenz 2010) und in Ecuador sowie in Bolivien erstmals in einer Verfassung verankert, waren der internationalen Linken bis vor kurzem genauso fremd wie anderen gesellschaftlichen Kräften.

Eine zeitgemäße linke Erzählung beschreibt dagegen eine doppelte Befreiung: die Befreiung der Menschen von kapitalistischer und patriarchaler, von ethnisch, rassistisch, geopolitisch und körperlich begründeter Herrschaft und die Befreiung der Natur von der martialischen Herrschaft der Gesellschaft über sie. Wer in der pluralen Linken die Zentralität dieser doppelten Befreiung nicht begreift und einseitig an der sozialen Frage festhält, als sei diese nicht längst zu einer sozial-ökologischen Frage geworden, manövriert die Linke ins Abseits und verkennt die wirkliche gesellschaftliche Problemlage.

Entwicklung statt Wachstum

Ein zweites Hindernis, für dessen Überwindung eine moderne Erzählung der Linken plädieren wird, ist das Verhaftetsein der Gesellschaft samt der Linken in der herrschenden Wachstumsfixiertheit. Wachstum und Expansion sind die konkurrenzgetriebene Daseinsweise des Kapitals. Aber auch die Linke hat im Wirtschaftswachstum, gemessen am Bruttoinlandsprodukt, stets die günstigsten Voraussetzungen für Verteilungskämpfe gesehen und tut dies überwiegend auch gegenwärtig. Doch seit geraumer Zeit mehrt das Wachstum zwar immer noch den gesellschaftlichen Reichtum, zerstört aber gleichzeitig einen wachsenden Teil des bisher Geschaffenen. Das kapitalistische Wachstum droht akut in eine Klimakatastrophe zu münden. Nach dem im Auftrag des UN-Generalsekretärs erarbeiteten »Millennium Ecosystem Assessment« gelten zwei Drittel der von den natürlichen Ökosystemen geleisteten Funktionen als gefährdet. Besonders bedrohlich ist die wahrscheinliche wechselseitige Kumulation eines solchen Systemversagens (Wuppertal Institut 2008: 118, 470).

Das Absurde ist, dass nach den Befunden der Glücksforschung jenseits eines in der OECD-Welt von einer breiten Mitte der Bevölkerung etwa in den 1970er Jahren erreichten materiellen Lebensstandards die Lebenszufriedenheit mit höherem Einkommen nicht einmal mehr zunimmt oder zumindest nicht dauerhaft wächst (Wilkinson/Pickett 2010; Layard 2009). Das Wachstum und die auf ihm beruhenden Lebensweisen verlieren den Sinn. Die Frage nach dem Sinn des Lebens, die alle großen Erzählungen durchzieht, bedarf neuer Antworten. Die meisten Varianten eines Green New Deal zielen dagegen darauf, dem Wirtschaftswachstum durch Investitionen in Umwelttechnologien neuen Schwung zu verleihen. Würde diese Rechnung tatsächlich aufgehen, würden nämlich die grünen Investitionen ein allgemeines Wachstum auslösen, so fräße dieses Wachstum mit großer Wahrscheinlichkeit die Vorteile steigender Ressourcenproduktivität wieder auf (rebound effect). Wenn zudem die kapitalistischen Eigentums- und Machtverhältnisse in einem grünen Kapitalismus unangetastet blieben, dauerte die Verdrängungskonkurrenz auf den Weltmärkten an und würde auch weiter mit sozialer Polarisierung verbunden sein. Das profitorientierte Wachstum des Bruttoinlandsprodukts muss deshalb nachhaltiger Entwicklung weichen.

Also muss eine Erzählung der Linken für das 21. Jahrhundert die Perspektive einer Gesellschaft eröffnen, die ein besseres Leben auch ohne herkömmliches Wachstum ermöglicht. Und auch diese Seite einer solchen Erzählung kommt nicht an Widersprüchen und schwierigen Fragen für die Linke vorbei. Sie, die sich auf der Seite der Benachteiligten in der Gesellschaft sieht, deren Einkommen gewiss erst noch bis zu einem annehmbaren Wohlfahrtsniveau anzuheben sind, kann sich doch nicht gegen ein Wachstum stellen, das höhere Löhne ermöglichen soll. Die Gewerkschaften erklären das laut und deutlich. Ökologischer Umbau kann tatsächlich nicht auf Niedriglohn, Leiharbeit und Hartz IV-Verhältnissen aufsetzen. Da muss erst umverteilt werden, damit nicht die Nöte großer Bevölkerungsteile für sie die Umweltpolitik ins Abseits verdrängen. Ein Wirtschaftsminister der Linken gar, der kein Wachstum anstrebte, stünde chancenlos auf der Abschussliste der bürgerlichen Opposition. Und wie soll die westliche Welt ohne Wachstum eine Unterstützung für die armen Länder in nie dagewesenem Umfang gegen den Hunger und für deren sozial-ökologischen Umbau leisten? Aber andererseits – wie sollen diese den unverzichtbaren Raum für ihr Wachstum gegen Armut gewinnen, wenn das Wachstum der Industrieländer die Erde schon heute überlastet?

An diesem Punkt angelangt, tut sich der Gesellschaft und mit ihr der Linken für einen kurzen historischen Moment eine glückliche Chance auf. Eine Erzählung der Linken muss diese Chance aufgreifen und in das eigene und das öffentliche Bewusstsein heben. Für einen Zwischenzeitraum nämlich könnte ein Schub umwelttechnologischer Investitionen ein solches Wachstum erlauben, das kraft der Zuwendung zu erneuerbaren Energien und Effizienztechnologien bedeutend umweltverträglicher als bisher verlaufen kann, neue Arbeitsplätze schafft und vor allem eine kurze Atempause bietet.

Im Stern-Report von 2006 zur Lösung des Klimaproblems wurde im günstigsten Fall der Aufwand von einem Prozent des Weltsozialprodukts, in einem Nachfolgebericht von zwei Prozent pro Jahr erwartet (Stern 2006; Randers 2012: 83). Jorgen Randers verweist auf OECD-Berechnungen, nach denen der Aufwand für die Abkehr von einer fossilistischen Energiebasis in den reichen Mitgliedstaaten jährlich rund vier Prozent ihres Sozialprodukts ausmachen wird (OECD 2009). Die Internationale Energieagentur (IEA) hat die Gesamtinvestitionen in die Weltenergieinfrastruktur von 2011 bis 2035 auf 38 Bio. US-Dollar geschätzt; davon 10 Bio. US-Dollar, um das Szenario zu sichern, das die globale Erwärmung unter zwei Grad Celsius halten soll (IEA 2011). Natürlich ergeben sich die künftigen umweltrelevanten Investitionen nicht allein aus einer Energiewende. Allein für die weltweite Bereitstellung von sauberem Wasser wird ein Aufwand von 19 Bio. US-Dollar geschätzt. Das entspricht etwa einem Drittel des Weltsozialprodukts oder verteilt auf 30 Jahre jährlich einem Prozent des BSP. Der sozial-ökologische Umbau wird also mit erheblichen Wachstumsanstößen verbunden sein, die auch neue Arbeitsplätze mit sich bringen.

Diese Phase, in der das Wachstum auf Ressourceneffizienz, relative Schonung der Umwelt und öffentliche Daseinsvorsorge konzentriert sein soll, muss intensiv für eine Umstellung auf die danach kommende Zeit einer hochinnovativen, kreativen einfachen Reproduktion ohne nennenswertes Wachstum genutzt werden. In dieser ungeheuer wichtigen Phase des Noch-Wachstum vor dem Übergang zu nachhaltiger Entwicklung ohne herkömmliches Wachstum, in der qualitative Fortschritte in der Regel im Rahmen der Amortisationsfonds zu finanzieren sein werden, muss die Ökokonjunktur der aufsteigenden grünen Branchen und humanorientierten Dienstleistungen für den Rückbau der die Umwelt zerstörenden Bereiche, für Konversion und den Einstieg in nachhaltige Lebensweisen genutzt werden. Dies ist das Kapitel von der wunderbaren Chance kurz vor dem Abgrund, eines der spannendsten und dramatischsten in der Menschheitsgeschichte. Und die Linke muss es mit großen Buchstaben in ihre eigene Erzählung einschreiben und in ihre Realpolitik umsetzen, soweit dies in ihrer Macht steht. Doch das erzählt sich leichter als es beispielsweise in Brandenburger Mitregierungsverantwortung bei leeren Kassen einzulösen ist. Nur bloße Erzählung also? Oder doch – was hier vertreten wird – zugleich ein wohl begründetes Raster zur Überprüfung gegenwärtiger linker Politik? Nach diesem Raster beurteilt, entsprach beispielsweise das im Januar 2011 vom Parteivorstand der

LINKEN beschlossene Steuerkonzept ganz und gar der Leitidee gerechter Verteilung von Lebenschancen. Aber auf der Einnahmenseite wurde nicht mit einem einzigen Satz problematisiert, ob womöglich eine Teilverlagerung der Besteuerung auf den Verbrauch von Umweltressourcen und Natursenken ein dringliches Erfordernis des sozialökologischen Umbaus ist. Ähnlich wären auch auf anderen Politikfeldern konkrete Projekte auf der Hut vor Verengungen an allen vier Leitideen eines emanzipatorischen Gesellschaftsprojekts zu messen. Natürlich hat die Linke auch dieses Kapitel mit ihrem eigenen Vorzeichen zu gestalten. Diese Phase der sozialökologischen Transformation muss zu mehr Verteilungsgerechtigkeit und mehr Teilhabegerechtigkeit führen oder sie würde die erforderliche Unterstützung großer Teile der Bevölkerung nicht finden. Die Offenheit dieser Übergangssituation – wenn sie denn durch einen umwelttechnologischen Schub tatsächlich erreichbar ist – muss in Chancen verwandelt werden.

Dies wird zu einer zentralen Frage künftiger Transformationsprozesse: Werden sie deutlich wachstumsfixiert bleiben, teils von der Hoffnung auf ein irgendwie besseres Wachstum getragen? Oder wird eine Abkehr von Ressourcen verschlingendem Wachstum, ein Übergang zu einer nachhaltigen Entwicklung gelingen, die Zuwachs von Humanreichtum bei absoluter Senkung des Energie- und Ressourcenverbrauchs bedeutet? Ein heftig geführter Diskurs darüber geht quer durch die politischen Lager der Gegenwart und wird auch innerhalb der Linken geführt (Rätz et. al. 2011; Luxemburg 1/2011) »Eine ... linke Wirtschafts- und Beschäftigungspolitik bedeutet aber BIP-Wachstum, und es wäre unernsthaft und falsch, dies zu leugnen oder zu verschweigen.« Denn: »Eine Entkopplung von BIP und Umweltbeanspruchung mag schwierig sein, die Entkopplung von BIP und Masseneinkommen, Beschäftigung und Sozialstaat und die Durchsetzung eines sozial-ökologischen Umbaus mit schrumpfendem BIP ist noch viel weniger möglich.« (Krämer 2010) Stefan Kaufmann und Tadzio Müller halten Ralf Krämer und anderen entgegen: »Des kapitalistischen Pudels Kern ist das Wachstum, und darum geht es im GND (Green New Deal – D.K.), um eine Neuauflage des Geschichte des Kapitalismus, der ewig weiterwachsen kann, ohne unsere Lebensgrundlagen zu untergraben. Ein neuer Wachstumszyklus aber steht im direkten Widerspruch zur Lösung der Biokrise.« (Kaufmann/Müller 2009: 165)

Wiederum andere wie etwa Wolfgang Rhode und Kai Burmeister von der IG Metall behaupten: »Die Alternative lautet nicht Pro oder Contra Wachstum. Es geht um die Entscheidung zwischen einem klima- und sozialverträglichen und einem konventionellen Wachstumspfad.« (Rhode/Burmeister 2011: 53) Also doch: pro Wachstum, nur eben für ein besseres

Wachstum. Auch Judith Dellheim fordert: »Sozialökologischen Umbau diskutieren und einleiten statt sich beim ›pro und contra‹ Wachstum zu verschleißen.« (Dellheim 2010) Richtig ist, dass der bloße theoretische Diskurs über Wachstum oder Ende des Wirtschaftswachstums unproduktiv bleibt, wenn er nicht mit der Verwirklichung von Vorstellungen über eine radikale Reduzierung des Stoff- und Energieumsatzes, über die dafür erforderlichen Investitionen, über den Ausbau von Bedingungen menschlichen Wohlbefindens und Glücks jenseits von stofflichem Mehrkonsum, über volkswirtschaftlichen und internationalen Strukturwandel und die Konversion material-und energieintensiver Branchen verbunden wird. Nachvollziehbar ist auch das Bestreben linker Akteure, nicht als jene erscheinen zu wollen, die mit ihrer Wachstumskritik den Menschen Verluste an Lebensqualität zumuten. Aber auch solche Erwägungen führen nicht an einer grundsätzlichen Kritik des Wirtschaftswachstums wobei. Dies gilt vorwiegend aus zwei Gründen.

Erstens ist der Charakter des realen Wachstums auf absehbare Zeit durch die Profitdominanz geprägt und hat damit so zerstörende Wirkung, dass Wachstumskritik unausweichlich geworden ist. Denn ein profitgetriebenes Wachstum wird sich nicht auf umweltschonende Branchen konzentrieren lassen. Es wird folglich so ungezügelt bleiben, dass mögliche Effizienzgewinne durch das Ressourcen verschlingende Wachstum wieder aufgezehrt werden. Die Forscher des Wuppertal Instituts schrieben daher über die Hoffnung auf ein Wachstum, das von steigendem Ressourcenverbrauch abzukoppeln wäre: »An Begriffen wie qualitatives und nachhaltiges Wachstum zeigt sich das Bemühen, die Quadratur des Kreises zu schaffen, nämlich Wachstum und Zukunftsfähigkeit miteinander zu versöhnen.« (Wuppertal-Institut 2008: 92) »Es wäre tollkühn, nur auf das unbekannte Potenzial von Entkopplung zu vertrauen.« (ebd.: 109) Natürlich kann eingewendet werden, dass gerade deshalb ein anderes Wachstum erstrebt werden muss.

Zweitens und vor allem ist aber zu beachten, dass insbesondere seit Mitte des 20. Jahrhunderts das profitgeprägte Wachstum nicht nur eine »Zentralkategorie des Realpolitischen« geworden ist (Welzer 2011: 11), sondern sich zu einer Grundkomponente der mentalen Infrastruktur von Bevölkerungsmehrheiten in der westlichen Welt entwickelt hat (ebd.). Wachstum wurde massenhaft als Selbstzwang verinnerlicht. Von Kindheit an wird mit der Leistungskonkurrenz das individuelle Verhalten auf die Konkurrenz um mehr Erfolg, um künftige Chancen beim Erwerb von mehr Gütern konzentriert. Ein Mehr an Leistung schlechthin bestimmt die Arbeitsabläufe. Die Frage nach dem Wohlfahrtsgewinn durch die produzierten Güter und Leistungen tritt dahinter zurück. Jeder »Herstellungsvorgang ist nur der Vorläufer des nächsten, jedes Produkt der Vorgänger des folgenden, jeder Arbeitsgang nur der vorläufige Akt in einer unendlichen Kette von Wiederholungen.« (ebd.: 24) Die Anerkennung der einzelnen und ihr Selbstwertgefühl werden hochgradig an die Verfügung über materiellen Besitzstand gebunden. »Alle werden niemals fertig« und »die Kategorie der Endlichkeit ist dieser Kultur so unheimlich wie der eigene Tod dem Individuum. Beides ist kulturell nicht vorgesehen.« (ebd.: 25, 26)

Welzer konstatiert, dass das kapitalistisch geprägte Wachstum tief in die Seelen der Menschen eingeschrieben ist. Deshalb dringt der Diskurs über das Pro oder Contra Wachstum meist nicht bis in die gewordene biokulturelle Verfasstheit unserer Gehirne vor. Dort ist verankert, was als Wachstum bisher gilt. Dies ist der Grund dafür, nicht einfach von einem anderen besseren Wachstum zu sprechen, wenn es um etwas dem verinnerlichten Wachstumsdenken Entgegengesetztes geht. Deshalb ist gegen dieses Wachstum die Alternative eines ganz Anderen zu setzen, das mit dem gewohnten Wachstum bricht, die Herausforderung zu nachhaltiger Entwicklung nämlich. Eine moderne linke Erzählung von zukunftsfähiger Entwicklung muss und kann an anderen mentalen Tiefenstrukturen ansetzen, die von Wachstumszwängen nicht ausgelöscht werden konnten: an den Wünschen nach dem Wohlergehen der Kinder, an der Sehnsucht nach sozialer Geborgenheit und intakter Natur, an der Sorge um die eigene Gesundheit, an der Erfahrung, dass Liebe und Freundschaft nicht für Geld zu haben sind, an dem Bedürfnis, nicht ständig von dem Imperativ des Mehr getrieben zu werden, an dem Streben nach Gerechtigkeit und an Gefühlen der Verantwortung und der Solidarität. Solche Orientierung birgt große Hoffnung für eine emanzipatorische Transformation.

Solidarische Lebensweisen

In den Blick gerät eine einschneidende Veränderung der Lebensweisen. Davon müsste nun eine alternative Erzählung handeln, vom Ausstieg aus dem Laufrad der Anhäufung von Gütern, die längst die Lebenszufriedenheit großer Teile der Bevölkerung nicht mehr erhöhen können, vor allem aber vom Einstieg in neue, bessere Lebensqualitäten. Eine linke Erzählung schließt an die Wirklichkeit des Lebens an: Die Leute sagen, das wichtigste ist die Gesundheit. Also geht es um die Wiedergewinnung einer gesunden Umwelt und um den sozial gleichen Zugang aller zu einem Gesundheitswesen, in dem nicht die Rentabilität der Krankenhäuser und nicht der Profit der Pharmakonzerne die Gesundheitspolitik bestimmen, sondern die Zuwendung zu den PatientInnen und ihr Wohl. Die Menschen sagen, das Wichtigste sind unsere Kinder. Also geht es um gute Bildung und um erstklassige

Betreuung bereits im Vorschulalter für alle unabhängig von ihrer sozialen Herkunft. Und tatsächlich bestimmt das Engagement vieler Bürgerinnen und Bürger für eine bessere Bildung der Kinder viele Initiativen und ist zu einem der wichtigsten Wahlkampfthemen geworden. Weit oben stehen für die meisten gute Partnerschaft und gute Freunde. Also werden zwischenmenschliche Beziehungen etwas Entscheidendes in künftigen Lebensweisen sein. Menschen wollen in Sicherheit und ohne Ängste leben. Soziale Sicherheit durch Zugang zu guter Arbeit und durch eine solidarische Erneuerung der sozialen Sicherungssysteme sowie Überwindung von Gewalt im Alltag werden für die Lebensweisen der Zukunft große Bedeutung haben. Erhebliche Verkürzung der Arbeitszeit wird ein ausgewogenes Verhältnis von Erwerbsarbeit, Reproduktions- oder Familienarbeit, gesellschaftlichem Engagement und Muße für die eigene Persönlichkeitsentwicklung ermöglichen – geschlechtergerecht für Männer und Frauen.

Nicht zuletzt wollen die Bürgerinnen und Bürger ihr Leben selbst bestimmen. Stuttgart 21, Bürgerentscheide für Re-Kommunalisierungen von Stadtwerken und Forderungen nach Mitsprache über den Verlauf von Stromtrassen sind Signale dafür. Die Erweiterung der repräsentativen Demokratie zur partizipativen Demokratie und Wirtschaftsdemokratie sowie die Möglichkeit für alle zur Teilnahme an Entscheidungsprozessen stehen auf der Agenda. In künftigen Lebensweisen könnten also mit dem Vorteil Ressourcen sparender Entwicklung nichtmaterielle Seiten der Persönlichkeitsentfaltung im Verhältnis zu stofflichem Konsum ein weit größeres Gewicht als bisher gewinnen.

Diese und andere Veränderungen in künftigen Lebensweisen sind durch einen engen Zusammenhang einschneidenden Wandels sowohl in der Produktion als auch in der lebensweltlichen Reproduktionssphäre, durch die oben skizzierte notwendige ideelle und materielle Aufwertung der Lebensbereiche außerhalb der Produktion, und durch die damit verbundenen Kämpfe um Geschlechtergerechtigkeit gekennzeichnet. Auch für das Verständnis des sozialökologischen Umbaus als zweite Leitidee einer emanzipatorischen Gesellschaftsalternative und der Erzählung von ihr sind der feministische Reproduktionsansatz, der intersektionale Mehrebenenansatz und die Vier-in-Einem-Perspektive wichtige Zugänge.

Rückblickend auf unsere Zeit des Übergangs wird von den enormen Anstrengungen inneren Wandels der Individuen auf diesem Weg erzählt werden. Max Weber stellte für die Zeit der Herausbildung des Kapitalismus den ungeheuerlichen Umbruch vom Arbeiten, um zu leben, zum Leben, um (für das Kapital) zu arbeiten, dar. Und er schrieb, dass dies zuvor »als Ausdruck des schmutzigsten Geizes und einer schlechthin würdelosen Denkart« gegolten hätte (Weber 1991: 44, 46f.). Inzwischen ist die Jagd nach Gütern und zumal nach Geld so tief in den Habitus der Bevölkerungsmehrheit in der westlichen Welt eingeschrieben und ist auch andernorts das Ziel der Sehnsüchte, dass nunmehr die Umkehr zur Arbeit, um zu leben, zu Anerkennung, die nicht nach Besitz geht, sondern nach menschlichen Qualitäten, zum Verzicht auf das Überflüssige, die Hinwendung zur Freude an Natur, an der Kunst und am Schönen unserer Umwelt den Einzelnen kaum weniger Anstrengungen abverlangt als einst die Akzeptanz des »Geists des Kapitalismus« (Weber). Die Erzählung der Linken sollte den Perspektiven dieser Anstrengungen erheblichen Raum zumessen, geht es doch um den Übergang vom Primat des Kapitalreichtums zum Vorrang des »menschlichen Reichtums« (Marx) als Lebenssinn.

Das kapitalistische Wachstum hat in der so genannten westlichen Welt den gesellschaftlichen Reichtum vervielfacht – wenn auch extrem ungerecht verteilt. Es hat die Lebenserwartung in Europa, in großen Teilen Amerikas und Asiens im Verlauf der letzten 150 Jahre verdoppelt. Es hat den Anteil der Analphabeten und der Kindersterblichkeit erheblich gesenkt. Dieses Wachstum hat die materiellen Voraussetzungen für eine erhebliche Ausweitung sozialer, politischer und kultureller Rechte in den Industrieländern hervorgebracht. Nun aber vollzieht sich seit Jahrzehnten ein Umschlag. Das Wachstum verläuft nur noch um den Preis zunehmender Zerstörung bereits geschaffenen Wohlstands. Der kreditfinanzierte Immobilienboom in den USA hat in der Sub-Prime-Krise Millionen Amerikaner aus ihren Häusern vertrieben, als sie die Hypotheken nicht mehr bedienen konnten. In Spanien hat die Bodenspekulation entscheidend zu der gegenwärtigen Wirtschaftskrise und Arbeitslosigkeit beigetragen. Die Finanzkrise hat viele Banken so schwer getroffen, dass sie durch den Staat nur um den Preis hoher Staatsverschuldung gerettet werden konnten – mit dem Resultat von Spardiktaten zulasten der Bevölkerungsmehrheit in den betroffenen Ländern. Die Teilverlagerung der Spekulation auf das Feld von Boden, Rohstoffen und Nahrungsgütern treibt deren Preise in die Höhe, wiederum mit Verlusten für die ohnehin sozial Schwächeren bis zu Hungersnöten und Tod von Millionen der Ärmsten. Aber nicht nur von Menschen bereits geschaffener Reichtum wird vernichtet. Die natürlichen Lebensgrundlagen der Menschen sind bereits schwer geschädigt und drohen Kipppunkte der Irreparabilität zu erreichen.

Wie nach der Rolle von Umverteilungsprozessen ist nach der Stellung auch des sozial-ökologischen Umbaus im geschichtlichen Prozess unserer Zeit zu fragen. Gibt es für einen solchen Umbau ernst zu nehmende Chancen bereits in einer postneoliberalen Transformation bürgerlich-kapitalistischer Gesellschaften? Oder verweist die Tiefe des Umbruchs von kaum gehemmter Ausbeutung der Natur zur Anpassung gesellschaftlicher Entwicklung an den Erhalt der Biosphäre darauf, dass ein solcher Wandel erst in einer ganz anderen, in der sozialistischen Gesellschaft nämlich, vorstellbar ist?

Zumindest während der charakterisierten Phase eines möglichen Schubs von grünen Investitionen und einer Ausweitung öffentlicher Daseinsvorsorge, die teilweise weniger ressourcenintensiv als die Produktionssphäre ist, bietet die technologische Seite des ökologischen Umbaus dem Kapital neue Verwertungschancen und ist daher unter kapitalistischen Bedingungen möglich. Einer langfristigen strategischen Gestaltung der komplexen Zusammenhänge einer ökologischen Zeitenwende, ihrer sozialen Bewältigung, der demokratischen Mitwirkung der Bevölkerung und neuen Lebensweisen jenseits der profitgetriebenen Wachstumsbesessenheit werden allerdings Profitinteressen, Marktkonkurrenz und Machtinteressen des herrschenden Blocks (flexible) Grenzen setzen.

> Ein sozial-ökologischer Umbau wird als ein Grundprozess postneoliberaler Transformation schon im Rahmen bürgerlich-kapitalistischer Verhältnisse wichtige Fortschritte machen können. Aber seine Begrenztheit wird erst im Maße der Durchsetzung demokratisch-sozialistischer Tendenzen zu überwinden sein. Nicht allein aus einer Umverteilungsperspektive, sondern ebenso aus der Perspektive eines sozial-ökologischen Umbaus zeichnet sich also die Orientierung auf eine doppelte Transformation ab.

Die Umkehr zu einer gerechten Gesellschaft in einem sozial-ökologischen Transformationsprozess bedarf einer Fülle von Entscheidungen der Individuen, der kollektiven Akteure und Gemeinwesen. Eine Erneuerung der Demokratie wird den Rahmen dafür bieten. Von ihr könnte ein drittes Kapitel einer zeitgemäßen Erzählung der Linken handeln.

5.5 Kapitel 3 einer modernen linken Erzählung: Demokratische Umgestaltung von Wirtschaft und Gesellschaft

Zu den großen Widersprüchen der modernen bürgerlich kapitalistischen Gesellschaften gehört, dass sie unter den Bedingungen wissenschaftlich-technischer Umwälzungen und eines hoch komplizierten Produktivkraftsystems wie nie zuvor gut ausgebildeter Arbeitskräfte, ihres Verständnisses komplexer Zusammenhänge, ihrer Selbstverantwortung, Kooperations- und

Kommunikationsfähigkeit bedarf, dass aber solche Persönlichkeitsentfaltung zugleich eine ständige latente Gefahr für die Machteliten ist. Sie könnte doch von der Selbstanpassung vieler in eine selbstbewusste Vertretung eigener Interessen der Lohnabhängigen und sozial Schwächeren umschlagen. Deshalb wird die Demokratie aus der Wirtschaft herausgehalten, bleibt die kapitalistische Betriebsweise durch Abhängigkeitsverhältnisse strukturiert, werden die Individualisierungsprozesse der Moderne in die Richtung eines egoistischen Individualismus statt einer Individualität in Solidarität mit anderen gesteuert, und wird eine bessere Volksbildung als je zuvor mit allen Mitteln systemischer Manipulierung des öffentlichen Bewusstseins in Denkfesseln gehalten. Eine moderne Erzählung der Linken handelt von einer progressiven Lösung dieses Widerspruchs.

Eine Erzählung lebt in aller Regel von den Handelnden, die ihr erst ihre Lebendigkeit verleihen und die Handlung vorantreiben. Ein entscheidendes Thema einer linken Erzählung ist deshalb, ob und unter welchen Bedingungen Menschen sich aufmachen, um sich selbst und die Gesellschaft zu verändern. Eine Erzählung der Linken von einer besseren Welt wird nur dann zu lebendiger Realität werden, wenn es gelingt, einen elementaren Widerspruch zu lösen, der die potenziellen Akteure eines alternativen Gesellschaftsprojekts bisher lähmt: den Widerspruch zwischen dem Gefühl von Mehrheiten, in einer ungerechten Welt und in einer ganz unzureichenden Demokratie auf dem Weg in die Zerstörung der eigenen natürlichen Existenzgrundlagen zu leben, und dem Verharren in den festgefahrenen Verhältnissen trotz des Wissens um ihre immanenten Risiken.

Auf die Tagesordnung gerät, was Johannes R. Becher 1947 den »Aufstand im Menschen« nannte: »Das ist nicht das Leben, das wir leben – so flüstert und schreit es auf in uns. Das Leben, wie es das unsere sein könnte, geht tagtäglich unwiederbringlich an uns vorüber ... der Mensch steht auf im Menschen gegen sich selbst, gegen den Menschen in sich, der alles Schändliche und alles Verbrecherische duldet unter der Ausrede, es sei halt einmal so und es sei doch nichts zu machen – gegen dies ›Es ist nun einmal so‹ steht der Mensch im Menschen gegen sich selbst auf – mit dem Ruf: es kann nicht so bleiben, wie es ist, ich will nicht so weiterleben wie bisher, es muss anders werden – ich will ein anderer werden...« (Becher 1986: 116f.) Tatsächlich schreit »es« gegenwärtig noch immer oder immer wieder erneut in uns auf. Dies ist in einer Vielzahl von Bewegungen, Initiativen und Projekten lebendig. Aber trotz aller Kämpfe und Teilaufbrüche, in denen diese Hoffnung Bechers und vieler anderer manifest wird und in denen Potenziale für künftige Umbrüche aufscheinen, ist die Wahrheit, dass in Europa jene Mehrheit, die die Profitdominanz infrage stellen, zurückdrängen und schließlich überwinden könnte, vom »Aufstand im Menschen« vielleicht berührt, aber keineswegs in Bewegung gebracht ist.

> Eine partizipative Erneuerung der Demokratie und eine Ausweitung der Demokratie auf die von ihr bisher kaum berührte Wirtschaft ist daher die dritte Dimension einer Erzählung der Linken auf der Höhe der Aufgaben in den kommenden Jahrzehnten.

Die Lebenschancen werden nur dann nach dem Maß sozialer Gleichheit neu verteilt und unsere natürlichen Lebensgrundlagen nur dann bewahrt werden, wenn in einer kaum übersehbaren Zahl von demokratischen Aushandlungs- und Abwägungsprozessen für die zu entscheidenden Fragen auf lokalen, regionalen, nationalen und internationalen Ebenen herausgefunden und erkämpft wird, was jeweils als Gemeinwohl gelten soll. Eine erneuerte Demokratie ist Lebenselixier und Grundelement eines emanzipatorischen Gesellschaftsprojekts der Linken und der einzig mögliche Weg zu seiner Realisierung (Agnoli/Brückner 1968; Habermas 1988; Brand et.al. 2000; Crouch 2008; Möllers 2008). Eine Erzählung der Linken von ihren Zukunftsvorstellungen kommt um die Gretchenfrage nicht herum: Wie kann Demokratie als Entscheidungsmacht der Vielen Wirklichkeit werden? Wie soll ihre Erneuerung in Fahrt kommen? Die Machtverhältnisse und Institutionen der bürgerlich-kapitalistischen Gesellschaft sind so konstituiert, dass für die Einzelnen eher Anpassung als Widerstand rational erscheint. Es müssten also die Verhältnisse überwunden werden, die die Mehrheit in ihren Grenzen festhalten. Und es sind die Festgehaltenen, die allein diese Verhältnisse sprengen können. Die sprichwörtliche Katze scheint sich in den Schwanz zu beißen. Die Analyse der Auseinandersetzungen um eine demokratische Umgestaltung der Gesellschaft ist nicht Gegenstand der hier vorliegenden Arbeit (siehe Demirović 2012; Brie 2007; Wahl/Klein 2010). Hier wird zur demokratischen Umgestaltung von Wirtschaft und Gesellschaft nur eine Frage erörtert: Wie kann es zu einer Erneuerung der Demokratie kommen?

> Das Zauberwort zur Durchbrechung dieses geschlossenen Herrschaftszirkels heißt Empowerment – Selbstermächtigung. Das, was Becher den »Aufstand im Menschen« nannte. Empowerment ist massenhafte Selbstermächtigung und Selbstorganisation der Bürgerinnen und Bürger (unabhängig von ihrer Staatsbürgerschaft) zur Veränderung der gesellschaftlichen Verhältnisse nach ihren eigenen Interessen an Freiheit, Gleichheit, Solidarität, Nachhaltigkeit und Frieden. Was aber ist der Schlüssel zur Selbstermächtigung?

■ Selbstermächtigung findet massenhaft in unübersehbarer Formenvielfalt bereits statt: in den Initiativen für mehr Kitaplätze; in den kleinen und großen Kämpfen für Geschlechtergerechtigkeit, angefangen bei gleichem Lohn für gleiche Arbeit und bei gleicher Verteilung von Erwerbs- und Familienarbeit auf Männer und Frauen; in der Solidarität mit AsylbewerberInnen; in Bürgerinitiativen gegen Rechtsextremisten und Neonazis; in Bürgerentscheiden für die Re-Kommunalisierung privatisierter Unternehmen; in Umsonst-Aktionen gegen die Verwandlung aller Beziehungen in Waren und der ganzen Gesellschaft in eine Warengesellschaft; in Gestalt von Haus- und Betriebsbesetzungen; in Erfahrungen mit Bürgerhaushalten oder beispielsweise in der Anti-Atom-Bewegung. Ein solches Engagement wird erleichtert, wenn die Risiken der Beteiligung nicht allzu hoch sind. Es kommt allerdings darauf an, Erfolge solcher Einsätze in Selbstbewusstsein, in die Verstetigung von Bürgerengagement umzusetzen. Nach allen Erfahrungen gibt es Zeiten der Zuspitzung von Kämpfen und erfolgreicher Mobilisierung, die aber wieder abebben. Zur Kunst des Organizing gehört, in Phasen nachlassender Intensität von Auseinandersetzungen einen Kern von Aktivisten, ihre Erfahrungen und die weitere Arbeit an den ungelösten Problemen zu erhalten. »Vielleicht müssen sie (die Aktionsformen – D.K.) Räume und Zeiträume einbauen, in denen die Kollektivität erhalten bleibt und gleichzeitig die Intensität nachlassen kann. Wir brauchen diesen bekannten Rhythmus zwischen der hohen Intensität von Aktionen und der gemächlichen Gangart von Diskussionen und Analysen.« (Harvie 2012: 152)

■ Eine wichtige Erfahrung ist, dass eine Motivierung zu gesellschaftlichem Engagement stark aus gemeinsamem Handeln kollektiver AkteurInnen und aus dem Ansporn durch andere MitstreiterInnen resultiert. Dies vermag immer wieder auftretender Entmutigung der Einzelnen entgegenzuwirken. Selbstermächtigung ist in der Regel eingebettet in kollektive Initiativen und Bewegungen. Sie verläuft im Verhältnis von Selbstveränderung von Individuen und Einbindung in das Handeln kollektiver Akteure. Und wenn die alte Linke eine neue werden will, muss sie begreifen, dass insbesondere junge Menschen sich über die Kommunikation mit anderen im Internet in soziale Netze eingebunden fühlen.

■ Zur Selbstermächtigung gehört die Selbstorganisation. Erst durch das Organisieren ihres Handelns und ihres Miteinander gewinnen die Machtlosen Macht. Die zum Teil wochenlange Besetzung öffentlicher Plätze durch Bewegungen beispielsweise erfordert die Organisation von Verpflegung, Übernachtung, medizinischer Betreuung und alternativer Sicherheitsordnung, aber auch die Organisierung von Seminaren und von Versammlungen zur Beratung von Aktionen, deren praktische Vorbereitung, die Dokumentation von Ereignissen und die Medienarbeit. Die Wirkung des Organizing kann ganz erheblich gewinnen, wenn zur richtigen Zeit eine situations- und stimmungsgerechte mobilisierende Formel gefunden wird, die das Grundgefühl der Handelnden und der potenziellen Akteure auf den Punkt bringt, und ihnen zugleich eine Richtung gibt. Das trifft beispielsweise auf die Deklaration der Occupy Wall Street-Bewegung zu: »We are the 99 percent!« Das galt für die Losung der Montagsdemonstrationen am Ende der DDR: »Wir sind das Volk!«

- Selbstermächtigung findet Bestärkung, wenn es gelingt, Einstiegsprojekte in einen emanzipatorischen sozial-ökologischen Richtungswechsel zu entwickeln, die ihren Ausgangspunkt in ganz konkreten Interessen von Betroffenen haben und durch deren Erfolg die Beteiligten ein Gefühl für die eigene Veränderungsmacht gewinnen. Dieser Zugang zur Selbstmobilisierung gehört in die Welt der Alltagsmühen um die Bewältigung der vielen Probleme von Arbeits- und Lebenswelt (siehe Kapitel 13). »Es ist ja nicht so, dass da nichts käme aus der Belegschaft. Nur, wenn es heißt, wir gehen auf den Hof raus ... , da muss man schon einen ganz konkreten Punkt haben. ... Eine Demo kannst Du dann machen, wenn Du Manpower dazu hast. Und die Manpower bringst Du nur dann auf die Straße, wenn die wissen, worum es geht. Wenn heute die IG Metall sagen würde, passt auf, wir gehen alle nach Berlin wegen dieser Finanzkrise, dann ... ja, lass ein paar tausend hingehen. Aber die große Masse sagt: Nein, habt ihr eigentlich einen Vogel? Was wollt denn ihr jetzt da schon wieder? ... Hast Du aber vorher mit unheimlich viel Aufwand die Leute informiert, dann hast Du Sachen in den Betrieb reingetragen, dass dann Umdenken stattfindet. Und dann bringst Du die Leute auf die Straße.« (Aus einer Befragung von Vertrauensleuten und Betriebsräten, ISF München 2010: 74f.)

> Das Morgen kann im Heute zu tanzen beginnen, wenn wichtige konkrete Interessen von Menschen ernstlich verletzt werden und sie eine reale Chance sehen, sich dagegen erfolgreich zu wehren.

Der Zugang zu aktivem Handeln in oft mühsamer Kleinarbeit an überschaubaren Projekten, der Weg der molekularen Veränderungen also, kann unvorhergesehen in eruptive Ereignisse umschlagen, die eine Vielzahl von Menschen in den Aufruhr gegen die bisher für unantastbar gehaltenen Verhältnisse hineinreißen. Oft sind es einzelne Geschehnisse, die zur Folge haben, dass gewohnte Normalität plötzlich als ganz unnormal erscheint. Als 1989 ein Zaunstück der ungarischen Grenze geöffnet wurde, löste dies in unglaublich schnellem Tempo die Implosion des gesamten staatssozialistischen Blocks aus. Als im September 2008 die Lehman-Bank zusammenbrach, trat urplötzlich die marode Konstruktion der internationalen Finanzmärkte derart deutlich zutage, dass im Herbst 2008 das ganze neoliberale Denkgebäude diskreditiert ins Wanken geriet – in diesem Falle allerdings nur für kurze Zeit akut gefährlich für das gesamte System. Als sich in Tunesien Mohamed Bouazizi nach der Schließung seines Gemüsestandes durch die Polizei wegen einer fehlenden Genehmigung und nach erfolglosen Beschwerden gegen die Vernichtung seiner Existenzgrundlage öffentlich verbrannte, löste dies einen Sturm der Rebellion in Nordafrika aus. Diktatoren wurden gestürzt, aber der Ausgang des Ausbruchs aus Jahrzehnten währender scheinbarer Normalität ist offen.

■ Lohnkürzungen, Streichung von betrieblichen Sozialleistungen, verstärkte Arbeitshetze und übermäßiger Leistungsstress führen nach einer Untersuchung des Münchner IFS weniger zu Apathie und Fatalismus als zu sehr großer Unzufriedenheit und adressatenloser Wut. Die Mehrheit von befragten gewerkschaftlichen Vertrauensleuten und Betriebsräten bringt ein Grundgefühl der Ohnmacht in den Betrieben zum Ausdruck. Sie verweisen auf eine verbreitete Ratlosigkeit darüber, wie es denn besser gehen könnte.

Zu den Ausnahmen gehören manche Betriebe, in denen die Belegschaften seit langem unter der ständigen Drohung einer Standortverlagerung stehen und immer wieder die Erfahrung gemacht haben, dass ihre Zugeständnisse nur zu neuen Zumutungen seitens der Unternehmer führten. Ihr Widerstand in der Gegenwart greift auf lange bittere Lernprozesse zurück: »Wir haben 1993, als wir pleite waren, haben wir das Kämpfen gelernt. Wir waren vorher auch Familienbetrieb. Wir haben das Kämpfen dann halt lernen müssen, ja. Und wir sind jetzt dabei, den anderen das beizubringen ... Ja, wir haben gelernt, für unsere Interessen richtig einzutreten nach 1993, als wir Aktiengesellschaft geworden sind, gab es keine Überfigur mehr, an die man sich halten konnte. Sondern da war irgendein Vorstandsvorsitzender da, und er wollte natürlich nur Rendite sehen. Und da hat man so langsam anfangen müssen zu kämpfen. Auch mal auf die Straße zu gehen. Auch mal den Arbeitsplatz zu verlassen, das war ja ... hu! Ja, das macht man nicht. Das war früher schwierig. Aber mittlerweile haben wir das richtig gelernt, solche Sachen dann zu drehen.« (ebd.: 69) »Und der Arbeitgeber geht natürlich dann immer vor die Belegschaft: Ach, wir haben schon wieder Miese gemacht. Wir brauchen euer Urlaubsgeld, wir brauchen euer Weihnachtsgeld. Ihr müsst ein bisschen länger arbeiten, natürlich ohne Lohnausgleich. Das haben sie über drei Tarifrunden exzessiv probiert. Zum Glück, sage ich, die Belegschaft hat gestanden, hat gesagt: ›Keinen Cent. Wir haben nichts mehr zu geben. Wir geben nichts her.‹ Dann haben sie uns bedroht, ganz höflich: ›Wenn ihr das nicht unterschreibt, Betriebsrat, gehen wir ins Ausland.‹ Angefangen haben sie mit der Tschechei. Dann wollten sie nach Polen. Aber es wurde dann auch in den EU-Ländern immer teurer zu produzieren. Ja, und die Reise geht immer weiter nach Osten. In der Betriebsversammlung hat dann die komplette Belegschaft gesagt: ›Arbeitgeber, fahrt die Lkws vor, wir helfen euch packen! Wir lassen das nicht zu.‹ Haben Sie auch gemerkt, dass wir ernst machen. – Wir produzieren immer noch am Standort.« (ebd.: 70f.)

- Empowerment der einzelnen wird ermutigt und emotional erleichtert, wenn kollektiv handelnde Gruppen, Bürgerinitiativen, soziale Bewegungen oder Parteien eine solche Kultur des Umgangs der Menschen miteinander pflegen, dass bereits heute die Kultur einer besseren Gesellschaft aufzuscheinen beginnt. Sodass dies anziehend auf bisher abseits Stehende wirkt. Zwischenmenschlichkeit ist ein großes Thema für eine Erzählung der gesellschaftlichen Linken – und fordert ihr beträchtliche eigene Veränderung ab (siehe Kapitel 14).
- Verglichen mit institutionalisierten gewerkschaftlichen Auseinandersetzungen und mit früheren Kampfformen der Linken sind viele Formen heutiger alternativer Bewegungen bunter, fröhlicher und erfindungsreicher. Sie nehmen oft Züge einer Party und von kulturellen Events an. Nicht selten erzwingt allerdings der Charakter der Bedrohungen im wahrsten Sinne des Wortes todernste Artikulationsformen des Widerstandes. So haben 51 Frauen und Männer bis zum Hals im Wasser stehend tagelang versucht, die Flutung des indischen Omkareshwar Staudamms zu verhindern – auf die Gefahr des Ertrinkens hin und gesundheitlich gefährdet durch das Aufweichen ihrer Haut und andere Beschwernisse. Sie konnten einen Teilerfolg erringen und die Überflutung vieler Dörfer hinausschieben, um Zeit für Umsiedlungen und Verhandlungen um Entschädigungen zu erreichen. Das war durch eine breite Welle der Solidarität möglich, u.a. durch eine große Solidaritätsdemonstration in Bophal, durch den Widerstand in den 30 direkt von der Überflutung bedrohten Dörfern, durch Unterstützung von Menschenrechtskommissionen und Nichtregierungsorganisationen wie z.B. urgewalt in Deutschland. Diese Gruppierung prangerte vor Ort die Beteiligung von Voith Siemens an dem Projekt an (Neues Deutschland, 12.9.2012). Aber zunehmend charakteristisch für die jüngeren Protestwellen sind ihre lockeren Formen. Emma Goldman hat diesem Trend Ausdruck verliehen: »Wenn ich nicht tanzen kann, ist das nicht meine Revolution.« (http://en.wikiquote.org/wiki/Emma_Goldman 6.2.2011) Demonstrationen und andere Protestveranstaltungen werden von den Akteuren nicht selten als Tanzen für bestimmte Ziele organisiert.

Die internationale Bewegung V-Day gegen Gewalt an Frauen, die in 67 Ländern aktiv ist, hatte für den 14. Februar 2013 weltweit zu Demonstrationen und zum Tanzen gegen Gewalt aufgerufen. Die für die Mobilisierung im EU-Rahmen verantwortliche Bewegungsaktivisten Karin Heisecke erklärte dazu in einem Interview: »Die Idee ist, dass Tanzen etwas sehr Befreiendes hat. Wenn man sich tanzend bewegt, setzt man eine positive Energie frei, man nimmt Raum ein, man kann sinnlich sein und man ist nicht eingeschränkt. Es geht darum, diese positive Energie, dieses positive Körpergefühl, diese Freiheit, die man dabei empfinden kann, zu erleben, und dann diese Energie als Ausgangspunkt für Aktionen zu nutzen.« (Neues Deutschland, 15.2.2013)

■ Neben der Selbstermächtigung durch Selbsterfahrung in Bürgerinitiativen und sozialen Bewegungen ist der andere wichtige Zugang zur Teilhabe an einem großen transformatorischen Prozess das, was hier die neue Erzählung der Linken genannt wird: eine Zukunftsvorstellung von den Konturen einer besseren Welt, die gerechte und solidarische Gesellschaft oder demokratischer Sozialismus genannt werden kann. » ... die Dämmerung des Vor-uns verlangt ihren spezifischen Begriff, das Novum verlangt seinen Fortschrittsbegriff.« So formulierte Ernst Bloch (Bloch 1985: 5). Ana Esther Ceceňa schreibt: »Der Kapitalismus steckt uns in den Knochen. Doch *wir* müssen uns eine Alternative vorstellen können, wenn wir etwas ändern wollen.« (Ceceňa 2009: 20)

Die Verwirklichung der dritten Leitidee einer doppelten Transformation, der demokratischen Umgestaltung von Wirtschaft und Gesellschaft, steht wie die zuvor genannten beiden Leitideen in engster Wechselwirkung mit der Aufwertung und materiellen Stärkung der Care-Arbeitssphäre. Erst wenn nicht in erster Linie der Maßstab des Profits darüber entscheidet, wie stark und auf welche Weise sie sich entwickelt, sondern wenn die Entscheidungen der Bürgerinnen und Bürger der Bildung, Gesundheit, Zuwendung zu Kindern, Sorge für die Älteren, Information, Kultur usw. das für ihr Leben notwendige Gewicht geben, wird die lebensweltliche Reproduktionsarbeit gebührende Bedeutung bekommen. Und erst wenn dies geschieht und nach dem Vier-in-Einem-Prinzip Frauen von ihnen zudiktierter Doppelbelastung befreit werden, können sie am gesellschaftlichen Leben und an demokratischen Entscheidungen gleichberechtigt teilhaben. Mehr Geschlechtergerechtigkeit in einem emanzipatorischen Zeitregime, entschiedene Aufwertung der Sorgearbeit und mehr Partizipation der Demokratie sind verschiedene Seiten desselben Prozesses.

Auch die Überlegungen in diesem Abschnitt über eine demokratische Umgestaltung von Wirtschaft und Gesellschaft sind ebenso wie zuvor die Ge-

danken zu Umverteilung und zum sozial-ökologischen Umbau in ein Verhältnis zu der Grundannahme in dieser Arbeit zu setzen, dass emanzipatorische Perspektiven sich im Verlauf einer doppelten Transformation durchsetzen werden: Modernequalitäten bürgerlicher Staaten wie die politischen und individuellen Bürgerrechte, der Rechtsstaat und die Gewaltenteilung bieten der Selbstermächtigung und Selbstorganisation der Bürgerinnen und Bürger für eine partizipative Erneuerung der Demokratie bereits im Rahmen des Kapitalismus Räume der Entfaltung. Die Ungleichheit der ökonomischen Machtverhältnisse, die Abhängigkeit der Staaten von der Wirtschaftsmacht vor allem transnationaler Unternehmen, und die starken Positionen konservativer und rechter antidemokratischer Kräfte setzen dem jedoch deutliche Grenzen und münden gegenwärtig in die Zunahme postdemokratischer Verhältnisse.

> Es bietet sich das gleiche Bild wie bei der Betrachtung von Chancen für eine gerechte Umverteilung und für einen sozial-ökologischen Umbau: Auch eine demokratische Umgestaltung von Wirtschaft und Gesellschaft kann im Verlauf der Transformation zu einem sozial-ökologisch regulierten Kapitalismus Fortschritte machen. Aber deren Begrenztheit durch die kapitalistischen und anderen Eigentums-, Verfügungs- und Machtverhältnisse fordert den Einstieg in eine zweite große Transformation über den Kapitalismus hinaus noch im Verlauf innerkapitalistischer Transformation heraus, eben eine Strategie doppelter Transformation.

Eines der größten Hindernisse für einen alternativen Transformationsprozess ist die Kluft zwischen der fortgeschrittenen neoliberalen Globalisierung der Wirtschaft und dem nur nationalstaatlichen Rahmen der etablierten Demokratie und erst recht den Schwierigkeiten alternativer Akteure, sich über den nationalen Rahmen hinaus wirksam zu vernetzen.

5.6 Kapitel 4 einer modernen linken Erzählung: Umfassende Friedenssicherung und Solidarität

Ein zentraler Widerspruch des Kapitalismus besteht darin, dass er den Vergesellschaftungsprozess bis zur Globalisierung der Wirtschaft und bis zur Herausbildung der größten Menschheitsprobleme – Rettung der Umwelt, Überwindung der Armut, Gewinnung von Frieden und Durchsetzung realer Demokratie – als Probleme mit globalem Charakter vorangetrieben hat, dass aber statt der für ihre Lösung notwendigen solidarischen internationalen Kooperation immer noch Verdrängungskonkurrenz, Rivalität der Machtzentren, nationale Egoismen und häufig Gewalt bis hin zu Kriegen dominieren. Im Jahr 2011 wurden von der Arbeitsgemeinschaft Kriegsursachenforschung der Universität Hamburg weltweit 36 bewaffnete Konflikte, darunter 25 als Kriege zu definierende, registriert.

Der Klimawandel kennt keine Grenzen. Verursacht vor allem durch Industrieländer trifft er die Armen im so genannten Süden besonders hart. Agrosprit für die reichen Länder zulasten der bäuerlichen Nahrungsgütererzeugung in Entwicklungs- und Schwellenländern gehört zu den destruktiven Antworten darauf. Finanzspekulationen auf Preissteigerungen von Rohstoffen und Nahrungsgütern stürzen wiederum die Armen dieser Erde in noch größere Not. Geostrategische Interessen imperialer Mächte an militärischer Sicherung des Zugangs zu Wirtschaftsressourcen gehören zu den Ursachen von Kriegen, die viele Länder der Erde in Staatenzerfall und tiefes Elend der Bevölkerung treiben. Armut wiederum gebiert neue Gewalt. Deutsche Exportüberschüsse führen zur Verschuldung konkurrenzschwächerer Importländer, zu ihrer noch höheren Verschuldung durch Rettungsaktionen, die ihrerseits Anstoß für neuerliche Spekulationsattacken sind. So werden Ungleichgewichte auf Dauer gestellt, die die europäische Union zerrütten, wenn nicht eine kooperative gemeinsame Wirtschaftspolitik zu Lösungen führt. Die Liberalisierung der Weltmärkte, in deren Gefolge unter anderem Millionen Bauern in Entwicklungsländern von Billigexporten des Nordens ruiniert werden, ist eine weitere Facette einer ungerechten Weltwirtschaftsordnung, die auf ökonomischen Machthierarchien, Ausplünderung der Schwächeren und Gewalt beruht. Die Unterdrückung von Demokratie in diktatorisch regierten Ländern führt über lange Zeit zum Aufstauen von ungelösten ökonomischen, sozialen und ökologischen Problemen und kann schließlich wie in Libyen und Syrien zu Kriegen der herrschenden Clique gegen das eigene aufbegehrende Volk führen.

> Eine Antwort auf diese Verfasstheit der Weltgesellschaft kann nur eine internationale Dimension der Transformation sein, die auf Kooperation, auf gerechtem Ausgleich der von den reichen Staaten verschuldeten sozialen und ökologischen Verluste in den armen Regionen der Erde, auf deren umfangreichster finanzieller, technischer und politischer Unterstützung im Kampf gegen Armut und Umweltzerstörung und auf Frieden stiftender Sicherheitspolitik beruht.

In der hier vorliegenden Arbeit kann nur auf die erstrangige Bedeutung dieser Dimension eines alternativen Gesellschaftsprojekts und einer Erzählung davon verwiesen werden. Die nähere Behandlung dieser universellen Problematik würde den Rahmen dieser Publikation sprengen.

Dem komplexen Charakter der Ursachen von militärischen Konflikten und Kriegen entsprechend muss Friedenspolitik umfassend sein. Sie muss politischen, militärischen, ökonomischen, ökologischen, religiös und ethnisch begründeten Ursachen der Friedensgefährdung begegnen. Das erfordert Alleingänge von Staaten und Staatengruppen, in denen strategische Vernunft und die Verpflichtung auf Menschenrechtspolitik Einfluss gewinnen. Das verlangt bilaterale und mehrseitige Staatenvereinbarungen, wenn auf Weltkonferenzen keine Einigkeit erzielt werden kann. Das setzt immer wieder neue Anläufe globaler sozialer Bewegungen, neue Anstrengungen internationaler gewerkschaftlicher Zusammenarbeit, weit wirkungsvollere Vernetzung unterschiedlicher Bewegungen und linker Parteien, Stärkung des Einflusses internationaler Wissenschaftlervereinigungen und einen hohen Rang internationaler Verpflichtungen in den Kämpfen nationaler Akteure voraus. Das bedarf einer ganz neuen Dimension internationaler Solidarität.

Nie zuvor war Verzicht auf eigenes Wachstum der wirtschaftsstarken Länder eine ökologische Überlebensbedingung für die armen Länder. Heute gehört genau dies als solidarische Leistung auf die Agenda der reichen Länder der Erde. Deren eigenes Ressourcen verschlingendes Wachstum muss gebändigt und gleichzeitig das der Entwicklungsländer trotzdem ökonomisch unterstützt werden. Eine Reihe von Beispielen existiert bereits für die Bildung von Fonds zugunsten von Entwicklungsländern, damit diese ihre Wälder und im Boden ruhenden Ressourcen nicht antasten, während doch bisher gerade in die Ausbeutung ihrer Ressourcen investiert wurde. Aber das bekannteste dieser Beispiele, das Yasuni-Projekt, ist gefährdet. Statt auf Exportwachstum zu setzen, sollte Deutschland durch die Stärkung seines Binnenmarktes – durch gesetzliche Mindestlöhne, Lohnerhöhungen, angemessene Sozialleistungen und Stärkung des öffentlichen Sektors – seine Importe zugunsten der Exporte von Schuldnerländern stärken. Dass Waffenexporte zu verbieten sind, versteht sich im Widerspruch zur Realität von selbst. Krieg ist als Mittel der Politik zu ächten. Eine gemeinsame und komplexe Sicherheitspolitik, in der ökonomische, soziale und ökologische Entwicklungspolitik, präventive Bearbeitung von Konflikten, Dialog, Rüstungskontrolle und Abrüstung Kriege zurückdrängen, gehört zum Hauptinhalt doppelter Transformation, bereits im Kapitalismus und über ihn hinausweisend.

Ein Zwischenfazit zum Kapitel 5 lautet:

Wer über Transformation spricht, muss Auskunft darüber geben, wohin sie denn führen soll. Eine moderne Linke, die anstelle der Profitdominanz die Orientierung aller gesellschaftlichen Entwicklung an der Persönlichkeitsentfaltung der Einzelnen zum Wohle Aller erstrebt, könnte nach der hier präsentierten Auffassung dieses Ziel mit vier Leitideen verfolgen, die als die »Vier U« bezeichnet wurden, und die den Inhalt einer zweiten Großen Transformation markieren: gerechte Umverteilung von Lebenschancen und Macht, sozial-ökologischer Umbau, demokratische Umgestaltung von Wirtschaft und Gesellschaft, umfassende Friedenssicherung und internationale Solidarität. In jedem dieser Aspekte geht es um die »Mitte« eines demokratischen und grünen Sozialismus, um die freie Individualitätsentfaltung einer und eines Jeden durch die sozial gleiche Teilhabe an den Bedingungen voller Persönlichkeitsentwicklung.

6. Transformation als »Aufhebung« von Reform und Revolution

Die hier vorgestellte Impression von einem Gesellschaftsprojekt der Linken könnte leicht als bloße futurologische Erzählung verstanden werden, »über etwas, was nicht geschehen ist oder womöglich nie geschehen wird.« (Rainer Rilling, 2011) Ein politisch interessiertes Publikum hört sich womöglich die Zukunftsvorstellungen der Linken an. »Aber wie soll das gehen?«, fragen die Leute dann zweifelnd. Auf die Frage nach dem Weg zu einer besseren Gesellschaft gibt es in der Geschichte der Arbeiterbewegung und anderer demokratischer Kräfte bis zum heutigen Tage zwei Grundmuster von Antworten. Revolution oder Reform lautet die heftig umkämpfte Alternative. »Sozialreform oder Revolution?« So überschrieb Rosa Luxemburg eine ihrer bekanntesten Schriften (Luxemburg 2007: 367-461).

In der hier vorgelegten Schrift wird die Auffassung entwickelt, dass es nicht um dieses Entweder-oder geht, sondern um einen Prozess, in dem die Schwächen beider Alternativen überwunden und ihre Stärken bei wechselseitiger Ergänzung in Gestalt einer doppelten Transformation zur Geltung gebracht werden. Dies ist hier zu entwickeln, auch bei Gefahr einiger Überschneidungen zum bisher Dargestellten.

6.1 Der revolutionäre Bruch

Die Revolutionaristen erwarteten eine nachkapitalistische Gesellschaft von einem großen revolutionären Umsturz und betrachteten Reformen meist zwar als wünschenswert, aber doch nur als das Vorspiel des künftigen Umsturzes, dem dann das »Eigentliche« folgen werde. »Diese Reformen wurden jedoch keineswegs als Elemente der erstrebten gesellschaftlichen Neuordnung verstanden, sondern stets lediglich als ›Palliativmittel‹. Damit war gemeint, dass sie die krassesten Auswirkungen des bestehenden Gesellschaftssystems möglichst mildern sollten, um die Ausgangssituation für die Bekämpfung der neuen Gesellschaftsordnung zu verbessern, dass sie aber lediglich Veränderungen an der Erscheinungsform der alten Gesellschaft seien, deren Wesen auf diesem Wege nicht verändert werden könne. ... Für die Einführung der sozialistischen Gesellschaft selbst war trotz aller Reformerfolge die Auswechslung des gesellschaftlichen Gesamtsystems unabdingbare Voraussetzung.« (Meyer 1977: 87)

Die russische Oktoberrevolution war der praktische Versuch einer »Auswechslung des gesellschaftlichen Gesamtsystems«. Ihr gingen kaum tiefer greifende politische und soziale Reformen voraus, allerdings mehr durch die halbfeudale Rückständigkeit Russlands bedingt als durch eine Unterschätzung von Reformen. Rosa Luxemburg würdigte nahezu emphatisch, dass die Bolschewiki 1917 aus dem Grauen des Ersten Weltkriegs geschlossen hatten, der Sozialismus sei in Russland und Europa zur unmittelbaren historischen Aufgabe geworden. Sie hätten »sich damit das unvergängliche geschichtliche Verdienst erworben, zum erstenmal die Endziele des Sozialismus als unmittelbares Programm der praktischen Politik zu proklamieren« (Luxemburg, Werke, Bd. 4: 341). Dabei ging sie, wie Michael Brie in seinem Beitrag »Das widerspenstige Erbe der Rosa Luxemburg: Ein erneuter Blick in die Schrift ›Zur russischen Revolution‹« herausgearbeitet hat, davon aus, dass die eigene Praxis der Arbeiter und der Bevölkerungsmehrheit diese zur massenhaften schöpferischen Identifikation mit dem Sozialismus und zu breitester aktiver Unterstützung der neuen Gesellschaft führen werde. »Soziale Instinkte anstelle egoistischer, Masseninitiative anstelle der Trägheit, Idealismus, der über alle Leiden hinweg bringt usw. usf.« (ebd.: 361) würden die Revolution zum Erfolg tragen. Als absolute Voraussetzung dafür galten ihr freie Wahlen, freie Meinungsäußerung und uneingeschränkte Presse- und Versammlungsfreiheit, also die unbedingte Einheit von Sozialismus und Demokratie.

Als sich die Führung der Bolschewiki aber entschied, den schwierigen Weg der Entfaltung der Demokratie samt seiner Gefahren für die Revolution mit der Abschaffung freier Wahlen der Sowjets und durch das Verbot der mit den Bolschewiki konkurrierenden Parteien zu verlassen und die Chancen langwieriger, aber demokratisch verankerter Reformen zugunsten revolutionärer Großakte auszuschlagen, war dies der Weg in die Diktatur, die den Tod von Millionen Menschen bedeutete.

Die Akteure der Oktoberrevolution bürdeten sich damit die Bearbeitung einer Gesamtheit kaum überschaubarer existenzieller Probleme auf, ohne mit der dauerhaften freiwilligen Unterstützung der Bevölkerungsmehrheit rechnen zu können. Zu bewältigen waren der Ausweg aus einem mörderischen Weltkrieg, der Kampf gegen den kaum weniger mörderischen Hunger, die Abwehr einer konterrevolutionären Intervention von 17 ausländischen Mächten, eine Bodenreform zugunsten der armen Bauern und nach den Vorstellungen der Bolschewiki gleich noch der Einstieg in die Verwirklichung kommunistischer Ziele, die nach ihrem Konzept ein Nachholen der Industrialisierung um jeden Preis erforderten.

Die Unmöglichkeit dieser titanenhaften Aufgabe unter den Bedingungen wenig entwickelter Produktivkräfte, verbreiteter Unbildung und kultureller

Rückständigkeit bestärkte die Bolschewiki in der Annahme, ihre Bewältigung allenfalls durch eine kommunistische Diktatur erzwingen zu können. Mit der verhängnisvollen Entscheidung, die verfassungsgebende Versammlung vom Januar 1918 aufzulösen, und mit der Niederwerfung des Kronstädter Aufstands wurde der Weg in eine staatssozialistische Parteidiktatur besiegelt. Großprojekte der ersten sowjetischen Fünfjahrespläne wurden aus dem Boden gestampft, ohne dass etwa in Bildungsreformen zuvor die Bedingungen dafür gegeben waren.

Das Moskauer Stalin-Automobilwerk beispielsweise mit seinen 40.000 Beschäftigten im Jahr 1937 rekrutierte seine Belegschaft ganz überwiegend aus bäuerlicher Herkunft, zum Teil durch die Kollektivierung entwurzelt und meist ohne jede Fabrikqualifikation. Unvermeidlich mussten in dem daraus folgenden Learning-by-Doing-Prozess größte Schwierigkeiten und Einbrüche in der Produktion folgen. In der staatsterroristischen Atmosphäre der Moskauer Schauprozesse wurden diese permanenten Störungen der Sabotagetätigkeit von angeblichen Feinden und Konterrevolutionären zugeschrieben. Der Bau des prächtigen Kulturpalastes des Werkes fiel zusammen mit der Verhaftung, Verbannung und Erschießung imaginärer Feinde aus den Reihen der verdienten, aber relativ wenig erfahrenen Leitungskräfte – zumal sich ihre Verdächtigung mit der Wut der Belegschaften auf die aus ihrer Perspektive Verantwortlichen für ihre absolut elenden Lebens- und Arbeitsbedingungen paarte.

Beim Bau des 128 km langen Moskwa-Wolga-Kanals, einer grandiosen technischen und auch einmaligen architektonischen und künstlerischen Leistung bei der Gestaltung der mehr als 200 Bauwerke wie Schleusen, Dämme, Pumpenhäuser und Verwaltungsgebäude, wurden zeitweilig fast 200.000 Häftlinge zusammen mit Freiwilligen aus der gesamten Sowjetunion unter schlimmsten Lebensbedingungen eingesetzt. Sie sollten einer »Schmiedung« zu neuen Sowjetmenschen unterworfen werden. Die Kanaleröffnung fiel mit der Freilassung tausender Kanalarbeiter und mit der Verhaftung und Erschießung Hunderter Angehöriger des Leitungspersonals zusammen (Schlögel 2008: 361-385, 532-556).

Gewiss waren diese stalinistischen Exzesse ebenso wie später die maoistische Kulturrevolution und das Pol-Pot-Regime mit ihren Millionen Opfern eine tragische Entartung der Revolution. Doch selbst ohne diesen stalinistischen Terror scheiterten alle Revolutionen eines der Russischen Revolution ähnlichen Typs im 20. Jahrhundert auch in industriell weit entwickelteren Ländern an dem Fehlen eines demokratischen Prozesses der Lösung herangereifter Probleme unter Beteiligung der betroffenen Bürgerinnen und Bürger, an der Untauglichkeit zentralistischer Strukturen für den produktiven Umgang mit hochkomplexen Aufgaben, an der Unfähigkeit, individuelle Interessen mit Gemeinwohlinteressen zu verbinden. Die Moderne- und Evolutionspotenzen bürgerlicher Zivilisation wurden im Namen der Revolution rigoros beseitigt. Das betraf die Demokratie, die Gesamtheit von Individualisierungsprozessen, den Pluralismus im Denken und Handeln, den Wettbewerb in Wirtschaft, Politik und Kultur und wesentliche politische sowie individuelle Rechte.

Die Sehnsucht von Millionen Menschen nach einer besseren Gesellschaft, ihre Bindung an sozialistisch-kommunistische Ideale und ihr Engagement für deren Verwirklichung führte trotz der untauglichen Grundstrukturen der Staatssozialismus in dessen Herrschaftsbereich zur Überwindung kapitalistischer Ausbeutung, zur Beseitigung von Erwerbslosigkeit, zu mehr sozialer Gleichheit, zu weitgehender Chancengleichheit im Bildungs- und Gesundheitswesen sowie in der Kultur, zu wirtschaftlicher Eigenständigkeit von Frauen, zu wichtigen Erfahrungen genossenschaftlicher Arbeit und zu verbreiteter Solidarität mit Befreiungsbewegungen in der Dritten Welt. Selbst der misslingende Versuch einer Gesellschaftsalternative zum Kapitalismus trug zur Stärkung kapitalismuskritischer Kräfte im Westen in ihren Kämpfen um eine sozialstaatliche Regulierung des Kapitalismus bei. Auch die Befreiungsbewegungen im globalen Süden wurden durch die Existenz und Solidarität des Staatssozialismus gestärkt. Das strategische militärische Gleichgewicht zwischen der Sowjetunion und den USA sicherte auf gefährlichen Grundlagen als Gleichgewicht des Schreckens jahrzehntelang den Frieden in Europa.

Aber Erfolge der Revolution wurden von den strukturellen Grunddefiziten des Staatssozialismus zunichte gemacht. Parteistaatliche Willkür, die Einschränkung individueller Freiheiten und ein innovationsfeindliches, zentralistisches Wirtschaftssystem führten zum Ersticken der zahlreichen Anläufe zu Reformen, mündeten in wirtschaftlichen Niedergang und schließlich in die Implosion des gesamten Systems. Die ursprüngliche Bindung großer Teile der staatssozialistischen Klasse unterhalb des innersten Kerns der Politbürokratie an sozialistische Ideen und die Berührung vieler Funktionäre in Wirtschaft und Politik mit den Sorgen und der wachsenden Kritik von Bürgerinnen und Bürgern führten trotz ihrer eigenen Verstrickungen in den Herrschaftsmechanismus schließlich dazu, dass die Machteliten ohne Blutvergießen abtraten. In der Stunde des Untergangs wurden die sozialen Wurzeln und der humanistische Gehalt der sozialistischen Ideen sowie die Herkunft auch der in den Apparaten Tätigen aus dem Volke geschichtsmächtig für einen friedlichen Übergang zu dem bereits überwunden geglaubten Kapitalismus.

Hier kommt es jedoch nur auf einen für Transformationsprozesse wesentlichen Aspekt an, auf das Verhältnis zwischen Reformen und revolutionärem Wandel in künftigen Transformationsprozessen. Der Übergang zu einer Gesellschaft ohne Profitdominanz wird gewiss nicht erfolgreich sein können, ohne in tiefen Einschnitten den Vorrang der Finanzmärkte und ihrer Hauptakteure im Wirtschaftsmechanismus zu beseitigen. Dieser Bruch wird einschließen, dass den Eigentümern von Vermögen die Macht genommen wird, den Menschen rund um die Erde die Verzinsung von gegenwärtig (2010) 211 Bio. US-Dollar Geldkapital aufzuerlegen. Diese Transformation wird erfordern, die Eigentums- und Verfügungsverhältnisse der transnationalen Unternehmen zurückzudrängen, die heute den tiefen Klüften zwischen Reichtum und Armut zugrunde liegen. Die Bedingung dafür ist eine fundamentale Veränderung der politischen Machtverhältnisse. Kommende emanzipatorische Transformationsprozesse werden also notwendig Brüche von revolutionärer Tiefe einschließen. Aber dies kann in modernen bürgerlich-kapitalistischen Gesellschaften nicht identisch mit der Verdichtung der unumkehrbaren Einschnitte zu einem einzigen, zeitlich gerafften Großereignis des revolutionären Umsturzes sein, der als Voraussetzung aller anstehenden Umwälzungen zu betrachten sei.

Wenn diese Annahme aber zutrifft, bleibt als Weg zu einer anderen besseren Gesellschaft nur eine Folge von Reformen, unter denen die entscheidenden Veränderungen selbst eine Tiefe von revolutionärer Qualität erreichen, oder die zu solchen Brüchen hinführen. Zu viele Aufgaben für den revolutionären Akt des Umsturzes blieben aufgestaut, wenn es nicht gelingt, in andauernden Reformprozessen immer wieder partielle, jedoch auch bereits einschneidende Brüche zu erreichen, die die Kapitalmacht begrenzen – etwa eine Zerschlagung »systemrelevanter« Banken, eine Überführung von großen Stromnetzen und Gasleitungen in die öffentliche Hand, eine Umkehrung von Privatisierungsprozessen in einen Ausbau öffentlicher Daseinsvorsorge, eine Konversion von Rüstungsunternehmen und die Abschöpfung von Vermögen durch angemessene Besteuerung oder zeitlich begrenzte Umweltabgaben für einen sozial-ökologischen Umbau.

Wenn an die Stelle längerer Prozesse eines molekularen Wandels, der immer wieder in Krisen und durch sie erzwungene Lösungen einmündet, das umfassende Revolutionsereignis treten sollte, wäre auch für entwickelte Industrieländer die Gefahr übergroß, dass solche Revolution von dem gigantischen Ausmaß der Herausforderungen überfordert wird. Der revolutionäre Akt müsste sich dann als permanenter Akt lange hinziehen und geriete überdies auf einen Schlag zu einer derartigen Tiefe des Umsturzes, dass der Reproduktionsprozess zwangsläufig mit schwerwiegenden sozialen Einbußen für große Teile der Bevölkerung gravierend gestört und unbeherrschbar wird. Zu lange müsste eine permanente Revolution unter solchen Bedingungen dauern, bis eine neue Regulationsweise zu neuen verbesserten Lebensqualitäten führt. Zu groß wäre die Versuchung für die radikalen Akteure, auf der Durststrecke bis dahin den revolutionären Verlauf auf Formen der Diktatur und Gewaltanwendung zu stützen. Erik Olin Wright schrieb daher über die Vorstellung eines Transformationsverlaufs in der Gestalt eines großen revolutionären Bruchs: »In Abhängigkeit von der Tiefe und Länge der Transitionswelle mag es nicht das materielle Interesse der meisten Menschen sein, einen bruchhaften Pfad zum Sozialismus zu unterstützen, sogar dann, wenn sie standhaft glauben, das Leben würde besser werden, sei die Transition erst einmal überstanden. Interessen müssen immer innerhalb spezifischer Zeithorizonte verstanden werden, und wenn die Transitionswelle über eine hinlänglich ausgedehnte Periode hinaus andauert, ist es unwahrscheinlich, dass die meisten Menschen sie als in ihrem materiellen Interesse betrachten werden.« (Wright 2010: 315)

Der große revolutionäre Akt des Bruchs ist also weder im Lichte historischer Erfahrungen noch aus theoretischer Sicht die Erfolg versprechende wahrscheinliche Form des Übergangs zu einer besseren Gesellschaft in europäischen Ländern. Ernst Bloch arbeitete daher mit dem Begriff der »Prozessepoche« (Bloch 1985: 143). Das schließt revolutionäre Ereignisse im Verlauf und als Teil prozesshafter Veränderungen und eine notwendig revolutionäre Qualität von Alternativen zu Ausbeutung, Umweltkatastrophen, Hunger in großen Teilen der Erde und Kriegen ein.

In industriell entwickelten Ländern hat sich daher auch die radikale Linke in der Regel von der Propagierung eines alles umwälzenden verdichteten Ereignisses der Revolution verabschiedet. Aber in der verbreiteten Erwartung eines »Danach, aber dann!«, in der Rede von dem besseren Leben erst in der dann ganz anderen Gesellschaft, in der Schwäche des Nachdenkens über die bevorstehenden langen Veränderungsprozesse und über die zu beschreitenden Wege, im Fehlen von Übergangsstrategien wirkt die Revolutionserwartung weiter.

Als Orientierung auf eine die Machtverhältnisse einschneidend verändernde Tiefe der notwendigen Wandlungsprozesse bleibt linke Politik jedoch revolutionär – auch wenn plötzliche Brüche und explosives Aufbegehren sich wahrscheinlich mit länger andauernden substanziellen Reformen zu einem transformatorischen Prozess verbinden werden. Das Revolutionäre wird oft der Geduld der Reform bedürfen, die Reform des Atems eines revolutionären Anspruchs. Daniela Dahn hat in ihrem Buch »Wir sind der Staat!« einen solchen Anspruch aufs Eindringlichste begründet. Sie konfrontiert die kapitalistische Realität mit dem viel beschworenen Grundsatz, dass alle Gewalt vom Volke auszugehen habe. Tatsächlich ist jedoch eine unmittelbare Volkssouveränität im Grundgesetz der Bundesrepublik nicht vorgesehen. Gewählte Repräsentanten sollen sie stellvertretend wahrnehmen. Aber bei denen ist die Souveränität nie angekommen. Die Eigentümer der entscheidenden Wirtschaftsressourcen sind es, die die Souveränität in Wahrheit ausüben, mehr denn je die Gesetzgebung zum Wohl der herrschenden Eigentumsordnung prägen, die Exekutive fest an sich gebunden haben, selbst die Justiz in ihr Machtgeflecht integriert haben und mit ihrer medialen Macht das Volk von der Einsicht in die wirklichen Machtverhältnisse und zumindest von Alternativen fernhalten. Daniela Dahn zieht daraus Schlussfolgerungen mit zweifellos revolutionärem Gehalt:

Der Herrschaft des großen privaten Kapitaleigentums setzt sie die Forderung nach dem Vorrang des Gemeineigentums entgegen. Um dieses aber real im Interesse des Gemeinwesens nutzen zu können, muss es vom Volke selbst verwaltet werden. »Die 99 Prozent müssen zum Gesetzgeber werden. ... Wer die Legislative instandbesetzt, ist der Souverän.« (Dahn 2013: 135) »Occupy the law!« (ebd.: 138) Zum Weg dahin gehört die Erprobung vieler Formen tatsächlicher Volkssouveränität: Vermittlung von Erfahrungen über Machtausübung von unten schon in den Schulen; reale Informationsfreiheit, beispielsweise freier Zugang zu den Arbeitsergebnissen der wissenschaftlichen Dienste von Bundestag und EU-Parlament; Volksbegehren bis zur Durchsetzung vom Volk formulierter Gesetze; runde Tische beispielsweise für die Re-Kommunalisierung von Energie- und Wasserversorgung, Bürgerversammlungen auf allen Ebenen auch zu Richtungsentscheidungen einschließlich eines Befassungs- und Vetorechts dem Parlament gegenüber.

6.2 Der reformistische Weg

Reformen, die solchen Fragen der Überwindung der Dominanz kapitalistischen Eigentums und des Profits in Wirtschaft und Gesellschaft und der Eroberung realer Volkssouveränität ausweichen, werden den Herausforderungen des 21. Jahrhunderts nicht entsprechen können. Ein Festhalten an Wandel nur durch zahme Reformen wird in noch tiefere Krisen führen – auch wenn sie mit dem Verweis auf die negativen Seiten der Revolution begründet werden. Allerdings – wenn alle wirkliche Veränderung der Revolution und dem nachrevolutionären Verlauf überlassen bliebe, so erwog

Eduard Bernstein ahnungsvoll, »würde eine der Revolution verschriebene Partei als herrschende Gewalt bei der gegebenen Gliederung der Gesellschaft wahrscheinlich genötigt werden, sich selbst untreu zu werden ... . In solchen Situationen handelte es sich nicht darum, was Parteien wollen, sondern was die Umstände ihnen abnötigen. Wenn alle Geschäfte stocken, Handel und Wandel darniederliegt, fragen die Leute nicht, ob eine Sache sozialistisch ist, sondern ob sie ihnen zu Arbeit und Brot verhilft.« (Bernstein 1977: 125f.) Bernsteins Schlussfolgerung daraus war: »man spekuliert nicht mehr über die Verteilung des Bärenfells nach vollendetem allgemeinen Kladderadatsch, man beschäftigt sich überhaupt nicht allzu viel mit diesem interessanten Ereignis, sondern studiert die Einzelheiten des Tages und sucht nach Hebeln und Ansatzpunkten, auf dem Boden dieser die Entwicklung der Gesellschaft im Sinne des Sozialismus voranzutreiben.« (ebd.: 80) Als Elemente einer »sozialistischen Gegenwartsarbeit« nannte er u.a. eine Parlamentsarbeit für Gesetze, die möglichst tief greifende Änderungen in Recht und Wirtschaft herbeiführen, eine höhere Bewertung der Arbeit in Gemeinden, ein größeres Gewicht der Gewerkschaftsarbeit und den Ausbau von Arbeiterkonsumgenossenschaften. Das bringe den Arbeitern »die Wahrscheinlichkeit ... eines stetigen Aufstiegs, der vielleicht langsam sich vollzieht, aber infolge ihrer zunehmenden Bedeutung ihnen doch sicher ist« (ebd.: 133). »Die stetige Erweiterung ... der Pflichten und korrespondierenden Rechte der Einzelnen gegen die Gesellschaft, und der Verpflichtungen der Gesellschaft gegen die Einzelnen, die Ausdehnung des Aufsichtsrechts der in der Nation oder im Staat organisierten Gesellschaft über das Wirtschaftsleben, die Ausbildung der demokratischen Selbstverwaltung in Gemeinde, Kreis und Provinz ... alles das heißt für mich ... stückweise vollzogene Verwirklichung des Sozialismus.« (ebd.:75)

> Die Quintessenz so verstandener Reformen ist, dass sie allmählich, stetig und ohne Brüche von revolutionärer Tiefe in den Eigentums- und Machtverhältnissen in den Sozialismus hineinführen würden.

Rosa Luxemburg hat nicht Reformen, wohl aber diese harmoniereformistische Übergangskonzeption vehement abgelehnt. Sie hat in ihrer gegen den Bernsteinschen Revisionismus gerichteten Schrift »Sozialreform oder Revolution?« die Begrenztheit gewerkschaftlicher Bewegungen und kommunaler Selbstverwaltung deutlich gemacht. Sie hat die Hoffnung auf eine politische Demokratisierung des Staates ohne einschneidende Veränderung der ökonomischen und politischen Machtverhältnisse als Illusion gekennzeichnet. »Die gesetzliche Reformarbeit hat eben in sich keine eigene, von der Revolution unabhängige Triebkraft, sie bewegt sich in jeder Geschichtsperiode nur auf der Linie und solange, wie in ihr der ihr durch die letzte Umwälzung gegebene Fußtritt nachwirkt oder, konkret gesprochen, nur im Rahmen der durch die letzte Umwälzung in die Welt getretenen Gesellschaftsform. Das ist eben der Kernpunkt der Frage.« (Luxemburg 2007: 428)

Anthony Giddens, einer der führenden Theoretiker der gegenwärtigen Sozialdemokratie, hat diese Einschätzung im Grunde bestätigt, als er über das gegenwärtige sozialdemokratische Reformverständnis schrieb: »Heute hat niemand mehr eine Alternative zum Kapitalismus zu bieten – zur Debatte steht nur noch, in welchem Maße und auf welche Weise der Kapitalismus begrenzt und gezähmt werden sollte.« (Giddens 1999: 57)

Die Reformpolitik brachte seit den 1930er Jahren in den skandinavischen Ländern, in Gestalt des New Deal in den USA und in den Nachkriegsjahrzehnten in der gesamten OECD-Welt einen sozialstaatlich regulierten Kapitalismus hervor. Er führte zu wesentlicher Erhöhung der Masseneinkommen, zu tendenzieller Vollbeschäftigung der männlichen Familienernährer, zu bedeutenden Sozialreformen, zu mehr Mitbestimmung der Lohnabhängigen und zur Stabilisierung der repräsentativen Demokratie. Frauen allerdings blieben weitgehend in patriarchaler Abhängigkeit und die Entwicklungsländer abhängig und ausgeplündert von den Metropolen. Die Umwelt wurde zum Opfer der Illusion, Probleme durch rücksichtsloses Wirtschaftswachstum lösen zu können. Der Reformkapitalismus war in den »goldenen« Jahrzehnten nach dem Zweiten Weltkrieg eine in der Geschichte des Kapitalismus einmalige Erfolgsstory, bis die Grenzen bloßer Reformen in der Krise des Fordismus offenbar wurden.

Die sozialreformerische Regulierung des fordistischen Kapitalismus mündete in die neoliberale Verkehrung des Reformbegriffs zum Instrument der Austeritätspolitik, in wachsenden Lohndruck, »Verschlankung« des Sozialstaats und Erosion der Demokratie ein. An die Stelle einer stetigen Ausweitung von Erfolgen durch Reformen trat der Umschlag von Sozialreformen in ihr Gegenteil.

6.3 Transformation als »Aufheben« von zwei Polen

Der Staatssozialismus hat die Grenzen der Revolutionsstrategie bloßgelegt. Die Ablösung des Fordismus durch den Neoliberalismus hat nun mit aller Schärfe die Begrenztheit der Reformstrategie deutlich gemacht. Eine Gesellschaftstransformation auf der Höhe der Herausforderungen des 21. Jahrhunderts wird die Sackgassen von Reform und Revolution der Geschichte überlassen, sie vermag die Stärken beider Entwicklungsweisen zu bewahren: Transformation als das »Aufheben« von Reform und Revolution.

»Aufheben hat in der Sprache den gedoppelten Sinn, dass es so viel als aufbewahren, erhalten bedeutet und zugleich soviel als aufhören lassen, ein Ende machen. Das Aufbewahren schließt schon das Negative in sich ein, dass etwas seiner Unmittelbarkeit ... entnommen wird, um es zu erhalten. So ist das Aufgehobene zugleich Aufbewahrtes, dass nur seine Unmittelbarkeit verloren, aber darum nicht vernichtet ist.« (Hegel 1963: 124)

Eine emanzipatorische Transformation überwindet das Grunddefizit des Reformkonzepts, die Selbstbegrenzung von Reformen durch den Verbleib in den Grenzen der kapitalistischen Eigentums-, Verfügungs- und Machtverhältnisse mit der ständigen Gefahr, dass die Machteliten Reformschritte in ihren eigenen Herrschaftsmechanismus integrieren oder ganz zurückdrehen. Sie vermag dieses Grunddefizit zu überwinden, indem sie gewiss nicht alle privatkapitalistischen Unternehmen abschafft, wohl aber die *Dominanz* des großen Kapitaleigentums und damit die Profitdominanz samt der Abhängigkeit der Politik vom Einfluss der mächtigsten Kapitale.

Die Eigentumsstrukturen werden sich im Verlauf einer doppelten Transformation ändern. Solches Kapitaleigentum, das Herrschaft über die Gesellschaft bedeutet, wird zu vergesellschaften sein. Das betrifft etwa international operierende Großbanken und Investmentfonds, die großen Energiekonzerne, den militärisch-industriellen Komplex, Netze mit dem Charakter eines natürlichen Monopols in der Strom-, Gas-, Öl- und Informationsversorgung und das Großgrundeigentum des internationalen Agrobusiness. Dort, wo es um die Nutzung und Gestaltung öffentlicher Güter wie der Klimastabilität und Information, um Boden, um Bildung, Gesundheit, Kultur und Mobilität geht, wird öffentliches Eigentum erheblich zu stärken sein, insbesondere in der öffentlichen Daseinsvorsorge. Den Commons wird eine zentrale Bedeutung für emanzipatorische Transformationsprozesse zukommen (Ostrom 2009; LuXemburg 4/2010; Leibiger 2011: 35ff.).

Im Verlauf einer doppelten Transformation wird sich voraussichtlich eine mixed economy auf der Grundlage gesellschaftlichen und genossenschaftlichen Eigentums, eines starken öffentlichen Sektors, von Non-Profit-Bereichen solidarischen Wirtschaftens, von kapitalistischem Privateigentum und gemischtem Eigentum herausbilden.

Die Machtverhältnisse werden sich nicht allein durch gewandelte rechtliche Eigentumsverhältnisse verändern, sondern nicht zuletzt durch wirtschaftsdemokratischen Wandel, der alle Eigentumsformen betrifft und zur

Umkehr von der Dominanz der Wirtschaft über die Politik zu gestaltendem Einfluss der Politik auf die Wirtschaft bei Respektierung unternehmerischer Initiative führt. Der Wandel von Eigentums- und Machtverhältnissen wird, der Vorstellung von Transformationsverläufen in der Gestalt demokratischer Prozesse folgend, in vielen Fällen wohl nicht in Gestalt großer Enteignungsakte mit einem Schlag, sondern nicht zuletzt durch demokratischen Wandel der Verfügung über das Eigentum, durch demokratische Kontrolle und Regulierung, durch Institutionenwandel und neue Institutionen der Regulierung erfolgen (siehe Kapitel 8).

Eine emanzipatorische Transformation überwindet aber nicht allein die Defizite und Grenzen von Reformen. Sie beendet ebenso die Unterschätzung von Reformen unter gegebenen Bedingungen. Sie bewahrt die Stärken des Reformismus, der durch eine lange Folge vieler Teilreformen sozialen und politischen Fortschritt ermöglicht und Mehrheiten der Bevölkerung für das heute Machbare zu gewinnen vermag. Sie verbindet diese Vorzüge mit den Stärken des revolutionären Ansatzes, mit dem Beharren auf der Konsequenz notwendiger Veränderungen, auf Umwälzung des Kerns der Eigentums-, Verfügungs- und Machtverhältnisse und auf der Öffnung von Reformen für ein Überschreiten der Grenzen des Kapitalismus. Aus alledem folgt:

Erstens ist kennzeichnend für emanzipatorische Transformationsprozesse, dass sich in ihnen Reformen unter den gegebenen Verhältnissen und Brüchen in deren Entwicklung mit der Öffnung für Umwälzungen von revolutionärer Tiefe verbinden. Sie sind nicht als eine gleitende, konfliktarme Entwicklung zu erwarten, sondern als Verlauf, der Teilreformen, Eruptionen, Kontinuitäten und Diskontinuitäten, Konfrontationen und Verhandlungslösungen bis zu Kämpfen um den Ausschluss militärischer Gewaltanwendung umfasst.

Antonio Gramsci unterschied die molekulare Anhäufung von Elementen des Wandels und organische Bewegungen oder Krisen. Die Bedeutung molekularer Veränderungen »ist nicht von großer historischer Reichweite: Sie geben Anlass zu einer politischen Kritik in Detailfragen« (Gramsci 1996: 1556) und können in kleinere Reformen einmünden. Ihre Verdichtung allerdings führt, so Gramsci, »zu organischen (relativ dauerhaften) Bewegungen«, zu »einer Krise, die sich manchmal über Jahrzehnte hinzieht. Diese außergewöhnliche Dauer bedeutet, dass sich in der Struktur unheilbare Widersprüche offenbart haben (herangereift sind) und die positiv für die Konservierung und Verteidigung derselben Struktur wirkenden politischen Kräfte trotzdem bemüht sind, sie innerhalb gewisser Grenzen zu heilen und zu überwinden.« (ebd.: 1556f.)

Die alternativen Kräfte versuchen dagegen, der Bearbeitung organischer Krisen eine antikapitalistische Richtung zu geben. Organische Krisen können bei den Machteliten Transformationsprozesse zur Bewahrung der bürgerlich-kapitalistischen Grundstrukturen in veränderter Gestalt auslösen (z.B. Übergang von einem dominant privaten monopolistischen Kapitalismus zum sozialstaatlich regulierten oder zum militaristisch-faschistischen Kapitalismus, Übergang vom Fordismus zum neoliberalen Kapitalismus). Für demokratische Gegenmächte sind große Krisen Anstoß zu Kämpfen um eine Transformation unter dem Vorzeichen von Solidarität, Gerechtigkeit und Nachhaltigkeit. In gewissem Sinne geht die organische oder strukturelle Krise Transformationsprozessen voraus. Aber das bedeutet nicht, dass erst eine organische Krise ausbricht und danach dann die Transformation folgt. Zutreffender ist, dass langandauernde oder einander immer wieder folgende organische Krisen zu parallelen Kämpfen um die Transformation der Gesellschaft und um die Richtung dieser Transformation führen. Dass eine emanzipatorische Transformation eine Entweder-oder-Entscheidung zwischen Reform und Revolution überwindet, deutet auf eine zweite Eigenschaft einer solchen Transformation hin.

Zweitens nämlich: Eine nachhaltige Solidargesellschaft (Rolf Reißig), die auch als demokratischer und grüner Sozialismus verstanden werden kann, wird zu einer praktischen Angelegenheit für alle, die heute und nicht erst irgendwann von einer linken Politik vor allem Verbesserungen ihrer gegenwärtigen Arbeits- und Lebenswelten erwarten – lange bevor der Kapitalismus an sein Ende gelangt sein wird. »Der Mensch will endlich als er selber in das Jetzt und Hier, will ohne Aufschub und Ferne in sein volles Leben.« (Bloch 1985: 15)

Der demokratische Sozialismus, das heißt eine gerechte Gesellschaft des inneren und äußeren Friedens im Einklang mit der Natur, ist im Lichte einer linken Transformationstheorie nicht mehr allein die Vision einer Gesellschaft des Irgendwann. Sondern alternative Entwicklungen zeichnen sich bereits gegenwärtig ab – in mehr öffentlicher Daseinsvorsorge, in mehr demokratischer Mitsprache von Bürgerinnen und Bürgern, in ihrem Einfluss beispielsweise auf Bürgerhaushalte, in mehr Geschlechtergerechtigkeit, in der Re-Kommunalisierung von Stadtwerken und in Fortschritten zu sozial gleicher Teilhabe aller Kinder an moderner Bildung ohne Diskriminierung.

Ein durchgesetztes Recht auf einen Kitaplatz für alle Vorschulkinder wäre noch kein antikapitalistischer Schritt. Aber aus der Perspektive seiner Verbindung mit anderen Reformen zur Überwindung des Bildungsprivilegs der Machteliten hätte es doch antikapitalistische Züge. Es würde sich zeigen, dass ein solcher Schritt Grundlagen für die Verschiebung der Kräfteverhältnisse nach links birgt, dass in ihm etwas von der Grundidee des Sozialismus, der Persönlichkeitsentfaltung einer und eines Jeden, steckt. Wenn die Ausweitung der öffentlichen Daseinsvorsorge das Gewinndenken aus Kliniken in öffentlicher Hand vertreibt, wenn die Re-Kommunalisierung von Stadtwerken die Macht der Energiekonzerne in einer wachsenden Zahl von Gemeinden beschneidet, ist das gewiss kein Sozialismus. Der bürgerliche Rahmen wird dadurch nicht gesprengt. Aber ein Stück Antikapitalismus und ein Hauch von Sozialismus wirken da schon, wenn über Gesundheit, Licht und Wärme anstelle des Profits das Gemeinwohl bestimmt. Wenn statt entwürdigender Diskriminierung von AsylbewerberInnen die Integration der Zugewanderten in die Gesellschaft vorangebracht wird, ist das ebenfalls kein antikapitalistischer Vorgang. Doch es bedeutet, dass die Gesellschaft ein Stück menschlicher und solidarischer wird. Was ist Sozialismus aber anders als Bewegung in diese Richtung?

Mehr menschliche Qualitäten der Gesellschaft können durchaus als Moment kapitalistischer Herrschaftssicherung wirken; sie können also kaum als antikapitalistisch bezeichnet werden. Wenn sie sich aber häufen, wenn sie als molekulare Veränderungen wirken, die ihren Akteuren mehr Selbstbewusstsein geben, wenn sie als subversive Tendenzen an Einfluss gewinnen und sich als Brückenköpfe einer künftigen solidarischen gerechten Gesellschaft behaupten und an Einfluss gewinnen, offenbart sich doch ihre antikapitalistische Potenz. Die in linken Diskursen oft gestellte Frage, wo denn der Punkt zu erwarten sei, an dem der Sozialismus beginne, geht an der Bewegungsweise von Transformationsprozessen vorbei.

Öffentliche Daseinsvorsorge und Energiewende beispielsweise werden in transformatorischer Perspektive mit einer Zurückdrängung der Macht der Pharmakonzerne im Gesundheitswesen und mit Kämpfen für die Überführung der großen Stromnetze in die öffentliche Hand verbunden. Partizipative Haushaltspolitik, die schnell an die Grenzen der Kommunalfinanzen stößt, kann an Forderungen nach höheren Steuern auf Vermögen, auf Spekulationsgewinne aus risikoreichen Finanztransaktionen und auf Profite marktbeherrschender Unternehmen heranführen. Reformen im Heute müssen gegen neoliberale Vereinnahmung für mehr Emanzipation geöffnet werden. Aber den vielen, die bereit sind, sich für progressive Reformen in der Gegenwart zu engagieren, wird kein Bekenntnis zur Revolution abverlangt, mit der sie nichts anfangen können.

> Transformation bedeutet, dass gegenwärtig Machbare zu tun und in die Schritte von heute eine Hoffnung und Vision in Gestalt konkreter Einstiegsprojekte in eine bessere Gesellschaft hineinzuholen. Sie überwindet die Selbstbeschränkung auf nächste Schritte, aber ohne sie in Zukunftsträume oder bloße Wunschutopien aufzulösen.

Bloch schrieb: »Es kann Einspruch gegen schlechte Utopien ergehen, das heißt gegen abstrakt ausschweifende, schlecht vermittelte, jedoch gerade die konkrete Utopie hat in der Prozesswirklichkeit ein Korrespondierendes: das des vermittelten Novums.« Und: »Es wird aber allein schon innerhalb der stark gewandelten Wirklichkeit von heute klar, ... dass die Realität selber unaufgearbeitet ist, dass sie Anrückendes, Hervorbrechendes am Rand hat.« (Bloch 1985: 226)

Ein emanzipatorisches Transformationskonzept kann weit mobilisierungsfähiger als Revolutionsstrategien sein, weil es mit realistischen, konkreten Einstiegsprojekten verbunden ist (siehe Kapitel 13). Es kann sich aber auch als mobilisierungsfähiger im Vergleich zu einzelnen Reformforderungen erweisen, da es den bereits möglichen Reformen eine weitere Perspektive bietet.

Drittens erhöht ein Transformationsprozess die Chance, eingewurzelte Abgrenzungen unterschiedlicher Linker gegeneinander überwinden zu können. Ihre gegensätzlichen Standpunkte werden als Ausdruck realer Widersprüche in der Realität erfassbar.

»Mein Wort berührt die Welt der Erscheinungen,
die darunter oft leider zerfällt.
Immer noch meint ihr, es gehe um Meinungen,
aber der Widerspruch ist in der Welt.«
(Karl Kraus, 2000: 116)

Solange sich radikale Linke und so genannte Reformer gegenseitig mit der Überzeugung bekämpfen, der jeweils anderen Seite ihre falsche subjektive Meinung austreiben zu müssen oder ihr, konsequenter noch, möglichst allen Einfluss auf das Geschehen zu nehmen, gerät radikale Realpolitik zu hässlichen subjektiven Kämpfen zwischen den Protagonisten beider Richtungen. Die anderen sollen ihre falschen Auffassungen gefälligst aufgeben und sich geschlagen geben!

Wenn aber akzeptiert würde, dass die gegensätzlichen Meinungen nur die realen Widersprüche zwischen machbaren Reformen und radikalem Anspruch ausdrücken, die notwendige Spannung zwischen gegenwärtig realisierbaren Schritten und weiterreichenden, das System infrage stellenden Zielen und Forderungen also, ergäbe sich eine ganz andere Grundlage für das Verhältnis zwischen heute oft unversöhnlichen Strömungen in der pluralen Linken. Die Position der einen würde als die notwendige Korrektur der anderen erkennbar, die sich zugleich selbst durch ihren Gegenpart korrigieren lassen muss.

Die Konzentration der einen auf Protest und Widerstand gegen das Bestehende, der anderen, der »Pragmatiker«, auf gegenwärtig realisierbare

Teilschritte und der »Revolutionaristen« auf die Propagierung einer künftigen sozialistischen Ordnung werden als unterschiedliche Beiträge zu einem einheitlichen Gesamtprozess begreifbar, zwischen dessen Exponenten Brücken geschlagen werden können, weil es um die widersprüchlichen Momente eines und desselben Prozesses geht. Die Veränderungspotenziale außerparlamentarischer Kämpfe, parlamentarischer Arbeit und des Wirkens in Regierungen können durch den Bezug aufeinander und durch die bewusste Bindung an einen emanzipatorischen Transformationsprozess größere Kraft gewinnen als bei einer Abgrenzung ihrer Akteure und Strategien gegeneinander. Reformen im Kapitalismus und Umbrüche über ihn hinaus erscheinen reformistisch und revolutionaristisch betrachtet als gegeneinander abgeschottet. Transformatorisch denkend und handelnd sind beide Entwicklungen als ein einheitlicher Prozess mit vielen Übergängen gestaltbar.

Der Bedeutung eines emanzipatorischen Transformationskonzepts für die Verwandlung eines oft destruktiven Gegeneinander innerhalb der Mosaik-Linken in die Produktivität einer Vielfalt in der Einheit gebührt eine weit größere Aufmerksamkeit als bisher. Das gilt nicht nur für die internen Auseinandersetzungen innerhalb einzelner Parteien und anderer Organisationen, sondern auch für Cross-over-Diskurse, die Parteien-, Gewerkschafts- und Bewegungsgrenzen überschreiten. So begegneten sich beispielsweise im Institut Solidarische Moderne bei der Erarbeitung des strategischen Konzepts »Umrisse eines sozial-ökologischen Gesellschaftsumbaus auf dem Weg in eine solidarische Moderne« unterschiedliche Auffassungen. Die einen hoben die Notwendigkeit von Änderungen der gegenwärtigen Macht-, Eigentums- und Verfügungsverhältnisse hervor. Andere befürchteten, dadurch die Breite möglicher Allianzen für einen sozial-ökologischen Umbau zu beschneiden. Für beide Standpunkte konnten einleuchtende Überlegungen geltend gemacht werden, die schließlich zu einer ausgewogenen Darstellung der notwendigen Aufnahme beider Sichten in alternative Strategien führten. Die Voraussetzung dafür war die Bereitschaft, den Realitätsgehalt beider Sichten anzuerkennen, dabei Toleranz im Diskursverlauf zu pflegen, und in der Einheit der Gegensätze beide Pole in ihrer Zusammengehörigkeit politisch zur Geltung zu bringen (Institut Solidarische Moderne 2011).

Transformation anstelle von Reform oder Revolution hat das Potenzial für eine neue Einheit der Linken und für eine zeitgemäße linke Strategie in Europa. Angelangt bei dieser Feststellung ist nochmals innezuhalten zu kritischem Bedenken der eigenen Position. Könnte das ganze hier dargestellte Konzept einer doppelten Transformation nicht doch auf eine Rechnung ohne den Wirt hinauslaufen? Könnte es sich als eine Erzählung jenseits der Machtrealitäten erweisen? Werden sich die Machteliten – wenn auch teilweise im eigenen Gesamtinteresse – zunächst zu einem erheblichen progressiven Wandel der bürgerlichen Gesellschaften in Europa drängen lassen und schließlich auch noch zulassen, dass immer mehr sozialistische Elemente in diesen Prozess hineingeraten? Nun war hier nicht die Rede von einem Geschehenlassen seitens der Mächtigen, sondern von Kämpfen um veränderte Kräfteverhältnisse, die unter dem Druck von Menschheitsgefährdungen Alternativen erzwingen. Aber gleichwohl: Wird der harte Kern des Blocks an der Macht nicht irgendwann zugunsten der eigenen Herrschaft gegen alle Regeln der Zivilisation entscheiden und das elementarste Prinzip der Menschenrechte »Jeder hat das Recht auf Leben und körperliche Unversehrtheit« (Artikel 2.2. Grundgesetz) unter den Tisch der Abrechnung mit den gesellschaftlichen Gegenmächten fegen? Werden die Herrschenden tatsächlich auf Gewalt verzichten – definiert als absichtsvolle physische und psychische Verletzung von Menschen durch Menschen (Brie 2008: 105; Nummer-Winkler 2004: 28) –, wenn die Existenz des Kapitalismus auf des Messers Schneide stünde?

Schon als mittelständische Bürgerinnen und Bürger in Stuttgart keinen Bahnhof unter der Erde mit einem Aufwand von Milliarden Euro Steuern wollten, suspendierte die Polizei die physische Unverletzlichkeit der Demonstranten bei ihrem Vorgehen gegen sie. Als in Berlin ein Häuflein von Asylbewerberinnen und Asylbewerbern nach wochenlangem entbehrungsreichen Protestmarsch bei eisiger Kälte vor dem Brandenburger Tor ein Camp gegen die menschenunwürdige Behandlung von Asylanten in Deutschland einrichtete, beschlagnahmte die Polizei Schlafsäcke und sogar Pappen, die den Protestierenden als Schutz gegen den Frost dienten. Sie nahm damit absichtsvoll ernste gesundheitliche Schäden für die Betroffenen in Kauf. Die Bundesrepublik, drittgrößter Waffenexporteur der Welt, liefert Waffen auch an die Machthaber autoritär regierter Staaten und in Krisengebiete. Die USA haben Jahrzehnte hindurch blutige Militärdiktaturen in Lateinamerika finanziert und gestützt. Sie ließen Gegner in Militärgefängnissen foltern und in andere Länder zur Folter verbringen. Die Bundesrepublik hat solche Transporte geduldet. Drohnen vernichten ohne Rechtsverfahren tausende Gegner und treffen nicht selten auch unbeteiligte Zivilisten.

Könnte das Konzept einer doppelten Transformation daran scheitern, dass die Herrschenden im Notfall bewaffnete Gewalt gegen emanzipatorische Bewegungen einsetzen werden? Dies kann nicht mit Sicherheit ausgeschlossen werden, würde aber in einem Europa demokratischer Rechtsstaaten eine radikale Abkehr vom erreichten Zivilisationsstand und Krieg gegen das eigene Volk, also Rückfall in die Barbarei bedeuten.

Hat die europäische Linke daraus zu schließen, dass sie sich ebenso auf bewaffnete revolutionäre Kämpfe wie auf gewaltlose Transformationsprozesse einstellen sollte? Eine gewaltsame Umwälzung ist keine Option für Sozialistinnen und Sozialisten, deren Politik umfassende Menschenrechtspolitik ist! Sie ist dies selbst dann nicht, wenn die Gewalt zweifelsfrei von den Herrschenden ausginge. Sicher gibt es ein Recht auf Selbstverteidigung. Das kann in äußerster Not einschließen, durch Einsatz von Gegengewalt das Töten von Menschen akut zu verhindern bzw. zu beenden, oder gegen die Gewalt der Herrschenden elementare Bedingungen für Demokratie zu schaffen. In beiden Fällen ist Gewalt nur legitim, wenn ihre Anwendung unmittelbar darauf zielt, sie selbst auf schnellstem Wege überflüssig zu machen. Jeder Übergang zu dauerndem Gewalteinsatz, um weiterreichende Ziele durchzusetzen, würde die Grenzen legitimer Gewalt überschreiten und ihre Träger in schwerstes Unrecht setzen (Brie 2008: 120).

In der von Rainer Rilling herausgegebenen Beitragssammlung »Eine Frage der Gewalt. Antworten von links« wird dieser Standpunkt ausführlich begründet (Rilling 2008). Michael Brie schrieb dort über linke Diskurse zur Gewalt: »Für die einen ist Gewalt ein Mittel unter vielen, mehr oder weniger sinnvoll, mehr oder weniger angebracht, mehr oder weniger angemessen im konkreten Fall. Für die anderen ist die Verwendung von Gewalt in politischen Auseinandersetzungen buchstäblich ein Tabubruch: Etwas Unantastbares wird angetastet – das Recht auf physische Unversehrtheit des oder der Anderen und der Frieden nach innen oder außen. Es wird etwas zugelassen, toleriert oder sogar gefördert, was aus prinzipiellen Gründen nicht erlaubt sein kann.« (ebd.: 117)

Aus der Grundidee einer solidarischen Gesellschaft, für die Persönlichkeitsentfaltung einer und eines Jeden bestmögliche sozial gleiche Bedingungen zu schaffen, folgt als elementarstes Prinzip linken Handelns die Sorge für die physische Unversehrtheit jedes Menschen. Der Start in eine neue Gesellschaft kann nicht gestützt auf physische Gewaltanwendung geschehen; Menschenleben zu opfern, ist unverträglich mit humanistischen Zielen und mit den Werten der Bewegung zu ihnen hin. Ein Geburtsmerkmal physischer Gewaltanwendung würde sich von Beginn an in die neue Gesellschaft einschreiben und ihre Ideale von vornherein Lügen strafen. Der Charakter der erstrebten neuen Gesellschaft selbst schließt eine Gewaltstrategie der demokratischen Linken in Europa aus.

Diese Position mag unter den von den meisten Ländern Europas verschiedenen Bedingungen in diktatorisch beherrschten Ländern einschließen, dass Aufbegehrende dort mit Waffen auf die bewaffnete Unterdrückung ihrer Bewegung antworten. Aber selbst dort ist das Gebot, auf schnellstmöglichem

Wege zu friedlichen Formen der Konfliktbearbeitung überzugehen. Denn die fast unvermeidliche, und in vielen Bürgerkriegen zu beobachtende Folge andauernder militärischer Gewalt wäre die Brutalisierung des Verhaltens aller an dem Konflikt beteiligten Seiten und die Gefahr des Versinkens im Chaos. Jede Gewalt, die nicht auf die Bedingungen ihrer eigenen unverzüglichen Beendigung gerichtet ist, birgt diese verhängnisvolle Tendenz und ist daher nicht allein zutiefst unmoralisch, sondern auch unzweckmäßig.

Allerdings gehört es zur Verantwortung der Linken für eine menschenrechtsgemäße Strategie, die Möglichkeit von Versuchen der Machteliten, progressive Transformationsprozesse nicht allein mit struktureller, sondern auch mit militärischer Gewalt zu unterdrücken, nicht auszuschließen. Die entscheidende Schlussfolgerung daraus kann nur lauten, bereits im Rahmen eines bürgerlichen Europas die Demokratie derart zu festigen und die Kräfteverhältnisse so stark zugunsten demokratischer und bedingungslos friedlicher Kräfte zu verschieben, dass die Herrschenden sich außerstande sehen, physische Gewalt gegen solidarische und ökologische Umwälzungen einzusetzen.

Oben wurde als eine vierte Leitidee einer gerechten Gesellschaft umfassende Friedenspolitik und Solidarität bezeichnet. Dies gilt ebenso wie für die Bearbeitung äußerer Konflikte auch für den Umgang mit den inneren Widersprüchen der Gesellschaft. Demokratische Entscheidungsverfahren müssen derart tief im öffentlichen Bewusstsein verankert werden und die Kräfteverhältnisse müssen so weitgehend verändert werden, dass selbst in dramatischen Scheidewegkonstellationen für alle beteiligten Seiten nur friedliche Lösungen zur Verfügung stehen. Es kommt darauf an, rechtzeitig im gesellschaftlichen Bewusstsein zu verankern, wovon Bertolt Brechts Lied vom General handelte (Brecht 1964: 46):

»General, dein Tank ist ein starker Wagen.
Er bricht einen Wald nieder und zermalmt hundert Menschen.
Aber er hat einen Fehler:
Er braucht einen Fahrer.

General, dein Bombenflugzeug ist stark.
Es fliegt schneller als ein Sturm und trägt mehr als ein Elefant.
Aber es hat einen Fehler:
Es braucht einen Monteur.

General, der Mensch ist sehr brauchbar.
Er kann fliegen, und er kann töten.
Aber er hat einen Fehler:
Er kann denken.«

7. Sozial-ökologisches Akkumulationsregime versus finanzdominiertes Akkumulationsregime

Eine Entwicklung nach dem zentralen Maßstab individueller Persönlichkeitsentfaltung, die den vier hier betonten Leitideen einer solidarischen, gerechten Gesellschaft entspricht, bedeutet Übergang zu einem neuen Akkumulationsregime und zu einer neuen Regulationsweise. Wenn allen gleiche Lebenschancen zukommen sollen, muss in anderen volkswirtschaftlichen Proportionen produziert werden als bisher. Ebenso gilt, dass anders als zuvor produziert und konsumiert werden muss, wenn die Umwelt bewahrt werden soll. Das ist aber nicht von profitbestimmten Marktmechanismen zu erwarten. Auch die Art und Weise, in der Produktion und Dienstleistungen reguliert werden, muss sich daher ändern.

Ein Akkumulationsregime ist in erster Linie durch eine spezifische Volkswirtschaftsstruktur bzw. durch bestimmte Grundproportionen der Volkswirtschaft gekennzeichnet. Ein Akkumulationsregime, so Alain Lipietz, einer der führenden französischen Regulationstheoretiker, »ist ein Modus systematischer Verteilung und Reallokation des gesellschaftlichen Produktes, der über eine längere Periode hinweg ein bestimmtes Entsprechungsverhältnis zwischen Veränderungen der Produktionsbedingungen (dem Volumen des eingesetzten Kapitals, der Distribution zwischen den Branchen und den Produktionsnormen) und den Veränderungen in den Bedingungen des Endverbrauches (Konsumnormen der Lohnabhängigen und anderer sozialer Klassen, Kollektivausgaben usw. ...) herstellt« (Lipietz 1985:120).

Die Herausbildung einer solidarischen Gesellschaft wird die gesamte Volkswirtschaftsstruktur und die internationalen Austauschverhältnisse verändern. Aus den im Kapitel 5 dargestellten möglichen Konturen einer solchen Gesellschaft folgen zwei Grundrichtungen in den Veränderungen des Akkumulationsregimes.

Erstens folgt aus der überlebensnotwendigen Abkehr von besonders ressourcenintensiven und die Umwelt belastenden Technologien und Produkten und aus der ebenso notwendigen Zuwendung zu grünen Technologien und Gütern ein weitreichender ökologischer Umbau der nationalen und internationalen Wirtschaftsstrukturen, der sozial bewältigt werden muss. Jorgen Randers folgert daraus eine Erhöhung des Anteils der Investitionen am Bruttosozialprodukt für den sozial-ökologischen Umbau, für grüne Technologien, für die Anpassung an den inzwischen unvermeidlichen Klimawandel und andere Umweltveränderungen und für die Reparatur der voraussichtlich auftretenden Umweltschäden. Nach seinen Schätzungen muss der Anteil der Investitionen, der im Weltdurchschnitt etwa bei 24 Prozent liegt, in den nächsten Jahrzehnten auf 36 Prozent, das heißt um die Hälfte erhöht werden (Randers 2012: 82).

Im Kapitel 1 wurde betont, dass ein solcher umweltorientierter Wachstumsschub den Übergang zu einer ganz fundamentalen Veränderung des Akkumulationsregimes ermöglichen soll: den Wechsel von der erweiterten Reproduktion zur einfachen Reproduktion. In deren Rahmen wird ein tendenzielles Nullwachstum ausschließen, dass Fortschritte der Ressourceneffizienz durch einen wachstumsbedingten Mehrverbrauch von Ressourcen wieder aufgezehrt wird.

Zweitens folgt aus den Überlegungen zu einer gerechten Umverteilung von Lebenschancen, zu den nichtstofflichen Dimensionen künftiger nachhaltiger Lebensweisen, zur Aufwertung der lebensweltlichen Reproduktion und zur Abkehr von Rüstungsproduktion und imperialer Politik die Möglichkeit und Notwendigkeit einer Verschiebung der großen volkswirtschaftlichen Proportionen zugunsten jener Gesellschaftssphären, die unter verschiedenen Gesichtspunkten als Sozialsektor, sozialwirtschaftliche Dienste, öffentliche Daseinsvorsorge oder Care-Ökonomie bezeichnet werden.

Als wichtige Tendenzen des Übergangs zu einem neuen sozial-ökologischen Akkumulationsregime, die durchweg mit gewandelten Proportionen in der Wirtschaft verbunden sind, ergeben sich aus diesen beiden Grundrichtungen notwendiger Veränderung des Akkumulationsregimes die folgenden einzelnen Entwicklungen:

- Stärkung des Ressourceneinsatzes in der öffentlichen Daseinsvorsorge (Gesundheit, Bildung, Pflege, Betreuung, Kultur, Wohnen, Mobilität, Information) und Infrastrukturentwicklung zulasten von übersteigertem stofflichen Konsum der Wohlhabenden und Reichen.
- Ausstieg aus der Kernenergie und schrittweiser Abschied von der gegenwärtig dominant fossilistisch-atomaren Energiebasis der Gesellschaft, Übergang zu erneuerbaren Energien und starke Entwicklung von Technologien, die die Ressourceneffizienz steigern.
- Ausnutzung eines zeitweilig verstärkt auf Investitionen in Umwelttechnologien beruhenden relativ nachhaltigen Wachstums für die Vorbereitung des späteren Übergangs von erweiterter zu einfacher Reproduktion. Das heißt intensive Nutzung der Amortisationsfonds für eine qualitative, innovative Veränderung der Produktionsstruktur mit der Perspektive einer Entwicklung ohne Wachstum des Einsatzes nicht regenerierbarer Res-

sourcen. Der Kapitalstock der deutschen Wirtschaft hat einen Wert von rund sieben Biollionen Euro. Die Verwendung der Abschreibungen darauf birgt riesigen Handlungsraum für einen sozial-ökologischen Strukturwandel. Da ein erheblicher Teil des in Maschinen und Anlagen fixierten Kapitals in den nächsten zehn bis 15 Jahren ersetzt werden muss, ist der Übergang zu einem neuen Akkumulationsregime eine dringliche Aufgabe der nächsten Zeit!

- Steigerung der Ressourceneffizienz, die auf jeden Fall den Zuwachs des Bruttoinlandsprodukts übertreffen muss.
- Übergang zu einer neuen Mobilität, die eine veränderte systemische Integration der verschiedenen Verkehrsträger, ein größeres Gewicht des öffentlichen Verkehrs im Verhältnis zu privatem Personenverkehr, der Schiene im Verhältnis zur Straße, neue emissionsarme Antriebstechnologien, eine Stadtstruktur und Raumordnung der kurzen Wege und der Transportminderung durch Regionalisierung einschließt.
- Rüstungskonversion.
- Stärkung der Binnenmärkte in Exportüberschussländern, nicht zuletzt durch Ausbau des öffentlichen Sozialsektors, und Übergang zu international ausgeglichenen Leistungsbilanzen.
- Stärkere Besteuerung von Großvermögen, Finanztransaktionen, profitablen Großunternehmen und großen Erbschaften, Steuerentlastung der niedrigeren und mittleren Einkommen, stärkere Besteuerung von Wirtschaftsaktivitäten, die die Umwelt schädigen. Geschlechtergerechte Besteuerung.
- Radikale Senkung von »Finanzinvestitionen« zugunsten von Investitionen in den sozial-ökologischen Umbau, das heißt Überwindung des gegenwärtig finanzdominierten Akkumulationsregimes.
- Deutliche Erhöhung des Ressourceneinsatzes für Entwicklungshilfe und Unterstützung der Klimapolitik im globalen Süden.
- Geschlechtergerechte Umverteilung des gesellschaftlichen Arbeits- und Freizeitvolumens nach dem Prinzip der »Vier-in-einem-Perspektive«.

8. Sozial-ökologische Regulationsweise versus finanzdominierte Regulation

8.1 Der Marktmechanismus ist ausgereizt

Solche Veränderungen in den volkswirtschaftlichen Proportionen sind nicht durch die gegenwärtige Marktregulation zu erreichen. Sie erfordern eine neue Regulationsweise. In bürgerlich-kapitalistischen Gesellschaften bestimmt die profitdominierte Wertregulation in letzter Instanz Dynamik, Proportionen und Richtungen der ökonomischen und gesellschaftlichen Entwicklung. Die politisch-staatliche Regulierung sichert und stärkt in der Regel diese ökonomische Selbstregulation in Gestalt des Marktmechanismus. Sie verstärkt ihn häufig noch oder korrigiert ihn in gewissem Umfang im Rahmen kapitalistischer Herrschaft. In den letzten Jahrzehnten ist die Markregulation durch die Dominanz der Finanzmärkte, der am meisten deregulierten Märkte, auf die Spitze getrieben worden. Sie hat die Gestalt einer finanzdominierten Regulationsweise angenommen. Das gilt zunächst in quantitativer Hinsicht: »Die privaten Kredite von Banken und anderen Finanzinstituten stiegen im Verhältnis zum Bruttoinlandsprodukt (BIP) in den USA von 71 Prozent im Jahr 1960 auf 202 Prozent im Jahr 2007, in Deutschland von 39 auf 105 Prozent. ... Im Jahr 2007 summierte sich das in Form von Krediten, Anleihen und Aktien angelegte zinstragende und fiktive Kapital global auf 202 Billionen US-Dollar. Im Jahr 1990 betrugen diese globalen Finanzanlagen 261 Prozent des globalen Sozialprodukts, im Jahr 2007 waren es 376 Prozent.« (Demirović/Sablowski 2012: 8, 9)

Das prägt auch die Qualität der herrschenden Regulationsweise. Die Verzinsung des Kapitals der Gläubiger, vor allem der Banken und Investmentfonds, ist für die Kapitalverwertung wichtiger geworden als produktive Investitionen. Sparprogramme im Interesse der Schuldendienstfähigkeit von Schuldnerstaaten haben z.B. Vorrang vor ökologisch orientierten Umbauprogrammen. Finanzinvestitionen mindern den Spielraum für sinnvolle Investitionen in Produktion und Humandienstleistungen. Milliarden Umsätze in Sekunden auf den Finanzmärkten unterlaufen die dringliche Langfristigkeit der Wirtschaftsregulierung. Die ständige Drohung der Finanzmarktakteure mit Kapitalverlagerungen in andere Länder und das Diktat hoher Zinsen für Kredite und Anleihen beschneiden die wirtschaftspolitische Handlungsfähigkeit der Schuldnerstaaten.

Im Ergebnis solcher Prozesse tritt – wie bereits in unterschiedlichen Zusammenhängen dargestellt – in jüngerer Zeit immer stärker der Widerspruch zwischen Wertregulation und der Dringlichkeit hervor, stoffliche Reproduktionsstrukturen durch gesellschaftliche, nicht marktvermittelte Entscheidungen direkt zu regulieren. Der Widerspruch in der Warengesellschaft zwischen Wert und Gebrauchswert gewinnt eine neue Dimension.

Die gegenwärtige kapitalistische Regulationsweise ist eine eindeutig finanzdominierte Wertregulation geworden. Das heißt sie funktioniert, indem Preise, Löhne, Mieten, Pachten, aber vor allem Aktien- und andere Wertpapierkurse, der Zins, der Shareholder-Value und in letzter Instanz der Profit das Handeln der Einzelnen bestimmt. Nicht welche Gebrauchswerte für die Lebenszufriedenheit der Menschen im Einklang mit der Natur bereitgestellt werden sollten, ist der wichtigste Maßstab in der kapitalistischen Regulationsweise, sondern welche Angebotsstruktur dem Unternehmen höchsten Zuwachs von Wert in Gestalt des Profits sichert.

»Geld ist der irdisch Gott«, wusste Abraham a Sankta Clara schon 1704 (a Sankta Clara 1969: 238). Der Ökonom Adam Müller schrieb im Jahre 1809 über »zwei höchste Güter«: »die Idee, Gott; und das Reale, Gold« (zitiert nach: Busch 2003). Geld, so resümierte Marx zur Anbetung und realen Bedeutung des Geldes in der kapitalistischen Gesellschaft, ist »der Gott unter den Waren« (MEW. Bd. 42: 148). Aus dem Vorschuss von Geldkapital mehr Wert als vorgestreckt zu erzielen, ist das Nonplusultra und der kapitalistische Sinn der Wertregulierung, die die Gebrauchswertsstruktur des Sozialprodukts und angesichts der Unterordnung der Gesellschaft unter die Ökonomie auch deren Schicksal weitgehend bestimmt. Die finanzkapitalistische Regulation hat dies auf die Spitze getrieben.

Auf dem Gipfel des Triumphs der Wertregulation über alle anderen Maßstäbe gesellschaftlicher Entwicklung schlägt dieser Mechanismus, der dem Kapitalismus Dynamik, Innovationskraft und nie zuvor gekannten Reichtumszuwachs beschert hat, in einen Fluch mit Folgen um, die in den finstersten Apokalypsefantasien der Vergangenheit nicht vorstellbar waren. Ein elementarer Widerspruch ist aufgebrochen, der Widerspruch zwischen der auf den Profit konzentrierten Wertregulation und der äußersten Dringlichkeit, stoffliche Strukturen der gesellschaftlichen Produktion so zu regulieren, dass ein menschenwürdiges Dasein für alle Erdbewohner ermöglicht wird und Gefahren wie der Klimawandel, die Zerstörung der Biodiversität, der weltweite Verlust der Qualität von Böden, Wasserknappheit, Ernährungskrisen und das Wüten längst heilbarer Krankheiten in großen Erdregionen ausgeschlossen werden. Aber die für diese Aufgaben erforderliche Verteilung der produktiven gesellschaftlichen Ressourcen auf die bereitzustellenden Güter und

Leistungen wird durch die profitdominierte Wertregulation kategorisch ausgeschlossen. Ein Ausdruck dieses Widerspruchs ist die zum Teil im Regierungsauftrag erfolgende Arbeit von Expertengruppen an der Bestimmung von Indikatoren menschlicher Entwicklung, die im Gegensatz zum Bruttosozialprodukt nicht nur den Wertzuwachs, sondern qualitative Entwicklungen von Volkswirtschaften widerspiegeln sollen (Stiglitz/Fitoussi 2009; Enquete-Kommission des Bundestages 2013). Aber in der ökonomischen Realität steht die Fixierung des wirtschaftlichen und gesellschaftlichen Handelns auf den Zuwachs von Wert und letzten Endes auf den Profit weiter im Widerspruch zu menschengerechten Proportionen zwischen den verschiedenen Gebrauchswerten, also den unterschiedlichen Gütern und Leistungen.

Die Lösung des Widerspruchs zwischen gegenwärtiger finanzdominierter Wertregulation und dem Ziel eines Umgangs mit den stofflichen Ressourcen der Gesellschaft nach dem Maßstab von Überleben und sozialer Lebenszufriedenheit aller Menschen ist zu einer zentralen Aufgabe emanzipatorischer Transformation geworden. Diese wird nicht zuletzt deshalb dringlich, weil der Gesellschaft die Bestimmung über das entgleitet, was für das Leben der Menschen wirklich wichtig ist. In der Erzählung von den Inhalten solcher Transformation muss der Lösung dieses Widerspruchs eine Schlüsselrolle zugemessen werden.

Den Exponenten der neoliberalen Markterzählung kam dieser Schlüssel gleich in der Geburtsstunde ihres Mythos vom Markt als Problemlöser samt seiner Preise, Zinsen und Gewinne abhanden. Im neoliberalen Transformationsdiskurs wird noch immer erwartet, dass Markt- oder Wertkategorien der entscheidende Zugang zu den notwendigen Veränderungen sind. Beispielsweise gilt der Handel mit CO_2-Zertifikaten als das Hauptinstrument zur Reduzierung klimarelevanter Gase. Und die Griechen sollen sich fit für den Markt machen, um den Banken ihre Kredite endlich zurückzuzahlen.

Aber Wertkategorien bieten keinen Maßstab dafür, in welchem Umfang bis zu welchem Zeitpunkt beispielsweise die Emissionen von klimarelevanten Gasen gesenkt werden müssen. Nicht der Markt hat in Deutschland den Ausstieg aus der Kernkraft entschieden, sondern die Anti-AKW-Bewegung hat die Bundesregierung zu politischen Entscheidungen darüber gezwungen. Welchen Anteil bis wann die erneuerbaren Energien an der Primärenergieerzeugung erreichen sollen und ob neue Kohlekraftwerke zu bauen sind oder nicht, muss politisch entschieden werden. Die Energiewende und die Abwendung einer Klimakatastrophe umfassen Strukturveränderungen und zeitliche Dimensionen, die die Regulierungspotenz der Wertkategorien überfordern. Ebenso gilt dies für die Bodenbewirtschaftung und die Welternährung.

8.2 Exkurs: Ernährung und Boden – das Versagen der Wertregulation

Ein Zentralproblem des 21. Jahrhunderts ist eine gesunde Ernährung der bis 2050 voraussichtlich auf neun Milliarden Menschen anwachsenden Erdbevölkerung. Auch auf diesem Feld zeigt sich exemplarisch, dass die Dominanz der Marktregulierung katastrophale Folgen hat und dass der Übergang zu politischer Gestaltung großer stofflicher Zusammenhänge der Reproduktion – in der Wechselwirkung mit demokratisch regulierten Märkten – eine zentrale Herausforderung für kommende Transformationsprozesse ist.

Gegenwärtig ist dieses globale Menschheitsproblem weitgehend der Regulierung durch die ansteigenden Preise von Nahrungsgütern, Futtermitteln und Agrosprit und der regulierenden Wirkung der Bodenpreise überlassen. Überdies werden landwirtschaftliche Produkte, die erst in Zukunft geerntet werden, schon lange vor ihrem physischen Vorhandensein verkauft; dabei entstehen Derivate (Futures) mit einem verselbstständigten Dasein. Der Handel mit diesen Derivaten und die Spekulation mit ihnen auf steigende Preise wirkt auf die Preisbewegungen der realen Güter zurück; sie werden teurer.

Das globale Bevölkerungswachstum um voraussichtlich zwei Mrd. Menschen von 2011 bis 2050 erhöht die Nachfrage nach Nahrungsgütern und ruft schon dadurch die Tendenz zu Preiserhöhungen hervor. Was als naturgegebener Prozess erscheint, ist aber in nicht geringem Maße Folge erdumspannender Kapitalherrschaft. Je ärmer ein Land, desto stärker in der Regel der Bevölkerungszuwachs. Erheblichen Anteil an der Armut haben die koloniale Ausbeutung in der Vergangenheit, die Aneignung der Naturressourcen abhängiger Länder zu für sie ungünstigen Konditionen seitens der Industrieländer, der Schuldendienst der armen Länder und der Ruin einheimischer Produzenten im Gefolge von Billigimporten als Ergebnis erzwungener Liberalisierung ihrer Märkte.

Die Armut verbindet sich mit patriarchaler Abhängigkeit der Frauen, begrenzt deren Entfaltungsmöglichkeiten und ist mit einer hohen Geburtenrate verbunden. Während die Bevölkerungszahl wächst, unterliegt der Boden durch Wind und Wasser Abtragungs- und Erosionsprozessen, die die Qualität riesiger Landstriche rapide verschlechtern. In Asien, Afrika und Südamerika gehen jährlich im Durchschnitt 30 bis 40 Tonnen Boden pro Hektar verloren (Bommert 2012: 190). Die weltweite profitgetriebene Verdrängung der bäuerlichen Wirtschaft durch die agroindustrielle Produktionsweise führt als Folge von Monokulturen und Bewässerungssystemen, die 70 Prozent des nutzbaren Wasseraufkommens der Erde verschlingen, zu weiteren Verlusten der Bodenqualitäten und zur Versalzung großer Bodenflächen. Auch der Landhunger der in vielen Ländern explodierenden Städte verringert die Ackerflächen. Städtischer Wasserverbrauch und Bewässerungslandwirtschaft senken die Grundwasserspiegel ab und verknappen dadurch den nutzbaren Boden und seine Ertragsfähigkeit noch weiter. Die Welternährungsorganisation verzeichnet für rund 50 Prozent der globalen Wasserreservoirs »Wasserstress«, das heißt Übernutzung und Verknappung. Der Klimawandel, hochgradig eine Folge des kapitalistischen Fossilismus und der profit- und marktbestimmten Rücksichtslosigkeit von Industrialisierungsprozessen im Umgang mit der Natur, wirkt mit Dürren, Überschwemmungen, Hurrikans und anderen zerstörerischen Wetterereignissen als Brandbeschleuniger bei der Verknappung und Verschlechterung des für die Ernährung verfügbaren Bodens. In den 1960er Jahren standen pro Kopf der Bevölkerung im globalen Durchschnitt noch 0,44 ha landwirtschaftlich genutzten Bodens zur Verfügung. Im Jahr 2000 waren es nur noch 0,22 ha. 2050 könnten es 0,15 ha sein (ebd.: 193).

Der rasch wachsende Fleischkonsum in China und anderen Schwellenländern, verbunden mit sprunghaft erhöhter Nachfrage nach Futter von den Äckern der Welt, feuert den Hunger nach Boden zusätzlich an. Die profitgetriebene industrielle Überfischung der Meere führt zu raschem Wachstum kommerzieller Fischfarmen, die den Bodenbedarf für Futtermittel weiter erhöhen. Während rund eine Milliarde Menschen hungern und weitere 2,2 Milliarden an Mangelernährung leiden, bieten die Lebensmittelkonzerne mit allen Mitteln der Werbewirtschaft zu viel zu fette, zu süße und zu kalorienreiche Lebensmittel an, denen zunehmend und fälschlich die Eigenschaft gesundheitsfördernder Produkte zugeschrieben wird, um den Umsatz hochzutreiben (Bode 2010: 39ff.). 1,5 Milliarden Übergewichtige sind das Ergebnis, das heißt rund 20 Prozent der Weltbevölkerung. Die für Übergewicht und Fettleibigkeit aufgewendeten Flächen entsprechen etwa 10 Prozent des verfügbaren Ackerbodens. Zu den Auswüchsen der Marktregulation gehört die Wegwerfgesellschaft. Sie trägt zu etwa 50 Prozent dazu bei, dass weltweit rund 1,5 Mrd. Tonnen, das heißt rund ein Drittel aller Lebensmittel verderben, statt verzehrt zu werden (ebd.: 234ff.).

In dieser prekären Situation explodiert in jüngster Zeit die Nachfrage nach Agrosprit. »Die Märkte verlangen Industrieplantagen, die das schwindende Öl durch Biosprit und Biorohstoffe ersetzen. Die Welternährung verkümmert damit zu einer Restgröße, die nur dann bedient wird, wenn der Durst nach Treibstoff und der Hunger nach Rohstoffen der Industrie- und Schwellenländer gestillt sind.« (ebd.: 10) Die Agrospritindustrie ist zu mehr als 50 Prozent an einem neuen Boom von Bodenkäufen in aller Welt beteiligt. Die USA wollen ein Drittel ihrer Landwirtschaftsfläche, Europas Agrospritproduzenten, gefördert durch die EU-Kommission und nationale Regierungen, 20 Prozent des europäischen Bodens für die Erzeugung von Agrosprit einsetzen.

Die Konkurrenz zwischen Tank und Teller trifft sich mit der Verknappung der Äcker der Welt aus den anderen genannten Gründen. Unter den Bedingungen der Marktregulation führt dies zu einer neuen riesigen Welle der Landnahme in allen für die Landwirtschaft tauglichen Regionen der Erde. Tropischer Regenwald wird in beängstigendem Tempo Opfer von Palmöl- und Zuckerrohrplantagen für die Spritproduktion und für die agroindustrielle Produktion von Lebensmitteln zu Exportzwecken – mit schwersten Folgen für den Klimawandel.

Die Hauptakteure des neuen Bodenkolonialismus sind Banken und Investmentfonds mit fast einem Drittel der Verträge über neue Landkäufe, die Energie- und Rohstoffkonzerne auf der Flucht vor Peak-Oil, finanzstarke Staaten mit im Vergleich zum eigenen Ernährungs- und Energiebedarf knappen Bodenreserven, Spekulanten aller Couleur und »Dienstleistungs«-Unternehmen, die renditeverdächtige Böden in aller Welt auskundschaften und korrupten Staaten dabei helfen, ihre in großen Teilen Asiens und Afrikas noch auf der Gemeinschaftsnutzung und auf traditioneller Familiennutzung der angestammten Äcker beruhenden Bodenverhältnisse auf die Vertreibung von Millionen Bauern umzustellen, auf die gewaltsame Privatisierung des Bodens und auf Verkäufe an ausländische Landokkupanten.

Das Resultat ist eine weltweite Vernichtung bäuerlicher Wirtschaften durch eine neue Agroindustrie und sind Riesenplantagen, die nicht für die einheimische Bevölkerung, sondern für hohe Renditen auf den Weltmärkten produzieren. Das Ergebnis ist eine neue Aufteilung des Bodens der Welt, ist die fortschreitende Verschlechterung des Bodens durch die Monokulturen der neuen Riesenfarmen, und ist die Verwandlung der Bauern in ländliche Lohnarbeiter zu elenden Bedingungen oder ihre Vertreibung in die Slums, in denen bereits etwa eine Milliarde Menschen vegetieren. Nach dem Platzen der Finanzblase ist die erdumspannende Bodenspekulation mit ihren desaströsen Folgen das jüngste absurde Produkt der Wertregulation. Die Nichtregierungsorganisation Oxfam schätzt, dass in jüngster Zeit bis zum Jahre 2010 200 Mio. Hektar die Eigentümer gewechselt haben.

Die Weltbanktöchter International Finance Corporation (IFC) und Foreign Investment Advisory Service (FIAS) nehmen intensiven Einfluss auf landreiche, aber arme und oft korrupte Staaten, um beste Bedingungen für Bodenkäufe ausländischer Investoren zu schaffen. Diese werden mit Expertisen über besonders vielversprechende Bodenflächen versorgt. In so genannten Country Reports werden von den insgesamt 1,5 Mrd. Hektar Ackerlandes auf der Welt 445 Mio. Hektar zum Kauf durch Investoren empfohlen. Das entspricht einem Drittel der landwirtschaftlich nutzbaren Fläche auf der Erde (ebd.: 167).

»›Global Ag Investing‹ heißt die Veranstaltung, die Anfang Mai 2011 kapitalkräftige Investoren am Hudson River zusammenführt. Wer die Marmorstufen zum Empfang des Waldorf Astoria empor gestiegen ist, wer unter den riesigen Kronleuchtern an den überbordenden Blumengestecken vorbei schreitet und den Saal betritt, den empfangen gedämpftes Licht und gedämpfte Stimmen. Damen im schwarzen Businesskostüm, Herren mit Krawatten in gedeckten Farben bewegen sich über dicke Teppiche, die jede Aufregung verschlucken. ... Wer hier eintritt, weiß sich unter Gleichen. Hier wartet Geld auf Investment. Global Ag Investing weist den Weg ... die Tagung ist ausverkauft, Teilnehmer aus 30 Staaten haben 5 Millionen Hektar Farmland aus den Hauptanbaugebieten der Welt im Gepäck – und Devisen. Viel Geld, das investiert werden will. Bei der Veranstaltung im Waldorf Astoria lässt sich viel lernen über Geographie, Strategie, über Ackerland und Agrobusiness, über Hedge-, Immobilien- und Waren-Fonds, über Anlagen in Südamerika – im Fokus Brasilien – in Nordamerika, Australien, Osteuropa und Russland, Südostasien und Afrika. Ein Beamter wirft die Umrisse des Feldes auf eine übergroße Leinwand, die neue Weltkarte des neuen Kolonialismus. Im Halbdunkel leuchten die Aufmarschgebiete für das Finanzkapital. Das größte Interesse gilt Afrika.« (ebd.: 38f)

In Äthiopien greift als eines von vielen Unternehmen aus Dutzenden Ländern, der indische Konzern Karuturi Global Ltd., nach 300.000 ha Land, unter anderem in der Region Bako. »Kleinbauern wie Aketo Fekado versuchen, hier zu überleben, aber seit Karuturi Agro Products ihr Land unter den Pflug genommen hat, geht es ihm schlecht, denn ein Teil davon war sein Land, und zwar das fruchtbarste. Die Regierung hat es ihm einfach abgenommen und Karuturi gegeben. Dass das Land schon von seinem Vater gepflügt wurde, interessierte die neuen Eigentümer nicht. Auch nicht, dass er auf dem Rest gar nicht genug ernten kann, um seine Familie zu ernähren. So bleibt ihm und anderen Bauern nur, Arbeit als Tagelöhner auf der Farm anzunehmen. Aber auch dort stimmt der Lohn nicht, es gibt 16 Euro im Monat, das ist ein Skandal.« (ebd.: 128)

Widerstand wird durch bewaffnetes Konzernpersonal der neuen Landlords, durch gezielte Morde und nicht selten durch das Militär der den Boden verhökernden Staaten unterdrückt. So sieht rund um die Erde die Kehrseite der land-grabbing-Veranstaltung im Waldorf Astoria aus.

Der Exkurs zur Ernährungs-und Bodenfrage wurde hier als Beispiel für die Untauglichkeit der profitdominierten Markt- beziehungsweise Wertregulation zur Lösung globaler Menschheitsfragen präsentiert. Er hat gezeigt: Banken, Investmentfonds, Energiekonzerne, Agroindustrie, Chemieunternehmen und Staaten kaufen große Teile des Bodens der Erde auf, häufig mit der spekulativen Erwartung einer Steigerung von Nahrungsgüter- und Bodenpreisen. Die Folge solcher Preissteigerung und industrieller Plantagenwirtschaft sind Ernährungskrisen bis zu Hungerkatastrophen in vielen Ländern der Erde und die Vernichtung von vielen Millionen bäuerlicher Wirtschaften. Die lokale und regionale Versorgung aus der eigenen Agrarproduktion wird untergraben. Die Abhängigkeit von Importen, die für viele arme Länder nicht oder nur um den Preis weiterer Verschuldung bezahlbar sind, steigt. Mit der Vernichtung großer Teile der bäuerlichen Landwirtschaft wird die Binnennachfrage in den betroffenen Ländern und damit ihre Gesamtentwicklung gebremst. Die Rodung von Regenwäldern zugunsten der Plantagenwirtschaft der neuen Eigentümer verschärft die Klimakrise und dezimiert die Artenvielfalt – mit negativen Folgen für die Ernährung von Millionen Menschen. Jahrhundertealte Kulturen und Lebensweisen werden durch die neuen Bodenregime und Produktionsweisen zerstört, Millionen Menschen ihrer Lebensgrundlagen und sozialen Bindungen beraubt.

> Das zu verallgemeinernde Fazit lautet: Wesentliche stoffliche Strukturen der Reproduktion dürfen nicht länger den Märkten überlassen bleiben. Sie müssen politisch gestaltet werden, zwar gestützt auf gebändigte Marktmechanismen, aber diesen nicht mehr weitgehend ausgeliefert.

Auf dem hier exemplarisch betrachteten Politikfeld betrifft dies unter anderem:

- Bestimmung und Realisierung von Obergrenzen der Emission klimarelevanter Gase innerhalb verbindlicher Zeitspannen, weil ohne Abwendung einer Klimakatastrophe die Welternährung nicht gesichert werden kann.
- Verbindliche Ziele für die Steigung der Energieeffizienz und den Anteil erneuerbarer Energien an der Primärenergieerzeugung, in Deutschland auch für den Ausstieg aus der Kohleverstromung, weil andernfalls die Agrospritproduktion die Ernährungslage noch mehr verschlechtert.
- Verbindliche Entscheidungen über einen entschieden zu erweiternden Umfang und über Zeithorizonte finanzieller und technischer Unterstützung von Entwicklungsländern bei ihrer Anpassung an den Klimawandel und bei dessen Begrenzung.

- Breiteste Unterstützung für die Entwicklung einer bäuerlichen Landwirtschaft anstelle einer energieintensiven, rücksichtslosen industriellen Bewirtschaftung.
- Bewahrung einheimischer Lebensmittelproduktion vor der Verdrängung durch exportorientierte Bodenokkupanten.
- Begrenzung von Bewässerungssystemen, die das Grundwasser großflächig aufzehren.
- Endlich verbindliche Durchsetzung der im Jahr 2000 beschlossen Millenniumsziele vor allem in der Bildung als wesentliches Element der Begrenzung des Bevölkerungswachstums und der Durchsetzung von Geschlechtergerechtigkeit.

Auf dem Politikfeld der Ernährung – eng verflochten mit Klima- und Bodenproblemen – findet die oben formulierte These exemplarische Bestätigung, dass eine emanzipatorische Transformation nicht zuletzt deshalb dringlich geworden ist, weil der Gesellschaft die Bestimmung über ihre stofflichen Existenzbedingungen entgleitet, wenn diese der Markt- und Wertregulation überlassen bleibt.

8.3 Die Herausbildung einer neuen Regulationsweise – ein Such- und Lernprozess

Ein Weg zwischen Scilla und Charybdis muss gefunden werden. Die staatssozialistischen Erfahrungen verweisen auf die Gefahr, dass wirtschaftliche Effizienz, Umwelt, Demokratie und Kreativität durch die Verselbstständigung des Politischen unter die Räder geraten. Die Erfahrung mit dem Ende des sozialstaatlich regulierten Kapitalismus ist, dass die Macht der profitdominierten Märkte schließlich in einen marktradikalen Kapitalismus, in die Erosion des Sozialstaats und in die Zerstörung der ökologischen Gleichgewichte hineinführten. 74 Prozent der Deutschen stimmten 2010 in einer repräsentativen Befragung von Infratest dimap der Feststellung zu: »Die Politik kann sich gegen die Finanzmärkte ohnehin nicht mehr durchsetzen.« Eine solidarische, gerechte Gesellschaft bedarf einer Regulationsweise, die sowohl ein zentralistisches Übergewicht der Politik als auch eine Dominanz des Marktmechanismus ausschließt. Die dynamisierenden, innovationsfördernden und flexiblen Qualitäten des Marktes müssen in einer politisch bestimmten Regulation aufgehoben werden, die strategische Entscheidungen in demokratischen Verfahren am Gemeinwohl zu orientieren vermag.

Die Schwierigkeit für eine sozial-ökologische Regulationsweise und schon für den Weg dorthin wird sein, dass sie im Unterschied zur kapitalistischen

Regulationsweise einer zentralen Kategorie entraten muss, die – wie der Profit – als wirtschaftliches Ziel zugleich unmittelbar das ökonomische Handeln und mittelbar politische Interventionen steuert. Das Ziel, individuelle Freiheit jeder und jedes Einzelnen in einem selbstbestimmten Leben durch Bedingungen sozial gleicher Teilhabe und Solidarität zu sichern, ist keine für die Wirtschaft unmittelbar handlungsleitende Kategorie, keine direkte Triebkraft, die Innovation und Entwicklung auslöst. Dieses Ziel ist zunächst eine Vision. Das zentrale Ziel des Kapitalismus ist dagegen ein unmittelbarer Handlungszwang bei Strafe des Untergangs der konkurrierenden ökonomischen Akteure.

Die Persönlichkeitsentfaltung aller als Leitidee einer demokratischen Teilhabegesellschaft bzw. des demokratischen Sozialismus bedarf einer riesigen Zahl einzelner Entscheidungen, in denen höchst differenzierte Bedürfnisse und Interessen überaus verschiedener sozialer Gruppen und Individuen in – mit Sicherheit widerspruchsvollen – Einklang miteinander und mit gesamtgesellschaftlichen, ständig neu zu bestimmenden Gemeinwohlinteressen gebracht werden müssen, um daraus Anforderungen an die Wirtschaft und andere gesellschaftliche Teilsysteme abzuleiten. Jede zentralistische Planung ist damit überfordert. Die politische Regulierung bedarf der Kombination mit der Selbstregulierung über die Märkte. Diese wiederum bedürfen politischer Entscheidungen über soziale und ökologische Grundorientierungen und über langfristige Horizonte, die jenseits der Anreize und Sanktionen durch Verwertung und Entwertung liegen, jenseits der Informationen, die Profite oder Verluste, Preise, Aktienkurse und Zinsbewegungen zu geben vermögen.

Zwei ihrer Natur nach verschiedene und widersprüchliche Regulierungsmechanismen müssen zu einer einheitlichen Regulationsweise verbunden werden. Das vermag das Widerspruchsverhältnis zwischen ihnen nicht aufzuheben, sondern erfordert innovative institutionelle Reformen seiner produktiven Bewegung und wechselseitigen Relativierung. Als Anforderungen an solche Kombination könnten die folgenden angesehen werden:

- Sie müssen das Kunststück ermöglichen, staatliche strategische Verantwortung, die Mitbestimmung vieler zivilgesellschaftlicher Kräfte und größtmögliche Freiheiten für ein modernes Unternehmertum in ein produktives Verhältnis zu bringen.
- Sie müssen einzelwirtschaftliche Interessen ökologischen Notwendigkeiten unterordnen und zwischen sozialer Gerechtigkeit und ökonomischer Effizienz optimale Kompromisse ermöglichen.
- Sie müssen wechselseitige Blockaden von strategischen sozialen und ökologischen politischen Entscheidungen, von Gewinninteressen auto-

nomer ökonomischer Akteure und von Interessen unterschiedlichster zivilgesellschaftlicher Gruppen sowie Individuen durch einen Mechanismus permanenter Kompromissfindung minimieren. Dafür müssen institutionelle Lösungen gefunden werden.

- Sie müssen angesichts solcher hyperkomplexer Anforderungen geeignet sein, eine vertretbare Komplexitätsreduktion für die jeweils politisch Handelnden zu ermöglichen und ein richtiges Maß von Entscheidungen dem neu zu konditionierenden Markt übertragen. Das schließt unter anderem Entscheidungen darüber ein, für welche ökonomischen und gesellschaftlichen Bereiche eher gesellschaftliches und genossenschaftliches Eigentum und für welche Sphären und Aufgaben eher privates Eigentum an Wirtschaftsressourcen geeignet ist.

Die allgemeine politische Grundlage einer solchen künftigen Regulationsweise, die auf dem Weg in eine solidarische und gerechte Gesellschaft zunehmend herausgebildet werden muss, ist eine radikale Erneuerung der Demokratie, insbesondere die Erweiterung der repräsentativen durch die partizipative Demokratie. Ohne dies ist eine fortwährende produktive Bearbeitung der inneren Widersprüche dieser künftigen Regulationsweise nicht denkbar. Dazu gehören wirtschaftsdemokratische Veränderungen in den Unternehmen selbst, die Ergänzung der Parlamente auf allen gesellschaftlichen Ebenen durch Wirtschafts-, Umwelt- und Sozialräte, die unterschiedlichen zivilgesellschaftlichen Akteuren Einfluss auf Unternehmen und staatliche Apparate ermöglichen, öffentliche Ratingagenturen unter demokratischer Kontrolle, partizipative Bürgerhaushalte und ganz sicher andere institutionelle Innovationen.

Vor allem erfordert die Erneuerung der Demokratie die Herausbildung eines engen Zusammenwirkens alternativer Akteure bis zu einem Mehrheitsblock für eine solidarische Gesellschaft (Brie 2007: 13-45; Institut für Gesellschaftsanalyse 2/2009: 10; Urban 2009; Urban 2010).

Dieser Demokratisierungsprozess darf nicht auf die nationale Ebene beschränkt bleiben. Er muss die Vernetzung alternativer Kräfte im internationalen Maßstab einschließen, insbesondere im Rahmen der Europäischen Union, weil wesentliche Entscheidungen kaum allein im nationalen Rahmen zu treffen sind. Die europäische Linke braucht eine Verständigung über Eckpunkte eines alternativen Gesellschaftsprojekts, gemeinsame wichtige Schritte dahin und aktive Solidarität zwischen den national handelnden Akteuren.

Die Formulierung des Problems, sowohl den Gefahren einer zentralistischen Regulationsweise als auch denen einer dominanten Marktregulierung entgehen zu müssen, die Benennung von Anforderungen an eine neue sozial-ökologische Regulationsweise, die Anrufung von zivilgesellschaftlicher Demokratie als Grundbedingung für sie – das alles umkreist zwar die Problemlage, ergibt aber noch keinen praktikablen Entwurf für eine solche Regulationsweise.

Wahrscheinlich gilt aber gerade für diese Kernfrage der Transformation zu einer besseren Gesellschaft, dass zwar ausgehend von den zu lösenden Problemen die Richtung für die Herausbildung einer neuen Regulationsweise benannt werden kann. Aber diese selbst wird wohl nicht anders als in der Wechselwirkung von praktischen Erfahrungen und konzeptionellen Vorstellungen Gestalt annehmen. Die vier oben skizzierten Leitlinien für eine emanzipatorische Transformation, gewerkschaftliche Überlegungen zur Wirtschaftsdemokratie, der feministische Reproduktionsansatz, die hier angedeuteten Anforderungen an eine sozial-ökologische Regulationsweise, Veränderungen im lebensweltlichen Verhalten der Individuen, die Verarbeitung einzelner erprobter Praxen (wie betriebliche Mitbestimmung, Konversionsversuche in herkömmlichen Branchen, Regionalplanung, Strukturpolitik, partizipative Haushaltspolitik, Planung großer Infrastrukturprojekte), akute Problemlagen und historische Erfahrungswerte werden die Wege zu einer anderen Regulationsweise bestimmen.

So wurde beispielsweise mit dem Ziel der Erhöhung des Anteils erneuerbarer Energien an der Primärenergieerzeugung das Erneuerbare Energien-Gesetz (EEG) hervorgebracht. Es ist die Kombination einer politischen Entscheidung, zur langfristigen Förderung erneuerbarer Energien einen Anreiz durch garantierte Abnahmepreise für deren Einspeisung in die Versorgungsnetze zu setzen, mit dem Marktwettbewerb zwischen allen Energieerzeugern innerhalb des dadurch politisch neu gesetzten Rahmens. Dieses Instrument funktioniert sehr erfolgreich und wurde bereits von vielen Ländern übernommen.

Das Regulierungsinstrument des Handels mit Emissionszertifikaten ist dagegen ein Beispiel dafür, dass Halbheiten und Zugeständnisse an konservative Interessengruppen in Erfolglosigkeit münden. Nach dem theoretischen Konzept müssen große Emittenten von Treibhausgasen in Gestalt von Zertifikaten die Erlaubnis zur Belastung der Atmosphäre kaufen und sollen durch die ihnen so entstehenden Kosten ein ökonomisches Interesse an der Senkung ihrer Emissionen entwickeln.

Aber die Bundesregierung hat in den ersten beiden Perioden des Handels mit den Zertifikaten deren Menge so hoch angesetzt, dass keine Knappheit auf dem Zertifikatemarkt und kein Druck auf einen geringeren Ausstoß entstand. Sie hat über 90 Prozent der Zertifikate kostenlos abgegeben und damit statt eines Anreizes zur Kostensenkung den Unternehmen bis 2012 jährlich vier bis sieben Mrd. Euro Sonderprofite zulasten der Verbraucher beschert. Überdies hat sie für besonders energieintensiv produzierende Unternehmen noch Ausweichmöglichkeiten und Begünstigungen vorgesehen. Aber bei äußerst anspruchsvoller Festsetzung hoher Ziele für die Emissionssenkung, bei Vermeidung dieser Fehler und sozialem Ausgleich der implizierten Energiepreiserhöhungen für sozial Schwächere könnte der Zertifikatehandel nach Auffassung mancher Kritiker vielleicht doch in die gewünschte Richtung wirken.

Ökosteuern, die umweltbelastende Produkte verteuern und dadurch auf umweltfreundlichere Produktionen hinwirken, gelten als einfacheres Instrument. Sie werden in Deutschland bisher auf Strom und Mineralöl erhoben. Aber ihr Einsatz erfolgt offenbar nicht konsequent genug. Zum Beispiel wird Kerosin im Flugverkehr von der Besteuerung ausgenommen. Industrielle Großverbraucher zahlen nur eine gemäßigte Stromsteuer, und der erhoffte Effekt einer Nachfragedämpfung für Pkw mit hohem Benzinverbrauch ist nicht erreicht worden.

Deshalb liegt es nahe, dass eine künftige Regulationsweise eine Kombination flexibler Richtungsplanung mit einem stärkeren Einsatz von ordnungspolitischen Instrumenten der Regulierung braucht. Ordnungspolitik umfasst Gebote und Verbote, beispielsweise Vorschriften für die Wärmedämmung bei Gebäuden, EU-Grenzwerte für den Ausstoß von CO_2 durch Pkw pro 100 km (von Deutschland erfolgreich für die Luxusklasse abgemildert), die obligatorische Einführung von Sparleuchten, in vielen Ländern die Herabsetzung von Höchstgeschwindigkeitsgrenzen im Straßenverkehr und das Prinzip, die Umweltparameter von Spitzenprodukten nach gewisser Zeit als verbindliche Norm für alle gleichen Produkte vorzuschreiben. Administrative Mengenbegrenzungen im Interesse sinkenden Ressourceneinsatzes und umgekehrt Zielvorgaben sind auf vielen Gebieten vorstellbar. Möglich wäre zum Beispiel ein Verbot von Sojaimporten für Mastzwecke, ein Verbot des Imports von Agrosprit und ein striktes Anbauverbot für genmanipulierte Pflanzen.

Einen der wenigen komplexen Vorschläge für eine künftige Regulationsweise hat Franz Groll vorgelegt (Groll 2009). Die Benennung der ganzen Palette der von ihm gegebenen Anregungen würde den hier gegebenen Rahmen sprengen. Sie umfassen direkt wirkende ordnungspolitische Maßnahmen, staatlich einzuführende Veränderungen mit positiver sozial-ökologischer Wirkung wie eine Raumordnungs- und Städtebaupolitik der kurzen Wege zwischen Wohnen, Arbeit, Einkauf und Erholung und insgesamt die Veränderung wirtschaftlicher Rahmenbedingungen durch ein Zusammenwirken politischer Gestaltung mit regulierenden Marktmechanismen.

Groll problematisiert, dass 65 Prozent der Steuern und Abgaben in Deutschland den Faktor Arbeit belasten und nur 9 Prozent den Faktor Natur. Deshalb stellt er u.a. zur Diskussion: eine Reduzierung der Mehrwertsteuer auf ressourcenarme Dienstleistungen und ihre Erhöhung für ressourcenintensive Produkte; eine Unternehmensbesteuerung umgekehrt proportional zur Zahl der Beschäftigten, das heißt Entlastung arbeitsintensiver Unternehmen und Belastung solcher Unternehmen, die bei höherer Ressourcenintensität Arbeitskräfte einsparen; Einführung einer Wertschöpfungsabgabe; staatliche Investitionen und Förderprogramme.

Besondere Veränderungskraft misst Groll der Einführung einer Ressourcensteuer zu. Sie würde schrittweise auf den Verbrauch aller wichtigen – nicht regenerierbaren – Rohstoffe erhoben werden, um ihn zu senken. Sie wäre auch auf importierte Waren zu erheben. Sie könnte u.a. für die Mitfinanzierung der Sozialversicherung verwendet werden, sodass eine Senkung der »Lohnnebenkosten« ohne Senkung der Sozialleistungen erfolgen könnte. Für die Bezieher von Niedrigeinkommen könnte aus den Einnahmen ein sozialer Ausgleich für Preissteigerungen im Gefolge von Ressourcensteuern gezahlt werden.

Mit der Erwägung, dass sowohl Ökosteuern als auch der Zertifikatehandel auf der Angebotsseite die Preise erhöhen und dass daher erst durch Kompensationen im Interesse der sozial Schwächeren ein Ausgleich geschaffen werden müsste, verweist Groll auf die Vorteile einer Lösung, die an der Nachfrageseite ansetzt. Er schlägt die Einführung von Umweltschutzzertifikaten (UZ) vor. Sie wären an alle Haushalte, Unternehmen und staatlichen Nachfrager zu vergeben. Das könnte z.B. mit der Ausgabe von Zertifikaten auf Energieverbrauch an alle Verbraucher statt – wie im Emissionshandel – an die Produzenten beginnen und im Laufe der Jahre auf andere Ressourcen ausgedehnt werden. Die UZ wären eine Art zweite Währung. Waren wären wie bisher zu ihrem Preis zu bezahlen, aber für ressourcenintensive Produkte müssten parallel UZ entrichtet werden – vergleichbar mit Bezugscheinpunkten in Kriegszeiten. Die Punktekonten der nachfragenden Haushalte, Unternehmen und Behörden könnten auf einer Art Kreditkarte geführt werden.

Im ersten Jahr der Einführung ergäbe sich für einen Durchschnittsverdiener mit durchschnittlichem Konsumverhalten (zunächst bezogen auf den Energieverbrauch) keine Veränderung, weil die UZ-Menge der Kaufkraft ihrer Einkommen entspräche. In den Folgejahren allerdings würde die Menge der Umweltzertifikate durch die verantwortliche Agentur reduziert werden. Die Nachfrage würde sinken, und die Unternehmen müssten sich an diese Entwicklung mit weniger ressourcenintensiven Produkten anpassen. Besser Verdienende mit höherem Energieverbrauch würden von Haushalten mit niedrigem Einkommen UZ zukaufen. Deren Einkommen würde steigen, ohne dass die Preise des zertifizierten Gutes steigen. Insgesamt wird der Ressourcenverbrauch gedämpft. Mehr zahlen würden die Vielverbraucher. Groll selbst erörtert auch Nachteile seines Vorschlages.

Obwohl bereits im Kontext gerechter Umverteilung von Lebenschancen und Macht betont, ist nochmals festzuhalten, dass eine sozial-ökologische Regulationsweise nur vorstellbar ist, wenn die Eigentumsverhältnisse so verändert werden, dass der Profit nicht mehr im Zentrum der Regulation steht. Für verschiedene Funktionen in Wirtschaft und Gesellschaft müssen die jeweils geeignetsten Eigentumsformen institutionalisiert werden. Dafür müssen Kriterien begründeter Entscheidungen für oder gegen einzelne Eigentumsformen bedacht und durchgesetzt werden.

1. Dort, wo für jede Bürgerin und jeden Bürger gleiche Teilhabe an Gütern und Leistungen unabhängig von individueller Zahlungsfähigkeit verwirklicht werden soll, versagt das private Kapitaleigentum. Das Privatkapital flieht seiner inneren Natur gemäß unrentable Sphären. Der Sicherung umfassender öffentlicher Daseinsvorsorge wird am besten durch öffentliches Eigentum in kommunaler, Länder- oder Bundeshand und in manchen Fällen durch die öffentliche Gewährleistung der privaten Erfüllung von Gemeinwohlaufgaben entsprochen. Das betrifft z.B. Bildungseinrichtungen, Krankenhäuser, Pflege- und Betreuungseinrichtungen, den öffentlichen Personennahverkehr, Sportmöglichkeiten, altersgerechtes Wohnen und wichtige Seiten der kulturellen Infrastruktur. Der Bedeutungszuwachs des Öffentlichen kann an vielen Seiten gegenwärtiger Realität anknüpfen – trotz der vorherrschenden Privatisierungspolitik.

2. Wo strategische Entscheidungen über langfristige Entwicklungen aus existenziellen Gründen über kurzfristige Maßstäbe dominieren sollten, ist gesellschaftliches Eigentum privatem Kapitaleigentum vorzuziehen. Wo die Veränderung der Kräfteverhältnisse dafür nicht ausreicht, zielt linke Politik zumindest auf weitgehendste Transparenz von Unternehmensentscheidungen, auf institutionelle Sicherung demokratischer Kontrolle, auf unabhängige Regulierungsinstanzen und bürgernahe Streitschlichtungs-Mechanismen, um die Verfügung der Kapitaleigentümer über ihr Eigentum Gemeinwohlinteressen anzunähern.

Nach diesem Kriterium langfristiger Nachhaltigkeit gehören beispielsweise die Machtzentren des Finanzsystems und der Energiewirtschaft in die öffentliche Hand, weil der Shareholder-Value auf den Finanzmärkten und fossilistisch-atomare Interessen der Energiekonzerne weitsichtiger Klimapolitik, friedlicher Ressourcenpolitik und generell vorausschauender Strukturpolitik widersprechen. Dies kann an der Verstaatlichung oder Teilverstaatlichung von Banken in der Finanzkrise, an der Übernahme von Stromnetzen in die öffentliche Hand und an langen Erfahrungen mit Unternehmen in öffentlicher Hand anknüpfen, etwa der Bahn, der Telekommunikation und Post. Allerdings gehört zu diesen Erfahrungen auch, dass öffentliche Unternehmen ohne starke demokratische Kontrolle und ohne wirtschaftsdemokratische Veränderungen dazu neigen, weitgehend wie privatkapitalistische Unternehmen zu funktionieren. Welche Unternehmen ein Wandel der Eigentumsformen aus konkreten Anlässen künftig betreffen mag, wird sich aus der Zuspitzung konkreter sozialer und ökologischer Konflikte ergeben. Der »Wasserkrieg« in Cochabamba beispielsweise führte nicht nur zur Rücknahme der Privatisierung der Wasserversorgung dieser Stadt, sondern »Cochabamba leitete den Trend ein, der in ganz Bolivien heute die Wasserpolitik an die Bedürfnisse der und Verteidigung mit den BürgerInnen anzupassen vermag.« (Terhorst 2008: 145)

3. Eine Ressource ganz eigener Art von erstrangiger und noch wachsender Bedeutung ist das Wissen, dass in unterschiedlichen Datenbanken (Bibliotheken, Sammlungen, elektronischen Beständen) gespeichert ist. Keine Innovation ist heute und in Zukunft ohne die Wissensbestände der Menschheit möglich, die zunehmend bei den großen Software- und Wissenskonzernen wie z.B. Google konzentriert sind. Diese sind erfolgreich dabei, das menschliche Wissen profitabel zu privatisieren. Aber dieses Wissen wurde nicht von den Konzernen des Internet hervorgebracht, sondern ist ein von vielen Generationen erzeugtes öffentliches Gut, zu dem deshalb von den open access-Bewegungen ein freier Zugang eingefordert wird. Er sollte in den kommenden Transformationsprozessen so gesichert werden, dass die Kreativität derer, die zu seiner Mehrung mit ihrer wissenschaftlichen, technischen, kulturellen und anderen Arbeit beitragen, angemessen entlohnt wird, ohne ihre Arbeitsresultate auf lange Zeit in ein Exklusivgut zu verwandeln (Moldenhauer/Rubbel/Bödeker 2005). Zudem gibt es im Netz viele selbstorganisierte freie Projekte, in denen die Konsumenten immaterieller Arbeitsergebnisse und deren Produzenten jenseits von Verwertungszwängen kooperieren (Nuss 2012: 85ff., 94).

Zumindest erfordert das Wissen entsprechend seiner Natur als öffentliches Gut eine Verfügungsform, die eine uneingeschränkte Warengestalt des Wissens und seine Verknappung zwecks Profiterzielung ausschließt. Auf diesem Zukunftsfeld der Produktivkraftentwicklung hat die Unantastbarkeit des Privateigentums ausgespielt. Es kommt »nur« noch auf die Art und Weise seiner Einschränkung sowohl im Interesse der Urheber wie der Konsumenten der Schaffensergebnisse von Wissenschaftlerinnen und Wissenschaftlern, Technikerinnen und Technikern und der in den Künsten Tätigen an.

4. Wenn aus ökologischen und sozialen Erwägungen lokale und regionale Wirtschaftskreisläufe gefördert werden sollen, bietet sich dafür oft die Stärkung von kommunalem und genossenschaftlichem Eigentum an. Nicht zufällig mehren sich Re-Kommunalisierungen von vormals privatisierten Unternehmen, beispielsweise von Stadtwerken für die Energieversorgung.

5. Für die permanente Sicherung von wirtschaftlichen und gesellschaftlichen Feinproportionen, für die Allokation von Ressourcen entsprechend der ungeheuren Vielfalt der sich wandelnden Bedürfnisse ist nach allen Erfahrungen das private Eigentum von kleinen Warenproduzenten und kapitalistischen Unternehmen auf lange Zeit die am meisten geeignete Eigentumsform. Regulierte Marktmechanismen werden daher ein starkes Gewicht im Rahmen einer sozial-ökologischen Regulationsweise haben.

6. Für viele soziale Dienste – ob in Pflege, Betreuung, sozialpsychologischer Beratung, Freizeiteinrichtungen, Weiterbildung oder anderen Feldern der Solidarwirtschaft – bietet sich der in den meisten OECD-Ländern beachtlich entwickelte Non-Profit-Sektor an, der vorwiegend in Genossenschafts- und Vereinsform existiert. Er beschäftigt in Deutschland über zwei Mio. Menschen.

Wie vollziehen sich Transformationen des Eigentums in die Richtung von Grundlagen für eine sozial-ökologische Regulationsweise? Jürgen Leibiger hat dazu Überlegungen vorgelegt (Leibiger 2011: 55-62). Die Enteignung ist die radikalste Form der Eigentumsveränderung, wenn sie – wie beispielsweise die Verstaatlichung von Teilen der Ölindustrie in Venezuela – als Akt revolutionärer Veränderung erfolgt. Im Verlauf der jüngsten Finanzkrise waren Verstaatlichungen von Banken durch ihre Rettung mit öffentlichen Finanzen allerdings eher ein Hilfsakt, da dies in den meisten Fällen mit der Option des Rückzugs des Staates nach einer Sanierung verbunden war. Auch wo Teilverstaatlichungen in Gestalt stiller Staatsbeteiligungen ohne nachhaltige staatliche Einflussnahme auf die Bankgeschäfte stattfanden, wurde die Verfügungsgewalt der privaten Bankeigentümer beziehungsweise ihres Managements kaum angetastet. Würden aber der erhebliche Umfang dieser Beteiligungen und würde die Bankenhilfe in Gestalt des Ankaufs von Schrottpapieren der Banken durch die Zentralbanken der USA, Europas und Japans (von 2006 bis Ende 2012 in Höhe von 4,4 Billionen Euro) in einen öffentlich kontrollierten Staatseinfluss im Gemeinwohlinteresse umgesetzt, so wäre dies ein Eigentums- und Verfügungswandel mit erheblicher Transformationswirkung.

Die Gründung und Erweiterung öffentlicher Unternehmen – zum Teil in Feldern, die die Kraft privater Unternehmen übersteigen – könnte zu einem

Hauptweg der Eigentumstransformation werden (ebd.: 58). Das träfe beispielsweise für den Stromnetzausbau im Verlauf der Energiewende zu – wenn dies nicht allein dem Transport von Konzernstrom, sondern der Förderung dezentraler Energieerzeugung in öffentlicher Hand diente. Auch beim Ausbau strategischer Bereiche der Wissensproduktion kann sich Leibiger wachsende Staatsanteile auf zukunftsentscheidenden Feldern vorstellen. Beispielsweise wurde für die Entwicklung des Europäischen Luft- und Raumfahrtzentrums eine öffentliche Gesellschaft gegründet.

Veränderungen der Eigentumsstruktur von unten finden nicht zuletzt durch die Gründung und Stärkung von Genossenschaften und in verschiedenen Gestalten einer Solidarwirtschaft statt.

Eine für den prozesshaften Verlauf von Transformationsvorgängen wesentliche Gestalt der Veränderung von Eigentumsverhältnissen ist der Wandel der Verfügungsverhältnisse. Wenn es gelingt, demokratische Entscheidungsprozesse auch in der Wirtschaft durchzusetzen, dann schließt Wirtschaftsdemokratie die Einschränkung und eine veränderte Richtung der Verfügungsmacht der Eigentümer ein. De facto bedeutet dies Veränderung der Eigentumsverhältnisse selbst. In der Diskussion über Wirtschaftsdemokratie werden Veränderungen auf der Mikroebene der dezentralen Wirtschaftseinheiten, auf der Mesoebene der Gesetzgebung und Tarifpolitik und auf der Makroebene der gesamtgesellschaftlichen Steuerung unterschieden (Demirović 2007; Demirović 2010: 56; Wagner 2012: 26ff). Auf der Mikroebene geht es u.a. um erweiterte Mitspracherechte der Betriebsräte, um Ausweitung der Mitsprache bei Investitionen, Verlagerungen und Betriebsveräußerungen, um mehr Mitbestimmung direkt am Arbeitsplatz, Einführung der Mitbestimmung in allen Unternehmen von einer bestimmten Mitarbeiterzahl an und Aufhebung des Letztentscheidungsrechts der Kapitalanteilseignerversammlung. Auf der Mesoebene können Mindestlöhne gesichert, Arbeitszeiten begrenzt, ein neues Verhältnis von Erwerbsarbeitszeit, Sorgearbeit, Gemeinwohlarbeit und Freizeit für Selbstentfaltung unterstützt und Bildung und Weiterbildung gefördert werden. Auf der Makroebene wären Steuer-, Finanz-, Kredit-, Struktur- und Regionalpolitik, Forschungs- und Entwicklungsförderung auf eine sozial und ökologisch nachhaltige Entwicklung zu orientieren und mit indikativen Planungsprozessen zu verbinden.

Instrumentarien, die für wirtschaftsdemokratische Transformationsprozesse eingesetzt werden könnten, sind längst verfügbar. Es wird darauf ankommen, sie mit Institutionen zu verbinden, die gemeinwohlorientierte Interessenkompromisse ermöglichen, indem sie die Beteiligung von Belegschaften, Kommunen, KiezbewohnerInnen, sozialen Bewegungen, Nichtregierungsorganisationen, Verbraucherverbänden und unmittelbar von Planungen und Beschlüssen Betroffenen an den Entscheidungen sichern. Solche Institutionen zu schaffen und genügend Durchsetzungsmacht für sie zu sichern, wird zu einer entscheidenden Seite der Herausbildung einer neuen sozial-ökologischen Regulationsweise.

9. Die Pointe linker Strategie – ein Zwischenfazit

Die bisher dargestellten Überlegungen können zu einem Zwischenfazit zusammengeführt werden:

- *These 1:* Es ist in den europäischen Industrieländern äußerst unwahrscheinlich, dass selbst unter für einen progressiven Wandel günstigen Bedingungen dem neoliberalen Kapitalismus unmittelbar eine sozialistische Gesellschaft folgen wird. Viel eher ist die Transformation vom neoliberalen Kapitalismus zu einem sozial und ökologisch regulierten Kapitalismus vorstellbar (Szenario IV). Wenn es der europäischen Linken gelänge, die Situation von Abwehrkämpfen gegen weitere Verschlechterungen hinter sich zu lassen, könnte bei deutlichem Erstarken kapitalismuskritischer und antikapitalistischer Kräfte in der Europäischen Union das strategische Ziel der Linken für die nächsten Jahrzehnte eine Transformation zu einem demokratischeren, mehr sozialen, stärker ökologisch orientierten und friedlicheren Kapitalismus sein. Immanuel Wallerstein schrieb dazu: »Demokratisierung unaufhörlich vorantreiben. Die populärste Forderung an den Staat ist die nach ›mehr‹ – mehr Bildung, mehr Gesundheit, mehr lebenslang garantierter Einkommen. Sie ist aber nicht nur populär, sie ist auch unmittelbar nützlich im Leben der Leute.« (Wallerstein 2002: 15)
- *These 2:* Die Transformationsstrategie einer modernen Linken würde in einem solchen Fall alle Reformpotenziale der bürgerlichen Gesellschaft ausschöpfen, ohne das Ziel radikaler Realpolitik aus dem Auge zu verlieren: die Ablösung der Profitdominanz durch die Dominanz eines ganz anderen zentralen Maßstabes gesellschaftlicher Entwicklung. Dieses andere Maß heißt: sozial gleiche Teilhabe für jede und jeden an den gesellschaftlichen Bedingungen freier individueller Persönlichkeitsentfaltung im Einklang mit der Natur. Dieses Maß, das sozialistisch genannt werden kann, würde die Richtung von Reformen bestimmen.
- *These 3:* Der Übergang zu einem postneoliberalen Kapitalismus wäre eine tiefgreifende progressive Transformation im Rahmen des Kapitalismus. Ihre Tiefe wäre aber nur erreichbar, wenn starke zivilgesellschaftliche Akteure durchsetzen, Entscheidungen zunehmend statt am Kapitalreichtum an menschlichem Reichtum und an der Bewahrung des Naturreichtums zu orientieren. Das aber würde bedeuten, in die kommende Transformation innerhalb bürgerlich-kapitalistischer Gesellschaften demokratisch-sozialistische Elemente, Institutionen und Verhaltensnormen hineinzuholen. Trans-

formation im Kapitalismus und Transformation über ihn hinaus gingen ineinander über, verliefen über lange Zeit parallel.

> Dies könnte zur Pointe linker Strategie werden: dass der Kampf um die postneoliberale Entwicklung eine Transformation im Kapitalismus zu einer progressiven Variante der bürgerlich-kapitalistischen Gesellschaften (Szenario IV) mit dem Einstieg in eine zweite Große Transformation über den Kapitalismus hinaus verbunden wird (Szenario V). Das wäre der Kurs auf eine doppelte Transformation.

Exkurs »Der Widerstand des Tanzens«

Das Morgen im Heute zum Tanzen zu bringen – das ist die Aufgabe linker Politik und eine Metapher für »doppelte Transformation«. Tanzen meint in solchem Zusammenhang allerdings nicht die modischen rhythmischen Verrenkungen der High Society à la Gangnam Style oder Harlem Shake. Linke Politik, die Zukünftiges im Gegenwärtigen zum Tanzen bringt, darf in einem weit grundsätzlicheren Sinne mit Tendenzen im zeitgenössischen Tanz und seiner Theorie verglichen werden. Für den Philosophen und Kulturtheoretiker Boyan Manchev ist moderner Tanz Symptom und aktives Moment gegenwärtiger weltweiter Übergangsprozesse: »Der Tanz ist Widerstand, wenn er die Desorganisation des Lebens tanzt.« Er ist Widerstand »gegen die Verwandlung des Körpers, der Wahrnehmung und der Gefühle zu Waren in einem perversen Kapitalismus.« (http://www.corpusweb.net/der-widerstand-des-tanzes.html). Er kann den Ausbruch aus vorgegebenen Mustern darstellen, indem er selbst, dem ursprünglichen Charakter von Performance gemäß, mit herkömmlichen Präsentations- und Darstellungsmustern bricht.

Manchev knüpft an Jeremy Rifkin an. Immer mehr sind es kommerziell arrangierte Erlebnisse, die das Leben und den Lebensrhythmus ihrer Konsumentinnen und Konsumenten in erheblichem Maße bestimmen – nach dem Maß des Profits der Erlebnisanbieter in einschlägigen Szenen, im Fernsehen, in den Printmedien, im Internet, in den Fußballstadien, in der Freizeit- und Touristikbranche und in Politspektakeln. In diversen Fernsehformaten werden die persönlichen Verhältnisse, Beziehungskisten und Dramen im Leben von einzelnen zum Erleben von Millionen. Die kommerzielle Bereitstellung von Erlebnissen produziert große Abschnitte des Lebens von Millionen Menschen als fremdbestimmtes Leben zum Wohle der Eigentümer in der Medienwelt, im Cyberspace und im Profisport, von Werbefirmen und der Mächtigen in der Politik. Wo alles kommerzialisiert wird,

wird das Leben selbst zur Ware (Rifkin 2000: 130ff.; 226ff.). Das Leben ist aber immer das Leben in Körpern, so Manchev. Körper werden in der kapitalistischen Gesellschaft als Waren ausgestellt, als Träger von Moden und Lebensstiltrends, als lebendige Reklametafeln und als Idole, oder sie werden als pornografische Körper missbraucht.

Eine körperliche Ausdrucksform in allen Kulturen ist der Tanz. Er ist Ausdruck der Wandelbarkeit des Körpers und der in ihm wohnenden Subjektivität des Menschen. In der Form des Tanzes kann daher Widerstand gegen die Verwandlung des Lebens in eine Ware ausgedrückt werden – in Mimik und Ästhetik des Ausdruckstanzes, in der Wahl politischer Gegenstände des Tanzes, im öffentlichen Auftritt von Aktionsgruppen im politischen Raum, in der Präsentation des in den herrschenden Inszenierungen des Lebens Verschwiegenen. Der Tanz vermag auszudrücken, »das gleiche zu sein und dabei das andere zu werden« (ebd.). Genau dies geschieht mit der Gesellschaft im Verlauf doppelter Transformation.

Noch befindet sich die europäische Linke im Unterschied zu einigen Ländern Lateinamerikas in einer Situation der Defensive. Es wäre ein großartiger Erfolg, wenn es ihr im Bündnis mit anderen demokratischen Kräften gelänge, eine Transformation über den neoliberalen Kapitalismus hinaus einzuleiten und voranzutreiben. Das wäre keine Beschränkung allein auf quantitative Veränderungen. Bereits im Rahmen des Kapitalismus ginge es um Wandel zugunsten einer sozial-ökologischen Logik gegen die Kapitallogik.

Gleichwohl erscheint die Orientierung auf Kämpfe für einen »besseren Kapitalismus« einem Teil der Linken als reformistische Zumutung. Das ist jener Teil, der nur in Antagonismen und nicht in Prozessen zu denken vermag. In vielen Seiten des skandinavischen Wohlfahrtsstaates stecken jedoch bereits Züge einer sozialistischen Gesellschaft im Sinne eines solidarischen und gerechten Gemeinwesens. Allerdings sind sie stets gefährdet, weil auch die nordischen Staaten eben kapitalistische Grundstrukturen haben.

Für eine moderne Linke gehören zusammen und sind nicht gegeneinander zu setzen: Anerkennung von Zivilisations- und Entwicklungspotenzialen der bürgerlich-kapitalistischen Gesellschaften, Protest und heftigster Widerstand gegen die kapitalistischen, patriarchalen, ethnisch begründeten und anderen Herrschaftsverhältnisse, gestaltende Reformen in den gegebenen Verhältnissen und deren Öffnung für die Überschreitung des Kapitalismus.

Jörg Huffschmid hat über einen Übergangsprozess in solchem Verständnis schon 1988 geschrieben: »Muss nicht der Übergang als eine Folge revolutionärer Schritte gedacht – und befördert – werden, in deren Verlauf sich die ›Natur‹ des Kapitalismus verändert (oder diese verändert wird) und sich die ›Natur‹ des Sozialismus allmählich herausbildet?« (Huffschmid/Jung 1988: 102)

10. Strategie des langen Atems

Eine Quintessenz für linke Strategien aus allen diesen Überlegungen ist, dass sich die Linke auf eine wahrscheinlich lange Dauer eines künftigen emanzipatorischen Transformationsprozesses einzustellen hat.

Dies gilt, obwohl jeder Zeitverzug progressiven Wandels zutiefst gefährlich ist – ob es um die Klimaveränderungen, die Zerstörung der Biodiversität, den ruinösen Umgang mit Wasserressourcen, den Hunger in der Welt, Staatenzerfall, Erosion der Demokratie oder die Vertiefung sozialer Klüfte selbst in reichen Ländern geht. Jorgen Randers, zusammen mit Dennis und Donella Meadows Autor des inzwischen legendären Berichts »Die Grenzen des Wachstums« von 1972, Koautor auch des 20 Jahre danach erschienene Berichts an den Club of Rome »Die neuen Grenzen des Wachstums«, fürchtet, dass erst Mitte des Jahrhunderts ein Umschwung zu den notwendigen Anstrengungen für einen weltweiten ökologischen Umbruch stattfinden wird (Randers 2012: 230). Er erwartet erhebliche Veränderungen erst, »nachdem die globale Gesellschaft eine weitere Dekade von außergewöhnlichen Wettereinflüssen und wachsenden sozialen Spannungen erfahren hat« (ebd.: 86). Auch viele andere sind überzeugt davon, dass wirklich umwälzende Veränderungen erst nach noch größeren Katastrophen als den sich ohnehin ständig vollziehenden eintreten werden.

Die Linke muss sich auf einen prozesshaften längeren Verlauf der Transformation einstellen, aber zugleich das äußerst Mögliche tun, um den Verlauf von Übergängen zu beschleunigen, damit sie nicht erst einer Häufung von Supergaus bedürfen.

Die zu erwartende lange Dauer bei gleichzeitigen großen globalen und inneren Gefahren, für deren Überwindung nur ein schmales Zeitfenster verfügbar ist, erfordert bereits unter bürgerlichen Bedingungen, der Kapitallogik das wachsende Gewicht einer sozial-ökologischen Logik entgegenzusetzen: z.B. Stärkung des öffentlichen Sektors, Ausweitung öffentlicher Daseinsvorsorge, Praxen langfristiger Planung beispielsweise in der Energiewirtschaft, europäische soziale und ökologische Mindeststandards, mehr Geschlechtergerechtigkeit, stärkere Gewerkschaftsrechte in den Unternehmen und eine repressionsfreie Grundsicherung für alle, die durch eigene Arbeit ein menschenwürdiges Leben für sich nicht ermöglichen können oder arbeitslos sind. Je stärker die Umstände sind, die selbst im Falle eines noch keineswegs absehbaren postneoliberalen Wandels zu einem langen Transformationsprozess unter bürgerlich-kapitalistischen Verhältnissen führen, desto dringlicher ist es, bereits unter diesen Bedingungen einer sozial-ökologischen und potenziell sozialistischen Gegenlogik ein starkes Gewicht zu erkämpfen.

Alle Faktoren, die für lange transformatorische Prozesse in Europa sprechen, fordern angesichts elementarer Gefahren wie der Klimakrise und des Auseinanderbrechens des sozialen gesellschaftlichen Zusammenhalts zugleich dazu heraus, sich nicht im »Warten auf Godot« in den gegebenen Verhältnissen einzurichten, sondern mitten in ihnen den Einstieg in Alternativen über sie hinaus voranzubringen. Alle im Folgenden benannten Aspekte, die für eine linke Strategie des langen Atems sprechen, sind daher Argumente für eine doppelte Transformation.

- Ein voraussichtlich langer Transformationsprozess als Form des Übergangs zu einer solidarischen, gerechten und nachhaltigen Gesellschaft ist nicht zuletzt angesichts der Machtfülle der Herrschenden zu erwarten. Aber es ist auch eben diese Macht, die ein harmonisches Hineinwachsen in eine andere Gesellschaft ausschließt, die Brüche von revolutionärer Tiefe herausfordert – eine doppelte Transformation also.
- Eher als die einst erstrebte Enteignung aller wichtigen Privatunternehmen könnte es beispielsweise gelingen, etwa in nächsten tiefen Finanzkrisen eine demokratische Kontrolle über die großen Finanzakteure, endlich eine wirksame Regulierung des internationalen Finanzsystems, eine Zerschlagung so genannter systemrelevanter Banken, eine Trennung von normalen Kreditgeschäften und Investmentbanking, die Überführung besonders diskriminierter Banken in einen öffentlich-rechtlichen Status und weitere Vergesellschaftungsprozesse durchzusetzen. Bei besonders spektakulären Schadensereignissen durch die heraufziehende Klimakrise könnte die Dringlichkeit der CO_2-Emissionssenkung derart zwingend in das öffentliche Bewusstsein treten, dass Forderungen nach der Machtbegrenzung der großen Energiekonzerne und der Ölmultis und nach einer sozial-ökologischen Regulierung der Energiewirtschaft politikwirksam werden. Das könnte beispielsweise die Überführung monopolistischer Strom- und Gasnetze in die öffentliche Hand einschließen. Irgendwann könnten die Bedrohung der Volksgesundheit durch die rasch um sich greifenden psychischen und anderen Erkrankungen als Folge von sozialer Unsicherheit, Leistungsdruck, Alltagsstress und vielen Ängsten, die Wahrheit darüber, dass Arme und Arbeitslose mehr erkranken und erheblich früher sterben als Wohlhabende, und der Unmut über die Klassenspaltung im Gesundheitswesen zu einer demokratischen Grunderneuerung des Gesundheitswesens und einer solidarischen Bürgerversicherung führen. Ein Schub verstärkter öffentlicher Daseinsvorsorge könnte davon ausgehen und sich mit Bürgerbewegungen für sozial gleiche Teilhabe aller an moderner Bildung sowie mit Kämpfen

für Energiedemokratie verbinden. Die neoliberale Privatisierung könnte in ein ganz neues erhebliches Gewicht öffentlicher Daseinsvorsorge umschlagen.

In der Regel brechen nicht alle Widersprüche und Defizite des Kapitalismus gleichzeitig auf. Die eine oder die andere Art von Konflikten erfährt zu unterschiedlichen Zeitpunkten eine schwer erträgliche Zuspitzung und fordert die Verursacher und die Betroffenen zum Handeln heraus. So führte der Fukushima-Schock zu einer neuen Mobilisierungswelle der Anti-AKW-Bewegung in Deutschland und zu dem Beginn einer Energiewende als Kampffeld zwischen den Energiekonzernen, die diese Wende in ihre zentralistischen Machtstrukturen einfügen wollen, und alternativen Akteuren, die in ihr Chancen eines sozial-ökologischen Umbaus sehen. Aus dieser Ungleichzeitigkeit können sich wichtige Teillösungen und partielle Brüche als Momente von Transformationsprozessen ergeben. Die Macht der Herrschenden würde eher dort zu erschüttern sein, wo die strukturellen Grunddefizite des Kapitalismus in spezifischen Krisen Gegenmacht herausfordern.

Die enorme Verschärfung aller Arten von Widersprüchen am Ende des Ersten Weltkrieges, die Weltwirtschaftskrise 1929/32, das Versagen des Staatssozialismus auf der ganzen Linie in seiner Endphase und die jüngste mehrdimensionale globale Krise des neoliberalen Kapitalismus deuten allerdings darauf hin, dass auch das zeitliche Zusammenfallen unterschiedlicher Konflikte und Krisen möglich ist und komplexe größere Brüche auf die historische Tagesordnung setzt – mit offenem Ausgang.

> Ein linkes Transformationskonzept wird folglich von einer wahrscheinlich prozesshaften Herausbildung von alternativen gesellschaftlichen Verhältnissen ausgehen, jedoch auch die Vorbereitung auf große radikale Brüche einschließen.

Auch der Blick auf die internationale Dimension von Transformationsprozessen deutet auf deren zu erwartende Langwierigkeit hin, jedoch einschließlich großer Eruptionen und Brüche.

- Transformationsprozesse in Europa vollziehen sich eingebettet in eine globalisierte Welt. Sie sind kaum möglich ohne den Übergang von internationalen hierarchischen Konkurrenzverhältnissen zu einer vollen Entfaltung und Dominanz der auch heute schon partiell in sie eingelassenen Verhältnisse der Kooperation. Kooperation statt Konfrontation wird ein Grundprinzip künftiger solidarischer Gesellschaften und des Weges zu ihnen sein. Anders sind die Probleme der Menschheit nicht zu lösen. Mit dem Aufruf zur Kooperation bezeichnete Barack Obama ein politisches Schlüsselprojekt für eine bessere Welt. »Jetzt ist es Zeit, sich zusammenzuschließen, durch beständige Kooperation, starke Institutionen, gemeinsame Opfer und ein globales Bündnis für den Fortschritt, um den Herausforderungen des 21. Jahrhunderts entgegenwirken zu können.« (Obama 2008: 122f.) Aber nach dem 20. Jahrhundert zweier Weltkriege und ungezählter weiterer Kriege und militärischer Konflikte ist der Übergang zu friedlicher Kooperation so schwierig, dass auch die internationale Dimensionen von Transformationsprozessen viel Zeit brauchen werden. Gerade deshalb, weil wiederum gilt, dass der Wandel von Konkurrenz und Konfrontation zu Kooperation und Solidarität so fundamental ist, dass sein Fortschreiten über Kapitalverhältnisse hinausführen wird. Auch unter diesem Aspekt ist eine doppelte Transformation zu erwarten.

Die Vertragswerke, institutionellen Gestalten und Regime, die heute das internationale Gefüge zusammenhalten, haben sich in langen Zeiträumen herausgebildet. Allzu kompliziert ist das Aushandeln von Interessenausgleichen zwischen den beteiligten Staaten und privaten Akteuren. Die Entstehung der heutigen Europäischen Union reicht bis zur Gründung der Europäischen Wirtschaftsgemeinschaft im Jahr 1957 zurück. Die Struktur der NATO, 1949 gegründet, ist in mehr als sechs Jahrzehnten gewachsen. Allein das internationale FCKW-Regime zum Verbot des Einsatzes von Fluorkohlenwasserstoff, einer einzigen Chemikalie, bedurfte von der Entdeckung der zerstörenden Wirkung dieses Stoffes auf die Ozonhülle der Erde im Jahr 1974 bis zur Unterzeichnung des Protokolls von Montreal zum Schutz der stratosphärischen Ozonschicht im Jahr 1988, bis zur Ratifizierung und Umsetzung des Regimes mehr als zwei Jahrzehnte (Yacht 2005: 205). Noch weit langwieriger verlaufen die Verhandlungen über Rüstungskontroll- und Abrüstungsvereinbarungen.

Gewiss ist auch der internationale Wandel alles andere als ein stetiger Prozess. Die Veränderung der Weltsituation einschließlich der internationalen Sicherheitsarchitektur durch die Implosion des Staatssozialismus, immer neue Kriege, der Zerfall von Staaten, die Verschiebung der globalen Kräfteverhältnisse zugunsten Asiens und das neue Gewicht der BRIC-Staaten in der internationalen Arena, Umwälzungen wie seit 2011 in Nordafrika mit offenem Ausgang und die ungleiche Betroffenheit der verschiedenen Weltregionen durch den Klimawandel und andere Umwelteinflüsse verweisen auf tiefe und ungleich verlaufende Brüche auch im globalen Wandel.

■ Auch die kulturellen Dimensionen von Transformationen im 21. Jahrhundert deuten sowohl auf einen langen prozesshaften Verlauf wie auf eine zu erwartende notwendige Tiefe von revolutionärer Qualität hin, auf eine doppelte Transformation. Nach den Studien und Prognosen des Intergovernmental Panel of Climate Change (IPCC), der Internationalen Energieagentur (IEA), des Stern-Report, des Wissenschaftlichen Beirats der Bundesregierung Globale Umweltveränderungen und des Wuppertal Instituts müssen in den industriell bzw. postindustriell entwickelten Ländern die Emissionen klimarelevanter Gase und der Verbrauch strategischer Ressourcen auf etwa 10 Prozent des Niveaus von 1990 gesenkt werden. Das wird zu gravierenden Veränderungen in den Lebensweisen führen. Ebenso wird der seit den 1970er Jahren anhaltende Trend zur Dämpfung des Wirtschaftswachstums in der westlichen Welt, der nach der Überzeugung von Wachstumskritikern in den regulierten Übergang zu Gesellschaften ohne nennenswertes Wachstum münden sollte, die Lebensweisen der Zukunft fundamental verändern.

Ein historischer Vergleich kann dazu beitragen, das Ausmaß dieses kulturellen Wandels zu erfassen. Zur Tiefe des Bruchs von vorkapitalistischen Lebensweisen zum Leben unter dem Druck von Profit und Konkurrenz stellte Max Weber fest, »dass jene Auffassung des Gelderwerbs als eines den Menschen sich verpflichtenden Selbstzweckes, als ›Beruf‹, dem sittlichen Empfinden ganzer Epochen zuwider lief« (Weber 1991: 61). Über den neuen »Geist des Kapitalismus« schrieb er, nun sei der Mensch »auf das Erwerben als Zweck seines Lebens, nicht mehr das Erwerben auf den Menschen als Mittel zum Zweck der Befriedigung seiner materiellen Lebensbedürfnisse bezogen. Diese für das unbefangene Empfinden schlechthin sinnlose Umkehrung des, wie wir sagen würden, ›natürlichen‹ Sachverhalts ist nun ganz offenbar ebenso unbedingt ein Leitmotiv des Kapitalismus, wie sie dem von seinem Hauche nicht berührten Menschen fremd ist.« (ebd.: 44) Eine dem Selbstzweck der Vergrößerung des Kapitals verpflichtete Lebensführung »wäre im Altertum wie im Mittelalter ... als Ausdruck des schmutzigsten Geizes und einer würdelosen Denkart proskribiert worden« (ebd.: 46f.).

Die Unterwerfung unter das Prinzip der Geldvermehrung war eine fundamentale Veränderung menschlichen Daseins. Aller Einfluss protestantischer Ethik und Calvinistischer Lehre wurde für die Suggestion aufgewendet, »dass treue Arbeit auch bei niederen Löhnen seitens dessen, dem das Leben sonst keine Chancen zugeteilt hat, etwas Gott höchst Wohlgefälliges sei ... , als einzigen Mittels, des Gnadenstandes sicher zu werden« (ebd.: 185). Aber die Macht der Kirche reichte trotz der verbreiteten Gläubigkeit des Volkes nicht aus, um diese neue Verhaltensethik im Habitus der Bevölkerung zu verankern. Selbst die in England Ende des 15. Jahrhunderts beginnende Vertreibung der überwiegend freien Bauern von ihrem Boden und von gemeinsam genutztem Gemeindeland zugunsten der Landlords zu Zwecken der Schafzucht und Wollproduktion für die Textilmanufakturen des Frühkapitalismus konnte die ihrer Lebensgrundlagen beraubten Bauern nicht ohne Weiteres in die kapitalistische Lohnarbeit und in proletarische Daseinsweisen zwingen. Teils vermochten die Manufakturen die bisher als Bauern Tätigen gar nicht so schnell aufzunehmen wie sie enteignet wurden. »Andrerseits konnten die plötzlich aus ihrer gewohnten Lebensbahn Herausgeschleuderten sich nicht ebenso plötzlich in die Disziplin des neuen Zustandes finden. Sie verwandelten sich massenhaft in Bettler, Räuber, Vagabunden ... . Ende des 15. und während des ganzen 16. Jahrhunderts daher in ganz Westeuropa eine Blutgesetzgebung wider die Vagabundage. Die Väter der jetzigen Arbeiterklasse wurden zunächst gezüchtigt für die ihnen angetane Verwandlung in Vagabunden und Paupers.« (Marx 1962: 761f.) Mit Auspeitschungen, Abschneiden des halben Ohres, Ketten, Brandmarkungen als Sklaven der neuen »Arbeitgeber« bis zu öffentlichen Hinrichtungen wurden die neue Disziplin und die frühkapitalistischen, von Charles Dickens anschaulich beschriebenen Daseinsweisen der Armen erzwungen. Marx schrieb über diese so genannte ursprüngliche Akkumulation des Kapitals: »Wenn das Geld, nach Augier, ›mit natürlichen Blutflecken auf einer Backe zur Welt kommt‹, so das Kapital von Kopf bis Zeh, aus allen Poren, blut- und schmutztriefend.« (ebd.: 788)

Der Übergang vom Arbeiten, um zu leben, zum Leben, um (für die Vermehrung des Geldes) zu arbeiten, war ein derart umfassender Bruch sowohl in den Produktionsverhältnissen als auch in den kulturellen Werten, Normen und Alltagspraxen, dass er sich trotz physischer Gewaltanwendung und religiöser Heilsversprechen über einen Zeitraum von mehreren Generationen erstreckte.

Im neoliberalen Finanzmarktkapitalismus hat die Vergötzung des Geldes bis zu Opfergängen ganzer Völker zugunsten der Ansprüche von Gläubigerbanken und die Verinnerlichung des dem Kapital eingeschriebenen Wachstumswahns durch die Bevölkerungsmehrheit einen Scheitelpunkt erreicht. Der Säkularisierungsprozess hat allerdings dazu geführt, dass die Disziplinierung in der Arbeit zwar nicht der Gottgefälligkeit wegen zur Norm geworden ist, wohl aber des Geldes und seiner Verwandelbarkeit in Konsumgüter wegen, deren Markenherkunft und Umfang vielen als Maß der Anerkennung gilt und ihre Lebensweise orientiert.

Aber genau dies gehört zur Scheidewegsituation der Gegenwart: dass die an stofflichem Konsum orientierten Werte und Lebensweisen Teil der Zerstörung der Natur und zwischenmenschlicher Solidarität geworden sind. So wie die Große Transformation von vorkapitalistischen Gesellschaften zum Kapitalismus einen kulturellen Zivilisationsbruch einschloss, wird auch eine zweite Große Transformation eine neue Kultur und neue Lebensweisen hervorbringen. Abermals geraten Fragen nach einem neuen Sinn des Lebens in den Fokus gesellschaftlicher Auseinandersetzungen. Abermals stehen die nunmehr über Jahrhunderte kapitalistisch geprägten verinnerlichten mentalen Strukturen der Menschen auf dem Prüfstand. Die Herausbildung der für die kapitalistische Konkurrenzgesellschaft charakteristischen kulturellen Handlungsmuster war ein langandauernder und schmerzhafter Prozess. Die Ablösung dieser Kultur durch die kulturellen Konturen einer gerechten, solidarischen Gesellschaft wird voraussichtlich wiederum eine lange Zeit erfordern. Gesetze und Institutionen mögen relativ schnell ersetzt werden. Was tief in den mentalen Strukturen der Individuen verankert ist, braucht nach allen Erfahrungen lange Veränderungszeiten. Die Tiefe der unumgänglichen Veränderungen spricht zusammen mit der Langwierigkeit ihrer Durchsetzung wiederum für die Erwartung einer doppelten Transformation.

- Für einen prozesshaften Verlauf von Transformationsprozessen, der aber auch in einschneidende Brüche und Umstürze hineinführen wird, für eine doppelte Transformation also, spricht ein weiterer Umstand. Künftige Entwicklungsphasen sind nicht als Resultat planmäßiger Gesellschaftssteuerung mit entsprechend gradlinigem, schnellem Verlauf zu gesetzten Zielen zu erwarten. Frühere Transformationen von einem Gesellschaftssystem zu einem anderen, wie von vorfeudalen zu feudalen Gesellschaften, verliefen überwiegend als nichtintendierte historische Umwälzungen. Auch der Übergang von vorkapitalistischen zu kapitalistischen Gesellschaften vollzog sich in hohem Maße als Resultat des Handelns gesellschaftlicher Akteure, die keineswegs die Konstruktion einer kapitalistischen Gesellschaft vor Augen hatten. Nur zum Teil, etwa in der Großen Französischen Revolution, beeinflussten weit gesteckte Ziele den Verlauf der Umwälzungen in nachhaltiger Weise.

In Transformationen innerhalb der bürgerlich-kapitalistischen Gesellschaften wie bei der Herausbildung des New Deal und der skandinavischen Wohlfahrtsstaaten spielten auf dem Hintergrund vieler nicht intendierter Umstände bewusste Strategien eine beachtliche Rolle. Das gilt auch für die Ablösung des Fordismus durch den neoliberalen Kapitalismus. Dessen Funktionsprinzipien – Privatisierung, Liberalisierung, Deregulierung – wurden durch Friedrich von Hayek, Milton Friedman und ein ganzes Netz von Think Tanks lange vor ihrem ersten praktischen Vollzug per Militärputsch in Chile ausgearbeitet. Aber stets war bei diesen systeminternen Transformationen ebenso das nichtintendierte Zusammentreffen unterschiedlichster Bedingungen und Entwicklungstendenzen im Spiel.

In den Kämpfen um eine künftige Große Transformation lassen sich wichtige Akteure noch stärker als in der Vergangenheit von konzeptionellen Vorstellungen über die Konturen einer besseren Gesellschaft leiten. Sie wird sehr wahrscheinlich als intendierter Transformationsprozess unter Bedingungen starker Unsicherheit über die Zukunft verlaufen, also aus bewusst angestrebten und aus selbstläufigen, unkontrollierten Entwicklungen hervorgehen. Helmut Wiesenthal hält es deshalb für treffend, »genuine Unsicherheit als raison d´être, ja gewissermaßen als unverzichtbare Atemluft intensionaler Akteure zu betrachten« (Wiesenthal 2006: 50). Die Ungewissheit des Verlaufs selbst von absichtsvoll vorangetriebenen Prozessen resultiert aus der Hyperkomplexität moderner Gesellschaften, aus der Herausbildung nicht vorhersehbarer Handlungsbedingungen, aus den unterschiedlichen Funktionsweisen sowie der Eigensinnigkeit und der nicht sicher kalkulierbaren Wechselwirkung der gesellschaftlichen Teilsysteme, aus der Unvollständigkeit und gleichzeitigen Unübersehbarkeit von Informationen, aus subjektiven Unsicherheiten der Wahrnehmung und aus der Veränderung der handelnde Subjekte im Verlaufe der Zeit, also aus der »Unkenntnis ihres künftigen Selbst« (ebd.: 42).

Transformationsprozesse der Moderne verlaufen also intensional und zugleich unter Bedingungen der Ungewissheit und nicht vorhersehbarer Wendungen und Ereignisse. Längere Such- und Übergangsprozesse innerhalb der gegebenen Verhältnisse und deren bewusste Unterwanderung und Öffnung für eine andere solidarische, gerechte Gesellschaft werden miteinander verflochten sein und tendieren zu einer doppelten Transformation. Den Akteuren der Transformation fordert dies eine Kombination konzeptionell-strategischer Arbeit mit Aufmerksamkeit und Gespür für unerwartete Veränderungen und mit erheblicher politischer Flexibilität ab. Realitätssinn in ihrer Politik wird durch ein Unsicherheitsbewusstsein gestützt. Die Komplexität und Kompliziertheit der zu bewältigenden Herausforderungen erfordert, das Selbststeuerungspotenzial der Akteure durch eine Erneuerung der Demokratie zu stärken und in öffentlichen Diskursen möglichst zu gemeinsamen Interessen zusammenzuführen, statt eine Dominanz zentraler Steuerung der Gesellschaft durch einen hervorgehobenen Akteur zu erwarten. Das schließt, wie im 5. Kapitel dargestellt, die Suche der Linken nach einer gemeinsamen modernen Erzählung von einer besseren Welt und den Wegen dahin durchaus ein. Damit schließt sich der Kreis von Überlegungen zur Dialektik von Prozess und Brüchen moderner Transformation.

■ Zu den gewichtigsten Faktoren, die schnellen, radikalen Übergängen zu solidarischen, gerechten Gesellschaften im Einklang mit der Natur entgegenstehen und Zeit für transformatorische Prozesse verlangen, gehören die gegenwärtige Schwäche der Linken und das Fehlen breiter Allianzen für sozial-ökologischen demokratischen Wandel.

Die europäische und internationale Linke ist stark zersplittert. Sie ist dies aufgrund ihrer hochgradig unterschiedlichen Handlungsbedingungen in verschiedenen Weltregionen und Ländern, im Ergebnis ganz unterschiedlicher historischer Herkünfte, durch die Verankerung in verschiedenen Milieus entlang vieler spezifischer gesellschaftlicher Konfliktlinien und zudem noch durch gegensätzliche theoretische Bezüge und ideologische Orientierungen. Hans-Jürgen Urban hat sie als Mosaik-Linke bezeichnet, weil sie wie ein Mosaikbild aus vielen einzelnen Segmenten besteht. »Keiner der üblichen Verdächtigen für sich genommen drängt sich als Träger einer neuen Kapitalismuskritik auf ... . Für einen solchen Akteur wurde der Begriff der Mosaik-Linken ins Spiel gebracht.« (Urban 2010: 21f.) Aber während in einem gelungenen Mosaik die einzelnen Mosaiksteine zu einem Ganzen zusammengefügt sind, verhalten sich die verschiedenen linken Gruppen, Bewegungen, Parteien, Strömungen, Fraktionen und Milieus überwiegend wie ein ungeordneter Haufen von Mosaiksteinen vor ihrem Zusammenfinden.

Solange die Linke diese Segmentierung nicht durch eine Einheit in der Vielfalt überwindet, ist an eine erfolgreiche emanzipatorische Transformation nicht zu denken. Hans-Jürgen Urban sieht theoretische Grundlagen für ein mosaikartiges Zusammenkommen unterschiedlichster linker Akteure in Pierre Bourdieus Feldtheorie. »Nach Bourdieu ist ein gesellschaftliches Feld ›ein autonomer Mikrokosmos innerhalb des sozialen Makrokosmos.‹ ... in einem Feld wie dem politischen, religiösen oder jedem anderen Feld, wird das Verhalten der Akteure durch ihre Position in der Struktur des Kräfteverhältnisses bestimmt. Aus feld- und kapitalismustheoretischer Perspektive könnte die Mosaik-Linke also als eine Assoziation von Feldakteuren begriffen werden. ... Die Vielen finden durch Bezug auf eine allgemeine Dynamik zu einem Ganzen zusammen, zu einem ›einheitlichen und kollektiven, kohärenten und machtvollen Protest‹ (Bourdieu).« (ebd.) Diese Erwartung impliziert eine erfolgreiche Bündnispolitik – und im Übrigen auch das Bemühen um eine gemeinsame Erzählung für dieses Ganze.

Aus den Inhalten einer emanzipatorischen Transformation und aus ihrem Prozesscharakter ergibt sich, welche Bündnisse ihre Basis bilden können. Die Reformen in der Phase des sozialstaatlich regulierten Kapitalismus, die Ralf Dahrendorf 1992 als Epoche der Sozialdemokratie bezeichnete, stützten sich auf ein Mitte-Oben-Bündnis. Es waren – ob rekrutiert aus sozialdemokratischen Parteien, aus der Demokratischen Partei Präsident Roosevelts in den USA oder in manchen Ländern unter dem Druck der Umstände auch aus konservativen Parteien – die Regierungen von oben und die breite gesellschaftliche Mitte, insbesondere die qualifizierten männlichen Facharbeiter und ihre Gewerkschaften, die als Träger der klassischen sozialdemokratischen Reformen agierten. Frauen, überwiegend vom männlichen Familienernährer abhängig, war eher eine passive Rolle zugeordnet. Die unteren Schichten wurden durch soziale Sicherungssysteme eher ruhig gestellt als aktive Bündnispartner zu sein. Diese soziale Basis sozialdemokratischer Reformpolitik erklärt sowohl ihre über mehrere Jahrzehnte beachtlichen Erfolge wie auch ihre Grenzen.

Künftige Transformationsprozesse werden eine andere soziale Basis haben. Ihre Chance ist ein demokratisches und solidarisches Unten-Mitte-Bündnis. Michael Brie hat, gestützt auf die Studie von Rita Müller-Hilmer für die Friedrich-Ebert-Stiftung »Gesellschaft im Reformprozess« (Müller-Hilmer 2006) und auf Gero Neugebauers Arbeit »Politische Milieus in Deutschland« (Neugebauer 2007), herausgearbeitet, dass unter den dort untersuchten politischen Milieus, die vereinfacht in sechs Gruppen zusammengefasst werden können, mindestens drei große Gruppen ein Interessenbündnis für eine Transformation zu einer solidarischen und nachhaltigen Gesellschaft eingehen können. Das sind die sozial-libertäre Mittelschicht, bedrohte Kernbelegschaften und subproletarische Gruppen bzw. das moderne Prekariat (Brie 2007: 13-45; Institut für Gesellschaftsanalyse 2/2009: 10ff.). Die Möglichkeit eines breiten historischen Blocks dieser politischen Milieus und weiterer Kräfte ergibt sich daraus, dass die im Kapitel 5 skizzierten zu erstrebenden Leitideen einer solidarischen, gerechten Gesellschaft als der Inhalt einer emanzipatorischen Transformation den Interessen durchaus unterschiedlicher sozialer Gruppen einer Bevölkerungsmehrheit entsprechen. Aber das bleibt eine bloße Möglichkeit, solange die Linke nicht in der Lage ist, ihre Transformationsvorstellungen als ein *attraktives Gesellschaftsprojekt* für das ganze Spektrum potenzieller Akteure zu präsentieren, das ebenso Lösungen für die dringlichen gegenwärtigen Probleme wie für lebenswerte Perspektiven bietet. Aber selbst wenn dies gelänge – und viele Ansätze eines solchen Projekts existieren ja bereits – würde dies für die Entscheidung von Mehrheiten zu aktiver Unterstützung eines solchen Transformationsprojekts noch nicht ausreichen. Zweierlei muss dazu kommen: dass bei den Linken und anderen demokratischen Exponenten einer solidarischen Gesellschaft die – zumindest potenzielle – *Macht* erkannt wird, ein solches Projekt tatsächlich durchzusetzen, und dass ihnen auch die *Sachkompetenz* dafür zugetraut wird. Beides trifft für die Linke in Deutschland und auch in Europa gegenwärtig nicht zu. Die Linke in Europa ist zur Zeit kein hegemoniefähiger Akteur, anders als sich dies in einer Reihe lateinamerikanischer Länder teilweise abzeichnet.

Als zentrale Aufgabe für den Einstieg in eine doppelte Transformation ergibt sich daher für die Gesamtheit aller linken Kräfte, an einem breiten Unten-Mitte-Bündnis zu arbeiten. Das erfordert

- »eine lange nicht mehr (noch nie?) gekannte Bereitschaft zur Kooperation und Kommunikation nicht nur zwischen diesen Strömungen (innerhalb der Linken – D.K.), sondern zwischen allem, worin sie sich ausdifferenzieren: Handlungsräumen und -optionen, Modi ihrer Reflektion, national wie international auszuspielende Strategien, strategischen Bündnissen, politischen Konzepten und möglichen alternativen Projekten« (Seibert 2009: 7).
- die Kompetenz alternativer Akteure auf den verschiedensten Politikfeldern erheblich zu stärken, sie in konkreten Projekten zur Lösung brennender Probleme im Interesse der unteren Schichten der Gesellschaft und ihrer Mitte zur Geltung zu bringen und dabei »alltägliche Praxen (nach links – D.K.) zu verschieben« (Brand 2009: 43).
- den konkreten Kämpfen eine gemeinsame Richtung zu geben, bestimmt durch ein überzeugendes linkes Gesellschaftsprojekt als Alternative zum Kapitalismus. Denn: »wir müssen uns eine Alternative vorstellen können, wenn wir etwas verändern wollen« (Ceceña 2009: 20).

Eine doppelte Transformation wird nur als ein von der Mehrheit getragener Prozess demokratischer Erneuerung gelingen oder gar nicht.

11. Der politische Gewinn des Konzepts einer doppelten Transformation

Die hier vorgelegte Darstellung des Inhalts einer doppelten Transformation in Gestalt einer zeitgemäßen linken Erzählung und die nähere Bestimmung dieser Transformation im Spannungsfeld von Reform und Revolution erlaubt nun in einem weiteren Zwischenresümee, nach dem politischen Gewinn einer linken Strategie zu fragen, die sich an dem Konzept einer doppelten Transformation orientiert.

Erstens: In den hier vorliegenden Überlegungen wurde argumentiert, dass dieses Konzept eine rationale Begründung für die Überwindung der Gräben zwischen reformistischen Strömungen in der Linken und radikalen, revolutionären Kräften bietet. Im Konzept einer doppelten Transformation finden sowohl partielle und begrenzte Reformen als auch die Orientierung auf eine revolutionäre Tiefe von Veränderungen ihren Platz und korrigieren wechselseitig ihre Einseitigkeit und Beschränktheit. Emotionale Überhöhungen im Verhältnis von Protagonisten der beiden entgegengesetzten Entwicklungskonzepte können auf dieser Grundlage abgebaut werden – wenn die Bereitschaft entsteht, sich auf das Potenzial der Vermittlung zwischen ihnen einzulassen, das in diesem Transformationskonzept enthalten ist. Doppelte Transformation bedeutet ebenso eine intensive Zuwendung zu den machbaren Reformen heute und in der nächsten Zeit wie permanente Kämpfe um demokratisch-sozialistische Brückenköpfe in den bürgerlich-kapitalistischen Gesellschaften, also um den Einstieg in eine zweite Große Transformation über den Kapitalismus hinaus.

Zweitens: Die in die Erwartung einer doppelten Transformation eingeschlossene Annahme, dass in Europa eine progressive Transformation im Rahmen des Kapitalismus unter der zentralen Voraussetzung von Kräfteverschiebungen nach links die langfristige Zukunft bestimmen wird, eröffnet weitgehende Bündnismöglichkeiten. In Zeiträumen, in denen eine vollständig andere Gesellschaft noch gar nicht die Aufgabe sein kann, können Bündnisse für Ziele entstehen, in denen radikale Akteure und gemäßigte Kräfte, die nicht mehr als einen besseren Kapitalismus wollen, zusammengehen. In solchen Phasen können zur Abwendung globaler Gefahren für die Menschheit sogar Allianzen der Mehrheit mit strategisch denkenden Fraktionen der Machteliten zustande kommen, auch wenn diese die möglichen Teilschritte sozialen oder ökologischen Wandels vor allem als Chance ihrer Herrschaftssicherung begreifen. Auch solche sozialen Milieus, die keine sozialistische Gesellschaft wollen, könnten einer Linken vorbehaltsloser begegnen, die die Arbeits- und Lebenswelt auf demokratische Weise verbessern will und Sozialismus in radikaler Abkehr vom Staatssozialismus als Weg besonders konsequenter Einschränkung ungerechter, unsozialer, undemokratischer und die Umwelt zerstörender Verhältnisse durch bessere Lösungen versteht. Angesichts der Zentralität breiter demokratischer Allianzen und dadurch möglicher Veränderungen in den gesellschaftlichen Kräfteverhältnissen für progressiven Wandel ist das ein unschätzbarer Vorteil eines emanzipatorischen Transformationskonzepts.

Eine zeitgemäße Erzählung von einem Transformationsprojekt der Linken könnte erheblich dazu beitragen, linke Parteien und Bewegungen von Negativzuschreibungen zu befreien, die ihnen durch die Geschichte des Staatssozialismus und durch die Verteufelung seitens ihrer Gegner anhaften.

Drittens: Das Konzept einer doppelten Transformation ist ein Beitrag zum Verständnis des demokratischen Sozialismus. In Teilen der pluralen Linken und noch mehr im öffentlichen Bewusstsein der Bevölkerung wird Sozialismus vor allem als das ganz andere künftige Gesellschaftssystem verstanden. Weniger verbreitet ist ein viel weiteres, im Kapitel 1 umrissenes Verständnis des demokratischen Sozialismus: als Ziel, aber nicht weniger als »tendenzkundiger Weg« (Bloch 1985 : 5) und als Bewegung zu diesem Ziel, als ein längerer Prozess kleiner und größerer Schritte, partieller und umfassender Umbrüche und zugleich als orientierendes Wertesystem für diesen Prozess. Demokratischer grüner Sozialismus in diesem Verständnis ist ein Angebot von solidarischen Lösungen für viele Probleme mitten in der bürgerlichen Gesellschaft. Er ist also eine praktisches Angebot für Menschen, die vor allem heute und nicht irgendwann Verbesserungen in ihrem Leben wollen. Dass er zudem auch eine realitätsnahe Vision für die Bewältigung von Problemen ist, die unter den gegebenen kapitalistischen Bedingungen nicht lösbar sind, bietet Hoffnung und Halt in unserer Epoche großer Gefahren und häufiger Katastrophen. Menschen brauchen in bewegten und zuweilen chaotischer Zeiten beides: Verbesserungen hier und heute und begründete Zukunftsvorstellungen von einer besseren Welt.

Viertens könnte das Konzept einer doppelten Transformation einem Crossover-Dialog im linken Parteienspektrum Grundlagen bieten. In Deutschland könnte es der SPD helfen, ihr Verhältnis zur Linkspartei zu entkrampfen, sich von ihrer Abgrenzungspolitik zu lösen und den Übergang zu einem postneoliberalen Kapitalismus als das für einen längeren Zeitraum Verbindende anzusehen. Immerhin heißt es im Hamburger Grundsatzprogramm der SPD, die Idee des demokratischen Sozialismus verlange »eine Ordnung von Wirtschaft, Staat und Gesellschaft, in der die bürgerlichen, politischen, sozialen und wirtschaftlichen Grundrechte für alle Menschen garantiert sind, alle Menschen ein Leben ohne Ausbeutung, Unterdrückung und Gewalt, aber in sozialer und menschlicher Sicherheit führen. ... Der demokratische Sozialismus bleibt für uns die Vision einer freien, gerechten und solidarischen Gesellschaft, deren Verwirklichung für uns eine dauernde Aufgabe ist.« (SPD-Parteivorstand 2007: 16f.)

Zwischen dieser Bestimmung des demokratischen Sozialismus und seinem prozesshaften Verständnis im Kontext einer doppelten Transformation existiert eine deutliche Berührung. DIE LINKE könnte diese Berührung stärken, wenn sie ihre eigene Strategie expressis verbis auf das Konzept einer doppelten Transformation beziehen würde. Immer in der Geschichte der Linken berief sie sich entweder explizit auf Revolutionstheorien oder auf reformistische Theorien. Warum in aller Welt sollte sie jetzt, wo das Entweder-oder nicht mehr funktioniert, auf die Kombination der Stärken beider Richtungen und auf den Abschied von ihren Schwächen in Gestalt einer Theorie doppelter Transformation verzichten?

Allerdings ist die gegenwärtige Führung der SPD weit entfernt von einer Umsetzung dieser Aussage ihres Hamburger Programms in reale Politik. Dieses Defizit zu überwinden, bedürfte einer Richtungsentscheidung in der SPD, die gegenwärtig ausgeschlossen wird. Dies wäre die Entscheidung zwischen der Bereitschaft, notfalls erneut als Koalitionspartner der CDU/CSU eine Variante des neoliberalen Kapitalismus weiter mitzutragen, und der Option, zusammen mit der Linkspartei und anderen Partnern eine postneoliberale Wende einzuleiten.

Vor 25 Jahren war ein Dialog zwischen wissenschaftlichen Institutionen der SPD und SED zur Reform- und Friedensfähigkeit der beiden damals existierenden Weltsysteme möglich. Der Staatssozialismus ist inzwischen an seiner strukturellen Reformunfähigkeit gescheitert. Der Westen hat seine Reformfähigkeit erfolgreicher unter Beweis gestellt – gemessen an seiner Potenz für systeminterne und systembewahrende Veränderungen. Gemessen an der Lösung der drängendsten Menschheitsprobleme ist dieser Beweis jedoch nicht erbracht. Für nur zivil lösbare Probleme werden erfolglos militärische Lösungen angestrebt. Die ökologische Krise hat eine dramatische Zuspitzung erfahren. Die sozialen Klüfte sind in den reichen Ländern selbst und zwischen ihnen und den Armen in der Welt immer tiefer geworden. Die repräsentative Demokratie ist durch postdemokratische Prozesse gefährdet.

Fünftens und nicht zuletzt impliziert das Konzept der doppelten Transformation ein Stück Lebenshilfe zur Betrachtung der Welt. Es schärft die Aufmerksamkeit der Einzelnen für verborgene oder auch offensichtliche und trotzdem ungenutzte Entwicklungschancen in ihrem Alltag. Es sensibilisiert für Möglichkeitsräume. Es kann daher als Denkmittel gegen das weit verbreitete Gefühl eigener Ohnmacht wirken. Angeeignet als Weise, die Übergangsprozesse unserer Zeit zu betrachten und nach vorn gerichtet einzuordnen, kann es zur Stütze der Selbstermächtigung von individuellen und kollektiven Akteuren werden, weil es auf Ansätze progressiven Wandels in den gegenwärtigen Verhältnissen verweist und zugleich noch eine Entwicklungsperspektive eröffnet. Das Konzept einer doppelten Transformation bietet eine Brücke zwischen verantwortungsvollem, pragmatischem Handeln und eigener Öffnung für weit vorausschauendes Denken.

Die Konzeption einer doppelten Transformation zielt darauf, in einem neuen Anlauf innergesellschaftlichen Wandels in Europa alle progressiven Reformpotenziale der bürgerlich-kapitalistischen Gesellschaften voll auszuschöpfen und auf die auch dann nicht lösbaren Menschheitsfragen mit einer zweiten Großen Transformation zu antworten.

Wäre dieser Ansatz nicht ein lohnender Dialoggegenstand über Parteigrenzen hinweg, zumindest zwischen Wissenschaftlerinnen und Wissenschaftlern, die verschiedenen Parteien und Organisationen im linken Spektrum nahestehen? Ein solcher Dialog könnte, die Anstrengungen des Instituts Solidarische Moderne und anderer Gruppierungen ergänzend, dazu beitragen, neue Politikoptionen zu öffnen.

12. Positive Ansätze für eine alternative Transformationsperspektive

Bisher wurde hier die Chance einer progressiven bürgerlich-kapitalistischen Transformation des Kapitalismus und deren Öffnung für eine zweite Große Transformation überwiegend mit dem Druck unausweichlicher Probleme und Gefahren begründet. Es existieren aber auch positive »molekulare Veränderungen« (Antonio Gramsci), die für eine alternative Entwicklung Ansätze bieten, obwohl sie selbst zunächst keinen umstürzenden Charakter haben. Das gesamte Konzept einer doppelten Transformation beruht ja – wie in Kapitel 1 entwickelt – darauf, dass die bürgerlich-kapitalistischen Gesellschaften von Beginn an und zunehmend durch den Widerstreit zweier Logiken, der Kapital- und der Soziallogik, bestimmt sind (Klein 2002: 86f.).

Das Prinzip der Einschränkung der Kapitalmacht durch eine sozial-ökologische Gegenlogik beruht nicht allein auf der Gegenwehr der Lohnabhängigen, der sozial Benachteiligten und der aufgeklärten, sozial verantwortlich denkenden bürgerlichen Milieus. Diese Gegenwehr knüpft daran an, dass die bürgerlich-kapitalistischen Gesellschaften zwar überwiegend durch ihre von Profitdominanz bestimmte ökonomische Grundstruktur sowie von deren Wirkung auf alle anderen gesellschaftlichen Sphären geprägt ist und dadurch Widerstand herausgefordert wird. Darüber hinaus können sich alternative Bewegungen aber auch auf positive Evolutionspotenziale dieser Gesellschaften stützen.

Dazu gehören die repräsentative Demokratie, Rechts- und Sozialstaatlichkeit, der Pluralismus und der Wettbewerb als dynamisierendes Prinzip in Wirtschaft, Politik und Kultur. Dies sind, so Wolfgang Zapf, Basisinstitutionen der Moderne. Moderne Gesellschaften sind zudem offene und internationalisierte Gesellschaften und durch einen Individualisierungsprozess gekennzeichnet, der – obwohl vielfach überlagert von egoistischem Gegeneinander – Räume eigenständiger Persönlichkeitsentfaltung bietet.

> Die Anerkennung, Ausschöpfung und entschiedene Ausweitung dieser Modernequalitäten ist ein kaum zu unterschätzendes Kraftreservoir der Linken, wenn sie es denn aus einem Herrschaftspotenzial in Ansätze für Alternativen zu verwandeln vermag.

Wenn die Linke keine anderen Optionen hätte als die Ablehnung des Bestehenden, hätte sie keine Chance. Sie würde sich hoffnungslos von der Bevölkerungsmehrheit isolieren. Es gehört zur Lebensweisheit der Menschen, in den gegebenen Verhältnissen eigene Lebenschancen zu entdecken und auszuschöpfen. Das »Prinzip Hoffnung« könnte ohne diese Fähigkeit nicht als Quelle positiver Gestaltungskraft wirken. »Immer nur dagegen sein, da bin ich gar nicht dafür«, schrieb Robert Misik (2010: 7).

Was also sind wichtige Prozesse der gegenwärtigen Gesellschaft, an denen ein linkes Transformationskonzept anknüpfen kann?

12.1 Produktivkraftentwicklung und Transformation

Marx schrieb: »Eine Gesellschaft geht nie unter, bevor alle Produktivkräfte entwickelt sind, für die sie weit genug ist.« (MEW 13: 9) Die modernen bürgerlich-kapitalistischen Gesellschaften haben mit dem erreichten Stand der Produktivkraftentwicklung einen Reichtum wie nie zuvor in der Geschichte hervorgebracht. Bei gerechter Verteilung, die jedoch nur kraft veränderter Machtverhältnisse durchsetzbar ist, würde das erreichte Reichtumsniveau in historisch kurzer Zeit eine Überwindung der Armut auf der Erde und die Aufwendungen für den Einstieg in einen zugleich sozialen und ökologischen Umbau gestatten. Das eröffnet alternativen Akteuren in den Verteilungskämpfen zur Überwindung der sozialen Polarisierung in der Gesellschaft größere Aussichten im Verhältnis zu früheren Zeiten, in denen der geschaffene Reichtum gar nicht für den Wohlstand aller ausreichte. Eine solidarische, gerechte Gesellschaft, die auch als demokratischer grüner Sozialismus bezeichnet werden könnte, ist daher nicht mehr eine bloße Zukunftsvision, der aber die materiellen Voraussetzungen fehlen. Der Kapitalismus hat die Produktivkräfte für eine menschengerechte Gesellschaft hervorgebracht. Es sind seine Produktionsverhältnisse, die ihre volle Ausschöpfung für eine solche Gesellschaft ausschließen.

Der eklatante Widerspruch, den eine emanzipatorische Transformation zu überwinden hat, besteht darin, dass der Kapitalismus der Lösung der erneut brisant gewordenen sozialen Frage entgegensteht, obwohl er selbst mit dem erreichten Produktivkraftniveau die Bedingungen für ihre Lösung geschaffen hat. Es ist absurd, dass in Europa auf dem höchsten je erreichten Reichtumsniveau die Lösung der Banken- und Staatsschuldenkrise in einer radikalen Austeritätspolitik gesucht wird, die große Teile der Bevölkerung vor allem im Süden der Europäischen Union in die Armut stürzt. Die Europäische Kommission weist für 2010 80 Millionen Menschen in der Union als unter den nationalen Armutsgrenzen lebend aus (Europäische Kommission 2010: 13).

Der erreichte Stand der Produktivkräfte ist »weit genug« – nicht allein für eine erdumspannende Lösung der sozialen Frage in naher Zukunft. Er erlaubt bei entsprechend großen Anstrengungen auch die Bewältigung der anderen großen Jahrhundertfrage, der ökologischen Frage. Exemplarisch dafür stehen die Technologien zur Nutzung der erneuerbaren Energien, zur Steigerung der Energieeffizienz und insgesamt für den Übergang von der fossilistisch-atomaren zu einer Wirtschaft auf solaren Grundlagen. Die Produktivkräfte sind entwickelt genug für eine Energierevolution und darüber hinaus für eine Revolution der gesamten gesellschaftlichen Naturverhältnisse. Was für eine Chance – und wie absurd der Widerspruch, dass diese Chance weitgehend ungenutzt bleibt! Die großen Energiekonzerne halten – wenn auch kombiniert mit der Integration von Elementen einer Energiewende in ihre fossilistische Herrschaftsstruktur – an ihren Machtressourcen, an Öl, Gas, Kohle und Uran fest, auch um den Preis unverantwortbarer Verzögerung einer klimapolitischen Wende und der drohenden Zerstörung der natürlichen Lebensgrundlagen Hunderter Millionen Menschen. Die Finanzmärkte absorbieren Geldkapitalvermögen, die mit einer gerechten ökologischen Steuerpolitik für eine sozial-ökologische Transformation mobilisiert werden könnten. Das Diktat der Kurzfristigkeit auf den Finanzmärkten blockiert die für eine ökologische Revolution notwendigen langfristigen Strategien.

Die Produktivkräfte haben eine Wirkungsmacht erreicht, die zu Naturzerstörungen mit weitaus höheren Kosten als jenen Kosten führt, die für die Naturerhaltung aufgewendet werden müssten. Es war in der Tat die Gegenüberstellung der zu erwartenden extremen Kosten fortschreitenden Klimawandels mit den durchaus niedrigeren ökonomischen Kosten einer Politik der Klimastabilisierung, die dem »Stern-Report« eine außergewöhnliche internationale Aufmerksamkeit sicherte. Das enorme Ausmaß der Schädigung der Biosphäre durch die modernen Produktivkräfte führt in widerspruchsvoller Weise dazu, dass gerade durch diese Zuspitzung der Probleme eine qualitativ andere Richtung der Produktivkraftentwicklung für die Kapitalverwertung als Ganzes vorteilhaft wird, nämlich die Entwicklung Ressourcen schonender Umwelttechnologien. »In der kapitalistischen Industrie vollzieht sich der Übergang von Technologien, die lediglich auf Ersparnis von Arbeit gerichtet sind, zu Technologien, die auch die Einsparung von Naturressourcen zum Ziel haben.« (Fetzer 2010: 38) Allerdings erfolgt dies nicht reibungslos als eigengesetzlicher Richtungswandel der Produktivkraftentwicklung, sondern muss gegen die Interessen der Profiteure herkömmlicher, die Umwelt schädigender Wirtschaftsstrukturen, gegen das allgegenwärtige Kapitalinteresse an Wachstum schlechthin ohne Rücksichten auf Naturgrenzen durchgesetzt werden.

Wiederum auf einer anderen, für Transformationsprozesse überaus wichtigen Ebene der Produktivkraftentwicklung liegt, dass die bürgerlichen Gesellschaften der gesellschaftlichen Hauptproduktivkraft, dem Menschen selbst mit seinen schöpferischen Fähigkeiten, bedeutende Räume der Persönlichkeitsentfaltung geöffnet haben. Die moderne bürgerlich-kapitalistische Gesellschaft hat einen brisanten Widerspruch hervorgebracht. Auf ihrem Produktivkraft- und Zivilisationsniveau bedarf sie der Bildung, Selbstverantwortung und Kommunikationsfähigkeit, der eigenständigen Entscheidungskompetenz, Kooperationsfähigkeit und Kreativität eines wachsenden Teils der Beschäftigten. Sie bringt damit handlungsfähige Akteure gesellschaftlicher Veränderungen hervor, deren Selbstbestimmung sie aber zugleich unterdrückt.

Für die Gewerkschaften ist dies ein Ansatzpunkt zur Demokratisierung der Arbeit: »Stärker als je zuvor sind die Beschäftigten zudem angehalten, über ihren eigenen Arbeitsbereich hinaus Verantwortung für die betrieblichen Prozesse und Abläufe zu übernehmen und die Erfolgsaussichten im Wettbewerb zu beachten. Dabei erhöhen sich die Kenntnisse der unternehmerischen Prozesse, es wachsen die Potenziale der Aneignung ..., denn die Beschäftigten eignen sich in neuer Weise Wissen über die Rahmenbedingungen und Abläufe von Arbeit und Produktion beziehungsweise Dienstleistung an, die in den Bereich des Unternehmerischen hineinreichen. Ihre Handlungskompetenzen zur Gestaltung und Steuerung auch der unternehmerischen Prozesse wachsen.« (Wagner 2012: 32) Aber zugleich bleibt ein anderer großer Teil nach wie vor zu unselbständiger, gering qualifizierter und prekärer Arbeit verurteilt. Beide Tendenzen bringen Widerstandspotenzial hervor. Schlechte Bezahlung und soziale Entsicherung durch die Zunahme von befristeten und Leiharbeitsverhältnissen unter dem Druck drohender Arbeitslosigkeit lassen die Klüfte zwischen Reichen oder Wohlhabenden und Armen oder Absturzgefährdeten erkennbar hervortreten.

Selbstverantwortung verkehrt sich zwar unter dem Druck der Abhängigkeit der Beschäftigten von Kapital und Management vielfach in Selbstanpassung an die herrschenden Verhältnisse. Aber mehr Bildung und mehr im Arbeitsprozess abgeforderte Subjektivität bergen stets eine Gefahr für die Machteliten. Ihre Herrschaftsmechanismen könnten durchschaut, ihre Politik als gefährlich begriffen und Alternativen als überfällig und realisierbar erkannt werden.

Und mehr noch, der Kapitalismus hat die produktiven menschlichen Kräfte bis zu einem Grad der Vergesellschaftung vorangebracht, der allen liberalistischen Dogmen über die angeblich naturhafte Dominanz egoistischen Konkurrenzverhaltens der Einzelnen widerspricht. Die freie Softwarebewegung, die Arbeit an Linux, das weltweite freiwillige Zusammenwirken von mehr als 10 Millionen Menschen an der ständigen Weiterentwicklung der Internet-Enzyklopädie Wikipedia verweisen auf eine Voraussetzung von außerordentlicher Bedeutung für künftige Transformationsprozesse. In einem Frontbereich der wissenschaftlich-technischen Revolution beweisen diese Erfahrungen, dass die menschliche Produktivkraft »weit genug« entwickelt ist, um jenseits kapitalistischer Konkurrenz die Kreativität der Kooperation freizusetzen.

Darüber hinaus kommt Informations- und Kommunikationstechnologien eine Potenz wie keiner Produktivkraft zuvor zu. Sie können unmittelbar zum Medium der Organisation von alternativen Bewegungen werden. Die Rebellion des Jahres 2011 in den nordafrikanischen Ländern organisierte sich in starkem Maße über das Internet.

In Griechenland hatte eine Facebook-Gruppe aufgerufen: »Wir sind keine Gewerkschaft, keine Partei, wir sind empört, und wir treffen uns auf dem Syntagma-Platz. Kommt mit uns.« Nach einer Stunde hatten 100.000 Nutzer »gefällt mir« geklickt, nach drei Stunden 400.000, nach fünf Stunden wurde die Seite wegen Überfüllung geschlossen. 20.000 Menschen folgten dem Aufruf (Luxemburg 4/2011: 37).

Ein wesentliches Element des Produktivkraftsystems ist seine Organisation. Der systemische gesellschaftliche Charakter der modernen Produktivkräfte, ihre Wissenschaftsintensität einschließlich langjähriger Forschungsarbeiten und die Höhe der Kosten von Innovationen führen dazu, dass allgemein Planungssicherheit für Investitionen gefordert wird. Energiekonzerne und Banken verlangen beispielsweise von den zuständigen Ministerien und der Bundesnetzagentur, dass sie für eine langfristige Netzausbauplanung in Deutschland Sorge tragen. In der Energieforschungsplanung wird bereits für 2014 bis 2020 mit einem Aufwand von 6,14 Mrd. Euro gerechnet. Die Bundesverkehrswegeplanung und die Planung der Hauptverkehrswege auf EU-Ebene gelten als ein Kernstück der Infrastrukturplanung. Raum- und Bauleitplanung gehören zur wirtschaftspolitischen Normalität wie die mittelfristige Finanzplanung. Die Lobpreisung der kurzatmigen Märkte schließt nicht aus, dass die im Auftrag der Bundesregierung arbeitende Ethikkommission hervorhebt: »Entscheidend ist, dass ... langfristig verlässliche Rahmenbedingungen für die Investitionsplanung der Bürger und der Wirtschaft entstehen.« (Ethikkommission 2011: 16) Das erfordere »ganzheitliches Denken« (ebd.: 12). Eine Transformationsstrategie mit Anspruch auf langfristige Gestaltungsbemühungen und flexible Planungsformen kann an solchen Ansätzen anknüpfen. Diese sind bisher Elemente kapitalistischer Regulierung, können aber unter der immer wieder zu betonenden Voraussetzung veränderter gesellschaftlicher Kräfteverhältnisse durchaus zu Instrumenten solidarischer, gerechter Entwicklung entwickelt werden.

12.2 Umwelttechnologien als Feld der Kapitalakkumulation und Chance für Transformation

Chancen für den Einstieg in eine sozial-ökologische Transformation bestehen darin, dass sich mit massenhaften Investitionen in erneuerbare Energien, nachhaltige Mobilität und Umwelttechnologien zur Steigerung der Ressourcenproduktivität ein großes Feld produktiver Kapitalakkumulation eröffnet. Der Wissenschaftliche Beirat der Bundesregierung Globale Umweltveränderungen (WBGU) rechnet für die Transformation zu einer klimaverträglichen Gesellschaft bis 2030 mit einem jährlichen globalen Investitionsbedarf von 200 bis 1.000 Mrd. US-Dollar (WBGU 2011: 4). Diese Möglichkeit einer neuen langen Konjunkturwelle eröffnet sich, nachdem in der jüngsten Finanzkrise der Versuch gerade spektakulär gescheitert ist, die Begrenztheit von Möglichkeiten zu profitablen Kapitalanlagen in Produktion und Dienstleistungen durch Geschäfte auf den Finanzmärkten zu kompensieren. In dieser prekären Lage verspricht grünes Wachstum durch grüne Investitionen doch wieder Billionenumsätze. Kritiker warnen allerdings zu Recht vor falschen Hoffnungen. Denn wenn ein großer Umfang umwelttechnologischer Investitionen dem Wachstum der Gesamtwirtschaft tatsächlich einen Schub verliehe, würde dies – wie bereits dargestellt – die Fortschritte steigender Ressourcenproduktivität wieder aufzehren. Zudem führen grüne Investitionen unter sonst gleich bleibenden Bedingungen keineswegs zugleich zu angemessenen Einkommen, guten Arbeitsbedingungen, Mitbestimmung und Geschlechtergerechtigkeit. Viele Akteure eines grünen Kapitalismus verstehen einen Green-Tech-Schub vielmehr als Mittel der Weltmarktexpansion zulasten Schwächerer bei möglichst geringem eigenen Lohn- und Sozialkostenaufwand.

Eine Transformation mit grünen Vorzeichen ist eben ein Kampffeld. Wie im Kapitel 4.3 dargestellt, kann sie zum Elixier kapitalistischer Herrschaftsstabilisierung werden. Sie kann aber auch eine Green-Tech-Basis für eine bürgerliche Entwicklung hervorbringen, in der es alternativen Kräften gelingt, die technologischen Grundlagen einer zukunftsfähigen Gesellschaft in den kommenden politischen und sozialen Kämpfen mit demokratischem und sozialem Fortschritt zu verbinden. Die intensive Förderung von Umwelttechnologien könnte für einen Übergangszeitraum tatsächlich ein relativ umweltfreundliches Wachstum begünstigen (siehe Kapitel 5.3). Interessen der Umweltbewegungen, grüner und rot-grüner Parteien, vieler Bürgerinnen und Bürger an einer gesunden Umwelt und Interessen von Teilen der Unternehmerschaft an Geschäften mit einer grünen Wirtschaft würden sich für einen bestimmten Zeitraum begegnen und den ökologischen Wandel als wesentliche Seite zeitgemäßer Transformation voranbringen. Unterschiedliche Interessen innerhalb der Machteliten könnten für umweltpolitische Fortschritte ausgenutzt werden. Dies ist durchaus keine spekulative Überlegung. Ein umwelttechnologischer Strukturwandel in der Wirtschaft ist längst im Gange, wenn auch blockiert im Verhältnis zu den weit größeren technischen Möglichkeiten und sozialen wie ökologischen Erfordernissen.

Hermann Scheer und Andrea Ypsilanti haben in ihrem Beitrag »Der Weg aus der Systemkrise des Wirtschaftens« einen ganzen Katalog von Chancen grüner Kapitalverwertung benannt, denen eine moderne Linke aufgeschlossen begegnen sollte, um sie im Rahmen der Konzeption einer doppelten Transformation mit den Kämpfen um politische und soziale Ziele zu verbinden.

Die Erzeugung erneuerbarer Energien, deren Verteilung durch intelligente Netze, der Ausbau der Kraft-Wärme-Kopplung und Investitionen in erhöhte Energieeffizienz bieten ein Jahrhundertfeld innovativer Geschäftstätigkeit. Der elektro- und informationstechnischen Industrie tut sich mit neuen Netzsteuerungs- und Stromspeichertechniken ein weites Feld auf.

Selbst die Automobilindustrie könnte die Energiewende mit dem Bau kraftstoffsparender Fahrzeuge fördern und sich mit neuen Antriebstechniken auf der Basis erneuerbarer Energien von der Mineralölwirtschaft abkoppeln. Allerdings werden solche Möglichkeiten nur im Rahmen umfassend erneuerter Mobilitätsstrukturen und einer erheblichen Bedeutungsminderung des privaten Pkw-Verkehrs voll zur Geltung kommen. Ein neues Wirkungsfeld für die Automobilindustrie sah Scheer in der Massenproduktion stationärer Motorkraftwerke, das heißt von Mini-Blockheizkraftwerken wie in der Kooperation von VW und dem Öko-Stromversorger Lichtblick entwickelt.

Wenn Eisenbahngesellschaften und Schienenfahrzeugindustrie Triebwagen mit Brennstoffzellenantrieb entwickeln und einsetzen würden, also Strom an Bord der Loks produzieren würden, könnten Stromoberleitungen und damit Betriebskosten gespart werden. Auch große Passagier- und Transportschiffe könnten aus Windkraft, Solaranlagen und energetischer Verwertung von organischen Abfällen Energie an Bord produzieren und den Betrieb mit Schweröl einstellen. Die Revitalisierung des Luftschiffbaus für den Frachtflugtransport könnte Schwerlastgüter ohne größeren Infrastrukturaufwand schneller, flexibler und umweltfreundlicher befördern.

In der chemischen Industrie können pflanzliche Kohlenwasserstoffe künftig das Erdöl als Grundstoffbasis ersetzen. Vorstellbar sind große Effizienzgewinne durch die regionale Integration von Nahrungs-, Pflanzenenergie- und Pflanzenrohstoffwirtschaft, um so die jeweils anfallenden Reststoffe als Düngemittel, Futtermittel oder Energiequellen zu verwerten.

Die ökologische Rekonstruktion des Gebäudebestandes, solare Neubauten, neue Baumaterialien und ökologische Bauweise bieten der Baustoffindustrie, der Bauindustrie und dem Bauhandwerk beachtliche Perspektiven (Scheer/Ypsilanti 2011: 21ff.).

Mit der Öffnung riesiger Märkte für Technologien des ökologischen Umbaus könnte die in den letzten Jahrzehnten entstandene absolute Dominanz der Finanzmärkte über die Märkte für Investitionsgüter infrage gestellt werden. Aber große Kapitalmassen sind in konservativen Industriebranchen fixiert, der Vorstoß in ökologisches Neuland birgt Risiken. Die Banken geben sich bei der Finanzierung von Großprojekten wie beispielsweise den Offshore-Windparks und neuen Mobilitätskonzepten zurückhaltend.

12.3 Überakkumuliertes Geldkapital als potenzielle Finanzierungsquelle für Transformationsprojekte

In dieser Situation könnte die Überakkumulation von Geldkapital, das bisher oft in spekulative Finanzmarkttransaktionen geworfen wird, vom Fluch zum Segen werden. Einst und bis in die Gegenwart wurde die Kerntechnik staatlich massiv gefördert. In jüngster Zeit werden die Banken mit Serien von milliardenschweren Rettungsschirmen vor den Folgen verfehlter Finanzgeschäfte bewahrt. Stattdessen könnten große staatliche Investitionsprogramme einen sozial-ökologischen Umbau durch die Förderung von grünen Technologien und den Ausbau öffentlicher Daseinsvorsorge in Gang bringen. Ein Gebot gerechter Transformation wäre, staatliche Mittel anders als gegenwärtig nicht zulasten der Bevölkerungsmehrheit zu mobilisieren, sondern dafür die riesigen privaten Geldkapitalvermögen zu belasten.

Der World-Wealth-Report 2011 weist für das Jahr 2010 weltweit ein reines Finanzvermögen (ohne Produktivvermögen und Immobilien) allein der Superreichen (Ultra High Net Wealth Indviduals), die mehr als 30 Mio. US-Dollar besitzen, von 42,7 Bio. US-Dollar aus. In Europa verfügen diese Superreichen über ein Finanzvermögen von 10,2 Bio. US-Dollar. Die Zahl dieser Superreichen stieg 2010 gegenüber 2009 weltweit um 8,3 Prozent auf 10,9 Mio. Ihre Vermögen übertrafen damit – nach Verlusten in der Krise – den Vorkrisenstand von 2007 (Capgemini/Merrill Lynch 2011: 4). Das gesamte globale Finanzvermögen betrug im Jahr 2010 211 Bio. US-Dollar (McKinsey 2008). Die Zahl der deutschen Superreichen wuchs im Jahr 2010 nach den Angaben des World Wealth Report 2011 um 7,2 Prozent auf 224.000. Schon 2003 verfügte nach den Angaben im Entwurf des vierten Armuts- und Reichtumsberichts der Bundesregierung das oberste Zehntel der deutschen Haushalte über 53 Prozent des Nettogesamtvermögens, die unteren 50 Prozent der Haushalte dagegen nur über ein Prozent.

Die Mobilisierung eines Teils der Großvermögen für eine sozial-ökologische Transformation kann an dem in der Öffentlichkeit tief verwurzelten Empfinden anknüpfen, in einer ungerechten Gesellschaft zu leben. Das Bündnis von Gewerkschaften, Sozialverbänden und vielen weiteren Organisationen »UmFairteilen – Reichtum besteuern« deutet auf die Lebensnähe und Aktualität der oben umrissenen Leitidee einer gerechten Umverteilung als Markenkern einer modernen linken Erzählung hin. DIE LINKE schlägt vor, eine Vermögenssteuer in Form einer Millionärssteuer zu erheben. Sie könnte bei einem Freibetrag von einer Mio. Euro bei 5% der Großvermögen festgelegt werden, würde etwa 400.000 Reiche betreffen und Steuereinnahmen zwischen 80 und 100 Mrd. Euro erbringen. Überdies würde dadurch das Spekulationspotenzial auf den Finanzmärkten vermindert werden.

Selbst in Kreisen der Machteliten geht das Gefühl um, dass der extreme Vermögenszuwachs bei den Superreichen auf Dauer nicht legitimierbar ist. Ausgelöst durch Initiativen von Bill Gates und Warren Buffet, die zu den zehn Reichsten weltweit gehören, haben im Sommer 2010 vierzig Milliardäre in den USA öffentlich erklärt, die Hälfte ihres Vermögens für Stiftungen zu spenden. Die Aktion soll zunächst rund 100 Mrd. US-Dollar erbracht haben (FTD, 6.8.2012), die zum großen Teil in die Förderung von Wissenschaft und Kultur, von Bildung und Gesundheit in der Dritten Welt statt in Finanzspekulationen fließen. Gewiss wird dies in den Vereinigten Staaten durch weitgehende Regelungen zur Absetzung der Spenden von der Steuer gefördert. Die Stifter behalten zudem entscheidenden Einfluss auf die Verwendung der Mittel ihrer Stiftungen, anders als dies bei öffentlicher Verfügung über hohe Vermögenssteuern wäre. Gleichwohl zeichnet sich ab, dass die Umverteilung und Mobilisierung von großen Vermögen für dringliche gesellschaftliche Aufgaben dem Zeitgeist nicht mehr ganz fern ist.

Eine Abgabe auf die in Wertpapierdepots gehaltenen Finanzvermögen in Höhe von einem Prozent, eine Erhöhung der Besteuerung von Finanzkapitalerträgen an der Quelle auf etwa 35 Prozent oder/und die Einführung einer Finanztransaktionssteuer könnten durch eine wirtschaftspolitische Wende zur Finanzierung wichtiger Projekte eines sozial-ökologischen Umbaus beitragen (Schulmeister 2011: 23).

12.4 Eigenlogik der gesellschaftlichen Teilsysteme als Transformationspotenzial

Der gegenwärtigen Dominanz einer entfesselten Marktökonomie und insbesondere der Finanzialisierung von Wirtschaft und Gesellschaft steht zumindest partiell entgegen, dass moderne Gesellschaften ausdifferenzierte Gesellschaften sind. Relativ autonome Teilsysteme der Gesellschaft – Wirtschaft, Politik, Recht, soziale Sphäre, Bildung, Wissenschaft, Kultur, Religion – folgen jeweils eigenen Maßstäben ihrer Entwicklung. Zwar wirkt der Profit gegenwärtig in allen Sphären der Gesellschaft als in letzter Instanz wichtigster Maßstab der Entwicklung. Die Politik in der Europäischen Union beispielsweise wird von den Banken, Investmentfonds und Versicherungsgesellschaften zu immer neuen Stützungsaktionen zugunsten der großen Finanzmarktakteure genötigt. Die Austeritätspolitik, getrieben von gesetzlich verankerten Schuldenbremsen, lädt die Kosten dafür auf die Bürgerinnen und Bürger ab. An Bildungs-, Gesundheits- und Kultureinrichtungen, Wissenschaft, Bildung und Alterssicherung wird gespart. Alle Subsysteme der Gesellschaft bekommen zu spüren, was Finanzialisierung von Wirtschaft und Gesellschaft bedeutet.

Gleichwohl haben die gesellschaftlichen Teilsysteme ihre jeweils eigene Logik und eigenen Maßstäbe, die eine Tendenz zur Begrenzung der Kapitallogik in sich bergen. In der Politik geht es um Machtgewinn oder Machtverlust. Aber ohne Zugeständnisse an die Interessen der Bevölkerungsmehrheit verlieren die politischen Machteliten zumindest ihre hegemoniale Führungskraft. Sie müssen stärker zu autoritären Herrschaftsformen greifen, und das Machtgefüge verliert an Stabilität.

Im Recht geht es um Setzung und Einhaltung gesellschaftlicher Normen, und um Sanktionen im Falle ihrer Verletzung. Dies vollzieht sich beeinflusst von Kapitalmacht. Aber Menschenrechte weisen über diese hinaus. Sie sind der ideelle Stoff für Alternativen. In der Wissenschaft geht es um Zugewinn an Erkenntnis, oft allerdings in Abhängigkeit von der Finanzierung wirtschaftlich lohnender und den gegenwärtigen Herrschaftsverhältnissen zuträglicher Projekte. Aber der Suche nach wissenschaftlicher Wahrheit sind auch herrschaftskritische Tendenzen, Intoleranz gegen herrschaftliche Unwahrheiten und mobilisierende Aufklärung über drohende Gefahren eigen.

In jedem der gesellschaftlichen Subsysteme ist deren relative Selbständigkeit gegenüber der Kapitallogik angelegt. Bildung birgt emanzipatorisches Potenzial. Das Sozialsystem kann seine Aufgaben für Gesundheit, Betreuung, Lohnersatzleistungen bei Arbeitslosigkeit, aktive Beschäftigungspolitik und Alterssicherung nur zureichend wahrnehmen, wenn den Tendenzen der Privatisierung, Deregulierung, Liberalisierung und insgesamt der Austeritätspolitik Grenzen gesetzt werden. Die Sozialstaatlichkeit steht mit der Kapitallogik auf Kriegsfuß, aber einer solidarischen Gesellschaft bietet sie eine Fülle von Ansätzen.

Die eigensinnige Logik der gesellschaftlichen Teilsysteme mit ihren Ansatzpunkten für transformatorische Politik findet auch einen staatlichen Ausdruck. Nicos Poulantzas verwies auf Differenzierungsprozesse innerhalb und zwischen den verschiedenen Staatsapparaten. Sie nehmen die unterschiedlichen gesellschaftlichen Diskurse in unterschiedlichem Maße auf. In Abhängigkeit von der Bedeutung der verschiedenen Politikfelder für das gesamte Herrschaftssystem und einzelne Kapitalfraktionen, von der Heftigkeit und Schwäche politischer Kämpfe auf den einzelnen Feldern und von der Betroffenheit der jeweilige Sachgebiete durch Krisen und andere Probleme »weisen die einzelnen Apparate (Ministerien, Behörden) unterschiedliche und teilweise auch widersprüchliche ›Selektivitäten‹ gegenüber politischen Kräften auf« (Bretthauer 2006: 93). Das heißt, sie sind in differenziertem Maße politisch druckempfindlich und beeinflusst von verschiedenen einzelnen Kapitalfraktionen.

Das tritt beispielsweise in den Differenzen zwischen Bundeswirtschafts- und Bundesumweltministerium über das Tempo des Ausstiegs aus der Kernenergie, über Nichtverbindlichkeit oder Verbindlichkeit von EU-Vorgaben für die Steigerung der Energieeffizienz, über Neubau oder Ablehnung neuer Kohlekraftwerke zutage. Eine sozial-ökologische Transformation kann in gewissem Maße Unterstützung in den Apparaten wie beispielsweise im Bundesumweltamt, im Wissenschaftlichen Beirat der Bundesregierung Globale Umweltveränderungen und in der Ethikkommission finden, während beispielsweise die von Peter Hartz geleitete und die Rürup-Kommission der neoliberalen Politik kräftige Unterstützung gaben. Das führt zu einer weiteren Überlegung über Chancen für künftige Transformationsprozesse.

12.5 Widersprüche im bürgerlichen Staat und Transformation

Ein unter der erst noch zu erringenden Voraussetzung wachsender Stärke demokratischer zivilgesellschaftlicher Kräfte überaus wichtiger, für eine emanzipatorische Transformation nutzbarer Umstand besteht darin, dass der Staat nicht ein pures Machtinstrument der Herrschenden ist. Nicos Poulantzas arbeitete heraus, dass der Staat zu verstehen ist »als die materielle Verdichtung eines Kräfteverhältnisses zwischen Klassen und Klassenfraktionen, das sich im Staat immer in spezifischer Form ausdrückt« (Poulantzas 2002: 159). Da die Machteliten die gesellschaftlichen Kräfteverhältnisse dominieren, funktioniert der bürgerliche Staat überwiegend im Interesse der Herrschenden. Da er aber in ihrem allgemeinen, strategischen Interesse langfristige gegen kurzfristige Kapitalinteressen wahrzunehmen hat, da er die allgemeinen Reproduktionsbedingungen des Kapitals auch gegen partielle Kapitalinteressen zur Geltung zu bringen und in beiden Funktionen die Interessen aller Klassen, Schichten und Milieus in Rechnung stellen muss, ist der Staat immer ein relativ autonomes, strategisches Konfliktterrain, ein privilegierter Ort der Verdichtung von Widersprüchen (Bretthauer 2006: 91). Die »Institutionen der repräsentativen Demokratie sind sowohl Ausdrucksformen der Bourgeoisie als auch Eroberungen der Volksmassen«, schrieb Poulantzas (Poulantzas 1979: 138).

Das erklärt, dass sich nach Zeiten herrschaftsbetonter Machtausübung eine eher hegemoniale Führung der Mächtigen durchsetzen konnte, in den USA in Gestalt des New Deal, und nach dem Zweiten Weltkrieg in der gesamten industriellen entwickelten westlichen Welt der Fordismus als sozialstaatlich regulierter Kapitalismus. Nach dem Schock der Weltwirtschaftskrise, nach den desaströsen Folgen militaristischer und faschistischer Herrschaftsformen in Deutschland und anderen Staaten, unter dem zeitweiligen Druck der Konkurrenz mit dem Staatssozialismus und angesichts des Erstarkens der Arbeiterbewegung sowohl in den 1930er Jahren in den USA als auch in den skandinavischen Ländern und in der Nachkriegszeit in Westeuropa fanden Interessen der Bevölkerungsmehrheit Eingang auch in das staatliche Handeln. In einer Studie über »Die amerikanischen Gewerkschaften im New Deal 1933-1937« schrieb Rainer Erd: »Das Jahr 1934 gilt in der Geschichte der amerikanischen Arbeiterbewegung als das Jahr, das zwar nicht den gesetzgeberischen Durchbruch (der New Deal-Gesetze – D.K.) brachte (der geschah erst ein Jahr später), aber Unternehmen und Staat die bislang verborgene Radikalität der abhängig Beschäftigten demonstrierten, die erforderlich war, um die Unternehmer kompromissbereit zu machen« (Erd 1986: 96f.) und innerhalb der Staatsapparate den flexiblen Fraktionen der Eliten überwiegenden Einfluss zu sichern – sogar unter Beteiligung von Gewerkschaftsaktivisten. Als sich die Kräfteverhältnisse im Lauf der 1970er Jahre international wieder zugunsten des Kapitals und der konservativen Parteien veränderte, und der Fordismus durch den neoliberalen Kapitalismus verdrängt wurde, setzten sich auch im staatlichen Handeln Entdemokratisierungsprozesse und Abbau der Sozialstaatlichkeit abermals verstärkt durch.

Eine emanzipatorische Transformation kann und muss ausschöpfen, dass der bürgerlichen Staat, gegenwärtig weitgehend den Interessen des internationalen Finanzkapitals ausgeliefert, bei veränderten Bedingungen auch alternativen Akteuren institutionelle Räume der Durchsetzung ihrer Interessen mit staatlichen Mitteln zu bieten vermag.

12.6 Allgemeine Reproduktionserfordernisse als Ansatz für Transformationsstrategien

Weitere Ansätze für emanzipatorische Transformationsprozesse sind bereits gegenwärtig in wichtigen Tendenzen der gesellschaftlichen Reproduktion enthalten. Reproduktion hat einen Doppelcharakter. Sie umfasst einerseits die Bereitstellung von Gebrauchswerten und Diensten in nachfragegerechten Proportionen oder Gleichgewichten. Andererseits ist Reproduktion immer zugleich Konstituierung und Fortentwicklung der gegebenen wirtschaftlichen und gesellschaftlichen Verhältnisse. Das sind gegenwärtig wert- und profitdominierte Verhältnisse. Letzteres macht einen Strukturwandel zugunsten von gesellschaftlichen Sphären ohne oder mit nur geringer Kapitalrentabilität sehr schwierig. Aus der Sicht einzelkapitalistischer Profitinteressen erfordert der Ausbau öffentlicher Daseinsvorsorge, öffentlichen Eigentums, öffentlicher und öffentlich geförderter Beschäftigung Finanzaufwendungen, die besser zugunsten niedrigerer Besteuerung und geringerer Sozialkosten von Unternehmen minimiert werden sollten. Die Kapitallogik führt dazu, dass in den Anstrengungen der EU-Administration und der Regierungen Europas zur Bewältigung der Finanzkrise der Kürzung von Haushaltsausgaben für Bildung, Gesundheit, Renten und Wissenschaft sowie der Privatisierung bisher öffentlicher Unternehmen Priorität zugemessen wird.

Aber im Interesse der Bevölkerung, jedoch auch im langfristigen Interesse des weitblickenderen Teils der Machteliten liegt der Ausbau von Gesellschaftsbereichen, die in der Regel nicht oder nicht ausreichend profitabel sind. So hat die Bildung unter den Bedingungen permanenter wissenschaftlich-technischer Umwälzungen, fortwährender Innovationen, wissenschaftsintensiver Produktion und Dienstleistungen, erstrangiger Bedeutung von Information und hochkomplexer Technologien, deren Beherrschung Kommunikationsfähigkeiten und Selbstverantwortung erfordert, längst erstrangige Bedeutung für die ganze Gesellschaft einschließlich ihrer obersten Schichten gewonnen. Die neoliberale Antwort darauf ist die Privatisierung auch im Bildungswesen. Das führt zur Diskriminierung von Menschen aus einkommensschwachen Milieus und erheblichen Produktivkraftverlusten. Der Mangel an qualifizierten Fachkräften in vielen Branchen verweist schon jetzt darauf, dass die Vernachlässigung allgemeiner Reproduktionsbedingungen auch das Kapitalinteresse verletzt.

Die hohen Leistungsanforderungen und der alltägliche Stress in modernen Gesellschaften, die Verlängerung der durchschnittlichen Lebenserwartung und die Kostenintensität des Gesundheitswesens erfordern hohe Aufwendungen für seine Entwicklung. Gesundheit ist sowohl ein erstrangiges allgemeines Gesellschaftsinteresse als auch eine allgemeine Reproduktionsbedingung für das Kapital, die das menschliche Arbeitsvermögen als Hauptproduktivkraft betrifft. Aber das öffentliche Gesundheitswesen verschlingt aus marktradikaler Perspektive Mittel, die die Einzelnen angeblich zu unverantwortlichem Umgang mit der eigenen Gesundheit verleiten und wiederum nur einen Abzug von potenziell privat verfügbaren Ressourcen bedeuten würden. Doch neoliberale Privatisierung im Gesundheitsbereich ist keine wirkliche Lösung, weil sie zu einem Zweiklassensystem führt, weil sie die sozial Benachteiligten der Gesellschaft kränker macht als die Bessergestellten und dem Kapital Teile seines »Humankapitals« ruiniert. Gesundheit ist ein öffentliches Gut und Reproduktionsbedingung selbst für das Kapital. Dessen Angriffe auf die Commons einschließlich der Gesundheit und der Bildung sind langfristig auch für das Gesamtkapital irrational.

Die Kapitallogik untergräbt die soziale Logik, auch in Bereichen der Betreuung, Pflege, Kultur und der materiellen Infrastrukturen der Gesellschaft wie der Versorgung mit Wasser, Strom, Gas und in den zentralen Bereichen der Kommunikation und Mobilität. Aber je höher der Vergesellschaftungsgrad in modernen Gesellschaften, je aufwändiger die Sicherung der allgemeinen Bedingungen privater Produktion, desto weniger kann das Kapital ohne seinen Gegenpol funktionieren, ohne das Soziale und Öffentliche in der Gesellschaft. Es bedarf der Stärkung allgemeiner Reproduktionsbedingungen, die kurzfristig in der Regel nicht profitabel sind.

Ein Beweis dafür sind die Ergebnisse der Privatisierung der Universitätskliniken Gießen und Marburg. Das Land Hessen hatte 2005 die Kliniken an die Rhön-Klinikum AG verkauft. Das Resultat ist eine unerträgliche Arbeitsverdichtung für das Klinikpersonal mit Negativfolgen für die Patientinnen und Patienten. Die nicht profitable Forschung und Lehre leiden – trotz ihrer vertraglich vereinbarten Finanzierung durch die Steuerzahler auch nach der Privatisierung – unter dem Einsatz des Personals für die Krankenversorgung. Hochkarätige Hochschullehrer sind nicht zu gewinnen, wenn der Medizinkonzern sein Kapital verzinsen und die Rendite für die Aktionäre erwirtschaften will. Zudem droht der Abbau von bis zu 500 Stellen. Als Sprecher von rund 80 Chefärzten urteilen der Chirurg Hans-Peter Howaldt und der Anästhesist Hinnerk Wulf: »Die Privatisierung ist in dieser Form gescheitert.« Sie sei ein »kapitaler Fehler« gewesen, meint die Marburger Universitätspräsidentin Katharina Krause und fordert von der Landesregierung eine »Rückkehr zur Gemeinnützigkeit« (Der Spiegel, 17/2012: 47). Die Systemlogik des Gesundheitswesens rebelliert gegen die Profitlogik. In Dresden scheiterte vor kurzem die Privatisierung zweier Hospitäler an einem Bürgerbegehren.

Trotz neoliberaler Privatisierungsstrategie arbeiteten in Deutschland im Jahre 2011 noch immer mehr als 2,3 Mio. Menschen im so genannten Dritten oder Non-Profit-Sektor zwischen Privatwirtschaft und Staat, allein im Gesundheitsbereich 1,4 Mio. sozialversicherungspflichtig Beschäftigte – außer in der gesundheitlichen Betreuung vor allem in anderen Sozialbereichen, in Bildung, Kultur und Sport (Bertelsmann-Stiftung 2011). Er ist damit etwa halb so groß wie der öffentliche Sektor. Soziale Orientierung ohne Profitziele, das ist in der Tat ein Ansatz für die Herausbildung einer solidarischen, gerechten Gesellschaft. Dies birgt potenziell sozialistische Momente. Aber gegenwärtig stärken der Non-Profit-Sektor wie der öffentliche Sektor vorrangig die kapitalistischen Verhältnisse in Wirtschaft und Gesellschaft.

Nachhaltige Transformationsprozesse können und müssen an dieser Dialektik bürgerlich-kapitalistischer Gesellschaften und an den Reproduktionserfordernissen jenseits der Profitlogik ansetzen. Sie können die objektive Tendenz zur Aufwertung des Öffentlichen und seiner Verknüpfung mit sozialen Herausforderungen aufnehmen und zu voller Entfaltung bringen.

12.7 Wandel im öffentlichen Bewusstsein

Obwohl erschüttert durch die mehrdimensionale, seit 2008 in wechselnden Gestalten virulente Krise, obwohl diskreditiert durch die Erfahrung von 80 Millionen Menschen in Europa, die unterhalb der nationalen Armutsgrenzen leben, von 42 Millionen Armen in den USA und erst recht durch hundertmillionenfaches Elend im globalen Süden – noch dominiert im öffentlichen Bewusstsein der Deutschen und der meisten Europäer die Anpassung an die herrschenden Verhältnisse. Aber schon haben bemerkenswerte Veränderungen im öffentlichen Bewusstsein begonnen, in denen sich subjektive Potenziale emanzipatorischer Transformation abzeichnen.

Diese Potenziale sind gewiss vielfach begraben unter systemkonformen Denk- und Verhaltensweisen. Aber Ereignisse des plötzlichen Aufbrechens von kritischem Bewusstsein wie in den Auseinandersetzungen um Stuttgart 21, im erneuten Anschwellen der Anti-Atom-Bewegung nach der Fukushima-Katastrophe und in der aufbrechenden Bankenkritik verweisen auf – zumeist verdeckte – Potenziale alternativen Denkens. »Ein Hauptgeschäft ist in diesem Teil die Entdeckung und unverwechselbare Notierung des ›Noch-nicht-Bewussten‹. Das ist: eines relativ noch Unbewussten nach seiner anderen, vorwärts, nicht rückwärts gelegenen Seite. Nach der Seite eines heraufdämmernd Neuen, nie bisher bewusst gewesenen, nicht etwa eines Vergessenen.« (Bloch 1985: 10) Die Ungewissheit über das Künftige schließt ein, dass aus heute nur diffusem Unbehagen unvermutet umwälzende Denkmacht aufsteigen kann.

Noch vor wenigen Jahren war es in den meinungsbestimmenden Medien der Bundesrepublik verpönt, die westlichen Gesellschaften als kapitalistisch zu kennzeichnen. Sie wurden und werden auch heute noch als soziale Marktwirtschaften und freiheitliche Demokratien gelobt. Doch inzwischen ist der Begriff des Kapitalismus – in Deutschland überwiegend verbunden mit einem Negativimage – wieder in die öffentliche Diskussion zurückgekehrt. Dass das kapitalistische System durch ein besseres ersetzt werden kann, meinen inzwischen 53,6 Prozent aller Deutschen. Allerdings sehen 67 Prozent derzeit keine *vernünftige* Alternative zum bestehenden Wirtschaftssystem, und 64,1 Prozent glauben nicht an eine *durchsetzbare* Alternative. Der Sozialismus gilt 60 Prozent aller Befragten als eine gute Idee, die jedoch schlecht ausgeführt wurde. Diskreditiert ist die Privatisierung der Daseinsvorsorge. 86,6 Prozent der Deutschen sind der Meinung, dass der Staat bei Krankheit, Arbeitslosigkeit, im Notfall und im Alter für ein gutes Auskommen zu sorgen habe. Zwei Drittel der Befragten lehnen eine Privatisierung der öffentlichen Daseinsvorsorge ab (INFO GmbH.). Nach einer Befragung durch Infratest dimap vom Januar 2013 für ARD-DeutschlandTREND sehen 51 Prozent der Deutschen im Alter über 18 Jahre die Gesellschaft als eher ungerecht an. 43 Prozent empfinden sie als eher gerecht (Statista 2013).

Großbanken, Investmentfonds und Hedgefonds als innerster Kern des Finanzmarktkapitalismus sind in der öffentlichen Meinung gründlich in Misskredit geraten. Ihre Vergesellschaftung gilt nicht mehr als unvorstellbar, nachdem Banken in den USA, Großbritannien, Deutschland, Spanien, Italien und anderen Ländern in der Krise verstaatlicht wurden.

Gerechtigkeit und Solidarität haben eine erhebliche Aufwertung im öffentlichen Bewusstsein erfahren. Forderungen nach gleichen Bildungschancen für alle unabhängig von sozialer Herkunft, nach einem gesetzlichen Mindestlohn oberhalb der Armutsgrenze, nach armutsfesten Renten und nach einer bedarfsorientierten, repressionsfreien sozialen Grundsicherung finden mehrheitliche Unterstützung.

Gewachsen ist aber auch die Sensibilität für langfristige Gefahren und für die Dringlichkeit gesellschaftlichen Umsteuerns. So schreibt Helmut

Wiesenthal, dass angesichts der Hochkomplexität der Klimaproblematik ihre öffentliche Thematisierung als sehr überraschend zu empfinden sei. Es ließe »sich ein Bewusstseinswandel registrieren, in dessen Verlauf das Unwahrscheinliche wahr geworden scheint: Die Menschheit hat sich (zumindest in Teilen) auf den Weg gemacht, Verantwortung für ihr Schicksal zu übernehmen. Niemals zuvor haben sich moderne Wettbewerbsdemokratien mit einem Thema von ähnlicher Komplexität befasst. Normalerweise vermag die Mahnung, künftige Generationen zu verschonen, wenig auszurichten.« (Wiesenthal 2010: 9)

Noch beherrschen die Maximen der kapitalistischen Wachstumsökonomie das Mehrheitsverhalten in der westlichen Welt. Die Lebensweisen der Reichen und Wohlhabenden sind stark konsumistisch geprägt. Gesellschaftliche Anerkennung ist weitgehend an den Besitz hochwertiger materieller Güter gebunden. Die unteren Einkommensschichten, die Bevölkerungsmehrheit der Schwellenländer und viele Menschen in den armen Ländern streben einen Konsum nach westlichem Vorbild an. Aber schon haben immer mehr Menschen in den Industrieländern das Gefühl, dass ein Zuwachs von Konsumgütern jenseits eines bereits gehobenen Einkommensniveaus ihre Zufriedenheit und ihr Wohlbefinden nicht mehr verbessert. In den armen Ländern und in den ärmeren Bevölkerungsschichten der Industrieländer nimmt mit steigendem Einkommen der Armen deren Not ab und wächst daher ihr Wohlbefinden. Aber oberhalb eines guten Einkommens gilt dies nicht mehr oder nur äußerst begrenzt.

Für die USA und andere Länder ist das empirisch belegt. In den Vereinigten Staaten hat sich das durchschnittliche Realeinkommen seit den 1950er Jahren verdoppelt. Der Lebensstandard ist entsprechend gestiegen. Aber die Prozentzahl derer, die sich als »sehr glücklich« bezeichnen, hat seit den Fünfzigern nicht mehr zugenommen (Layard 2009: 43f.; siehe auch die Abbildung auf der folgenden Seite).

Zunächst wirkt das beginnende Bewusstsein über den sehr begrenzten Glückseffekt steigender materieller Konsumtion durchaus nur als molekulare Veränderung, d.h. als ein Wandel ohne einschneidende Folgen. Wenn aber eine steigende Güterkonsumtion verstärkt mit schwersten Umweltfolgen zusammentreffen wird, könnte das Zusammenfallen von ausbleibendem Wohlfahrtseffekt der Mehrkonsumtion mit rapider Verschlechterung der Umweltsituation durchaus zu einem Bestandteil organischer, d.h. struktureller tieferer Krisenprozesse werden und transformatorische Prozesse begünstigen.

Es ist kaum ein Zufall, dass in der jüngeren Evolutionsforschung und Hirnforschung unter dem Druck zu kooperativem Handeln bei der Bewäl-

Abb. 2 Entwicklung von Einkommen und Glück in den USA

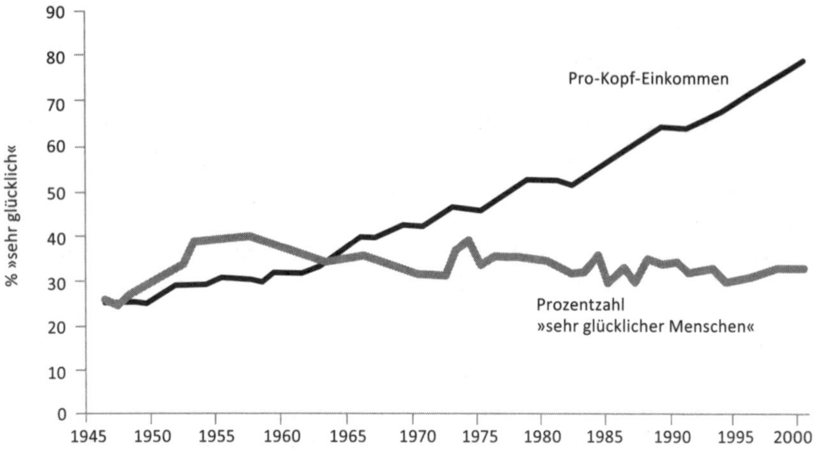

Entnommen aus: Layard 2009: 44

tigung von globalen Problemen der Menschheit den empathischen Fähigkeiten des Menschen und Anlagen zu altruistischem Handeln eine große Bedeutung für das Menschsein zugemessen wird. Ausgerechnet in der Financial Times Deutschland überschrieb Stefan Klein einen großen Artikel zu neuen Erkenntnissen der Evolutionsforschung mit dem für eine Finanzzeitung ungewöhnlichen Titel »Zurück auf selbstlos. Altruismus gehört zu den stärksten Triebfedern des Menschen. Der Homo oeconomicus, liebstes Konstrukt der Wissenschaft, ist ein Trugbild«. (FTD, 8.10.2010) Jeremy Rifkin setzt dem in Misskredit geratenden Idealtyp des homo oeconomicus den homo empathicus entgegen und fragt: »Ist es möglich, dass Menschen ein vollkommen anderes – empathisches – Wesen haben und dass alle anderen Charakterzüge, die wir als primäre Triebe angesehen haben – Aggressivität, Gewalttätigkeit, Egoismus und Habgier – sekundäre Triebe sind, die ihren Ursprung in der Unterdrückung unseres elementarsten Wesenszuges haben?« (Rifkin 2010: 26) Rifkin unternimmt eine Exkursion durch Ergebnisse der Evolutionsforschung und der Hirnforschung, die in den »Spiegelneuronen« des Gehirns die Fähigkeit des Menschen angelegt findet, in den eigenen Gefühlen die Gefühle anderer Menschen zu spiegeln und sich entsprechend einfühlsam zu verhalten. Und er glaubt, in zunehmender Geschlechtergerechtigkeit, im Wandel der Einstellungen zu Homosexualität, in wachsender Aufmerksamkeit für Bedürfnisse von Behinderten, im Meinungswandel über Ehen zwischen Angehörigen verschiedenen Glaubens und Menschen verschiedener Hautfarbe, sowie in der vermehrten Aufmerksamkeit für die Lebensbedingungen und Leiden von Tieren und ihre Rechte Hinweise auf eine Ausbreitung empathischen Bewusstseins erkennen zu können. Seine Interpretation dieser Tendenz ist sicher überzogen, aber wohl nicht ohne Realitätsgehalt.

Im Bewusstsein und in den Empfindungen großer Teile der Bevölkerung in Deutschland und anderen Ländern der westlichen Welt reifen wichtige Bedingungen für die Zuwendung zu einer anderen, solidarischen Gesellschaft. Die Entwicklung in einer Reihe lateinamerikanischer Staaten nach links und die Freiheitsbewegung in Nordafrika deuten ebenfalls darauf hin. Dies ist eine unschätzbare Chance für demokratische Transformationsprozesse. Allerdings: Noch ist diese Chance überlagert durch die Allpräsenz bürgerlicher Ideologie und ihre passive Hinnahme. Um die mehrheitlich schon nicht mehr aktiv akzeptierten Verhältnisse zum Tanzen zu bringen, muss die Linke selbst eine empathische Politik und eine entsprechende eigene politische Kultur entwickeln.

Das Entscheidende für eine progressive Ausschöpfung aller dieser Ansätze und Tendenzen für die Durchsetzung transformatorischen Wandels ist, ob die hier angedeuteten Veränderungen im öffentlichen Bewusstsein von der Suggestion überlagert bleiben, dass es keine realistische Alternative zu den herrschenden Verhältnissen gebe, oder ob alternative Akteure entschieden erstarken, sich zu einem historischen Block der Gegenmacht, zu wirkungsmächtigen Netzen zusammenfinden und die Kräfteverhältnisse nachhaltig zu ihren Gunsten verändern.

Auch dafür gibt es positive Ansätze, die hier nur angedeutet werden. Sie bestimmen in den letzten Jahrzehnten neoliberaler Dominanz nicht die Richtung der Entwicklung. Eine hegemoniefähige Linke ist in Europa, in den USA, Japan und vielen anderen Ländern nicht in Sicht. Die Gewerkschaften stehen in der Krise mit dem Rücken zur Wand. Die kapitalismuskritischen und antikapitalistischen globalen Bewegungen konnten in der jüngsten mehrdimensionalen Krise ihre Positionen ebenso wenig stärken wie die Linksparteien.

Gleichwohl gibt es hoffnungsvolle Erfahrungen alternativer Akteure. In keinem Teil der Erde sind die Lernprozesse alternativer Kräfte als Reaktion auf den neoliberalen Kapitalismus so stürmisch und mit so beachtlichen Erfolgen verlaufen wie in Lateinamerika (Zelik/Tauss 2013; Lang 2012; Zelik 2011; Chrenkow/Wahl 2011; Gärtner/Grabow et. al. 2010; Chrenkow/Wahl 2009; Modrow/Schulz 2008). Nach Jahrzehnten von Militärdiktaturen haben linksorientierte soziale Organisationen und Bewegungen, Vereinigungen der indigenen Bevölkerung und neue linke Parteien trotz andauernden Widerstands mächtiger reaktionärer und konservativer Kräfte bestimmenden Einfluss auf die Regierungen und Präsidentschaften einer Reihe lateinamerikanischer Länder gewonnen. Mit dem Forum von São Paulo, an dem sich 60 bis 80 Parteien und eine schwankende Zahl sozialer Organisationen beteiligen, ist eine wichtige Plattform für die Entwicklung politischer Strategien der Linken und eine breite internationale Gruppierung linker Parteien entstanden (Chrenkow/Wahl 2011).

Eine Vielzahl autonomer sozialer Bewegungen übt anhaltenden Druck auf die Regierungspolitiken aus und ist oft Träger neuer Formen in der Wirtschaft und Gesellschaft. Beispiele dafür sind die Front gegen Armut (Frente contra la Pobreza) in Argentinien, die Nationale Front zur Verteidigung der öffentlichen Güter und des nationalen Eigentums (FrenteNacional de Defense de los BienesPublicos y el PatrimonioNacional) in Paraguay, die verschiedenen Bewegungen der Landlosen, die Lateinamerikanische Koordinierung der Bauernorganisationen (CLOC), die Vereinigungen der indigenen Völker des Amazonas und der Anden, das Netz der Frauen für eine andere Wirtschaft (REMTE) und die Kontinentale Soziale Allianz (ASC), die gegen die von den USA beherrschte Amerikanische Freihandelszone (ALCA) kämpft.

In mehreren Ländern Lateinamerikas sind die Bewegungen der indigenen Völker zu einem treibenden Teil der progressiven Kräfte geworden. Bolivien unter Führung von Präsident Evo Morales ist trotz teilweisen Konflikts der Regierung mit manchen Interessen ihrer eigenen sozialen Basis ein Beispiel dafür.

Angesichts des alles durchdringenden kapitalistischen Globalisierungsprozesses ist die Entstehung der globalen »Bewegung der Bewegungen« unterschiedlichster Gegenkräfte, die sich in den Sozialforen eine Bewegungsform gegeben haben, ein wichtiger Anlauf in der Suche nach Alternativen. Denn keine große Menschheitsfrage wird mehr allein im nationalen Rahmen entschieden werden können. Angesichts der außerordentlichen Schwierigkeit des solidarischen Handelns ganz und gar verschiedener sozialer Kräfte mit unterschiedlichen praktischen Erfahrungen, theoretischen Vorstellungen, Kulturen und Organisationspräferenzen sind die Sozialforen als »Raum für Entpolarisierung der Pluralitäten« (de Sousa Santos) eine wichtige Arena gemeinsamer Lernprozesse. Viele der Bewegungen, die sich in den Welt-, Regional- und Ländersozialforen begegnen, sind selbst komplizierte Gebilde, deren Wirken gewichtige Bausteine neuer Gegenmacht verkörpern. La Via Campesina ist ein herausragendes Beispiel dafür. In dieser beweglichen Struktur sind 148 Kleinbauern-, Landarbeiter-, Landlosen- und Indigenenorganisationen aus 69 Ländern Amerikas, Europas, Asiens und Afrikas zusammengeschlossen. La Via Campesina entwickelt globale Solidarität in vielen lokalen Kämpfen und in Kampagnen gegen internationale Unternehmen wie dem Saatgut-, Gentechnik- und Pflanzenschutzkonzern Monsanto. Ernährungssouveränität, ökologisches Wirtschaften, soziale und Geschlechtergerechtigkeit sind Felder ihres Wirkens. Einer ihrer Aktivisten, Paul Nicholson, sieht neben einer Abschwächung globaler Mobilisierungen zugleich einen Anstieg lokaler Aktivitäten und Kämpfe (Nicholson 2010: 144 ff.).

Als eine Gegentendenz zu Schwächen der Sozialforumsbewegung in den letzten Jahren könnte sich die wellenförmige Erneuerung von Bewegungen erweisen. Darauf deuten die neue, inzwischen zeitweilig wieder in den Hintergrund getretene Weltklimabewegung, die Bewegung der Indignados, Occupy Wall Street und deren teilweise Verwandlung in einzelne Initiativen in Stadtteilen oder andere Protestformen hin.

Das Jahr 2011 wird von vielen Beobachtern als Beginn eines neuen Bewegungszyklus höchst heterogener Kräfte betrachtet. In Tunesien, Ägypten und Libyen wurden autoritäre Herrscher gestürzt. Demokratische Freiheiten, Perspektiven für die junge Generation und ein Ende von sozialem Elend wurden eingefordert. Auf den Plätzen der Städte wurde eine eigene Öffentlichkeit der Rebellierenden hergestellt. Der Ausbruch der Revolten nahm zuvor weitgehend unbeachtete partielle Kämpfe auf. Seit 2004 hatten beispielsweise in Ägypten tausende Streiks in Betrieben stattgefunden. Arbeitslose hatten in Kairo und anderen Städten mit öffentlichen Sit-ins gegen ihre aussichtslose Lage protestiert.

In Dänemark und in der Slowakei gingen aus den Wahlen Linksregierungen hervor. In Frankreich löste Präsident Hollande den Konservativen Sarkozy ab. In einer Reihe von Ländern nehmen die Proteste die Form von Generalstreiks gegen die Abwälzung der Verluste in der Finanzkrise auf die Bevölkerung an. Vom September 2008 bis Mai 2012 fanden in Westeuropa 30 Generalstreiks statt, davon in Griechenland 15, in Italien acht, in Frankreich sechs und weitere in Spanien, Portugal, Großbritannien und Belgien (Gallas/Nowak 2012: 15). Als das neue Schuljahr in Griechenland für viele Kinder ohne Schulbücher begann, als Kranke massenhaft keine Aufnahme in Krankenhäuser fanden, die die Bettenzahl eingeschränkt hatten, viele psychisch Kranke nicht weiterbehandelt wurden, die Zahl der Selbstmorde jäh anstieg und den in Not Geratenen, die eine neue Häusersteuer nicht zahlen können, der Strom abgestellt wurde, wuchs das Protestpotenzial der Empörten schlagartig an und rumort in ganz Südeuropa. Ein Protestzug der Landarbeiter-Gewerkschaft SAT zog in einem wochenlangen Marsch gegen Arbeitslosigkeit und Verarmung durch Andalusien und brachte in den Städten nicht selten tausende sympathisierende Demonstranten auf die Straße. Anfang August 2012 besetzten Teilnehmer des Marsches in einer »Aktion gegen den Hunger« Supermärkte und verteilten Lebensmittel an bedürftige Familien. Verhaftungen und Strafanträge waren die Folgen, aber auch verbreitete Solidarität.

Von den USA ging die Occupy Wall Street-Bewegung aus und ergriff viele Länder der Erde. Sie richtet sich in unorthodoxen Praxen gegen die finanzkapitalistischen Zentren der Macht und eignete sich monatelang öffentliche Räume vorwiegend in Gestalt von dauerhaften Camps an. In ihr äußert sich das verbreitete Gefühl, dass anders als gegenwärtig Menschenwürde und Gerechtigkeit das Leben bestimmen sollten. In Frankfurt am Main demonstrierten im Sommer 2011 30.000 Menschen gegen das Bankenregime. Im Frühjahr 2009 waren unter dem Motto »Wir zahlen nicht für eure Krise!« bundesweit 40.000 Menschen auf die Straße gegangen. Ähnlich viele Demonstranten protestierten im Oktober 2012 in mehreren deutschen Städten gegen die herrschende Politik wachsender sozialer Ungleichheit und unterstützten die Forderung des breiten Aktionsbündnisses »UmFairteilen!«. Aber das anfänglich von vielen Seiten als unkonventioneller Vorteil empfundene Fehlen ausdrücklich formulierter gemeinsamer Protestziele der Occupy-Bewegung, die Räumung der Camps durch die Polizei und auch die Schwierigkeit, die besondere Protestform von öffentlichen Camps längere Zeit durchzuhalten und dauerhafte Organisationsformen zu bilden, führten im Verein mit der allgemeinen Schwäche der pluralen Linken zu einem Abflauen auch der Occupy-Bewegung. Allerdings hat die Mobilisierung von Akteuren das Resultat, dass sich nicht wenige von ihnen inzwischen in lokalen Netzwerken engagieren, beispielsweise in Mieter- und Gesundheitsprojekten. Die Chicagoer Occupy-Gruppe etwa unterstützte im Sommer 2012 den großen Streik der Lehrergewerkschaft.

Selbst das staatlich streng organisierte Israel wurde von den neuen Formen der Selbstorganisation berührt. »Am 15. Juli baute die Filmstudentin Daphni Leef als Zeichen des Protests mitten in Tel Aviv ein Zelt auf. Sie hatte aus ihrem Apartment ausziehen müssen und fand wochenlang keine bezahlbare Wohnung. Leef erstellte eine Protestseite bei Facebook und forderte andere auf, mitzumachen und ebenfalls Zelte aufzubauen. Innerhalb weniger Tage kamen die Proteste in Fahrt, als sich Tausende anschlossen und in ganz Israel Zelte auf zentralen Plätzen aufschlugen.« (ak, 16.9.2011) Insgesamt 80 Camps entstanden in Israel. Ihr Geist, so der Schriftsteller Ronen Eidelmann, war geprägt von dem Ruf »Tzedek, not Tzaka« – Gerechtigkeit, nicht Almosen. Auf dem Höhepunkt der Protestwelle fand am 3. September 2011 die größte Demonstration in der Geschichte Israels mit 450.000 Beteiligten statt. Allerdings ebbte die Bewegung dann ab, als die herrschende Politik wie in anderen Ländern kaum reagierte (ak, 16.9.2011).

In Chile waren im Juli 2011 die verheerenden Folgen der Privatisierung und Gewinnorientierung auch im Bildungswesen der Ausgangspunkt monatelanger Bildungsproteste und von Besetzungen an Universitäten und Schulen. Demonstrationen für ein gleiches Recht auf Bildung vereinigten mehr als eine Million Menschen. Aus den Kämpfen auf dem spezifischen Feld der Bildungspolitik entwickelte sich eine breitere soziale Bewegung. »Nationale Tische« erarbeiteten gemeinsame Forderungen unter Beteiligung von Studierenden, ArbeiterInnen, Umweltbewegungen, Menschenrechtsgruppen, indigenen Organisationen und kleinen Unternehmern. Hunderte Stadtteil- und Kommunalversammlungen entstanden. Sieben Regionalversammlungen konstituierten sich, mit denen die Regierung, wenn auch widerwillig, verhandeln muss (ak, 17.2.2012; 20.4.2012). Wenn auch abgeschwächt, hielt der Jugendprotest in Chile doch auch im Jahr 2012 an. Bemerkenswert war beispielsweise die Aktion am 11. Juli zur Erinnerung an den Jahrestag der Kupferverstaatlichung unter Präsident Allende 1971, verbunden mit der Forderung nach Renationalisierung der durch das Pinochet-Regime privatisierten Kupferförderung. Auch in Deutschland gibt es partiell Ansätze der Mobilisierung von Jugendlichen. Am 1. Oktober 2011 gingen im Rahmen des Jugendaktionstages der IG Metall 20.000 Jugendliche »Für unbefristete Übernahme nach der Ausbildung« auf die Straße.

In Spanien, wo mehr als die Hälfte der Jugendlichen arbeitslos sind, löste das Vorhaben der Regierung, die Studiengebühren in den nächsten fünf Jahren um 75 Prozent zu erhöhen, mehrwöchige Streiks an Universitäten für freie Bildung aus, an denen sich auf dem Höhepunkt 300.000 Studierende beteiligten. Beachtliche Zustimmung in der Öffentlichkeit fanden Wohnungsblockaden durch die Bewegung der Indignados, mit denen sie eine gesetzliche Sozialmiete fordern, die verschuldeten Wohnungseigentümer ermöglichen soll, in ihren Wohnungen zu bleiben.

In neun EU-Ländern zerbrachen bis Ende April 2012 Regierungen an der Empörung der Bevölkerung über die Ungerechtigkeit der ihr auferlegten Sparprogramme. In Deutschland hat die Anti-AKW-Bewegung die Herrschenden zum Einstieg in eine ökologische Energiewende gezwungen. Die Bloccupy-Aktionen in Frankfurt/Main, die Initiativen gegen Neonazis, der mit Stuttgart 21 verbundene Widerstand gegen ein die Umwelt schwer belastendes und Milliarden schweres Bauprojekt, die Aktionen gegen die Verpressung von Kohlendioxid in die Erde, die Proteste gegen Fluglärm und insgesamt das nachdrückliche Verlangen von Bürgerinnen und Bürgern nach Beteiligung an Entscheidungsprozessen deuten auf erhebliches Veränderungspotenzial hin. In Deutschland, England und in anderen EU-Ländern verteidigen Antiprivatisierungs-Bündnisse öffentliches Eigentum gegen die neoliberale Privatisierungspolitik und setzten bereits in vielen Orten eine Re-Kommunalisierung von privatisiertem früheren Kommunaleigentum durch. Als Politik von unten entwickeln sich Bürgerhaushalte, auf die die Bürgerinnen und Bürger in selbst mitbestimmten, transparenten Verfahren unmittelbaren Einfluss nehmen – bei Gegentendenzen zur Verwandlung dieser emanzipatorischen Tendenz in ein reibungsloseres Funktionieren der Verwaltung im Rahmen herrschender Politik allerdings. Sozial- und Armutsberichte, die unter aktiver Beteiligung der Bürgerinnen und Bürger in Kenntnis ihres eigenen Lebensumfeldes erarbeitet werden, bringen analytisches und Bewertungswissen hervor und können zum Ausgangspunkt kritischen Handelns werden.

Solche und andere Ansätze für alternatives Denken und Handeln werden in Deutschland und in der EU bisher von der Politik der Herrschenden überlagert oder auch in sie integriert und ihres oppositionellen Gehalts beraubt. Aber sie existieren und verbinden sich mit linken Diskursen darüber, wie die Defensivsituation der Linken aufgebrochen und in transformatorische Prozesse verwandelt werden kann. Sie lassen darauf hoffen, dass es gelingt, den staatsinterventionistisch modifizierten und grün modernisierten neoliberalen Kapitalismus durch einen postneoliberalen Kapitalismus unter starkem Einfluss linker Kräfte zu überwinden und diesen für eine zweite Große Transformation zu öffnen.

Für die Transformationsforschung besteht eine erstrangige Aufgabe darin, die hier genannten und viele andere reale Ansätze für Transformationsprozesse analytisch zu erfassen und in das Bewusstsein von alternativen Akteuren zu heben. Für eine transformatorische Politik öffnet dies Handlungsräume sozial-ökologischer Gestaltung.

Die handfeste Realität von transformationsschwangeren Umständen und Verläufen in der Gegenwart ist aber auch das Fundament, an dem anknüpfend künftig Mögliches gedacht werden kann: »Ja, alles Wirkliche geht an seiner prozessualen Front über ins Mögliche.« (Bloch 1985: 225) Die Realitäten, sorgfältig auf vielleicht noch Werdendes hin betrachtet, füttern Zukunftsvorstellungen über die Konturen einer besseren Gesellschaft, die heute noch unter dem Horizont liegt und doch schon ihren Schein vorauswirft. Weil in der Wirklichkeit Entwicklungen angelegt sind, die über das Gegenwärtige hinausweisen, können sie der Anker für realitätsnahe Träume und Visionen werden.

Die Linke braucht beides: den bodenständigen Umgang mit den Verhältnissen so wie sie sind – und das Träumen davon, wie die Verhältnisse werden könnten. Nur so entspricht sie der Verfasstheit des lebensweltlich handelnden Menschen, der gleichwohl zuweilen über den Alltag hinausträumt. Doppelte Transformation bedeutet Arbeit am ständigen Aufdecken des heute progressiv Real-Möglichen und seiner Gestaltung. Und sie schließt das Träumen darüber hinaus ein. Der herkömmlichen Linken mag das Träumen unziemlich erscheinen, nicht angemessen der Härte von Klassenkämpfen gegen die oft skrupellos Herrschenden. Bloch hat dagegen die Ahnung als Sinn für das sich Anbahnende, die Fantasie, die Sehnsucht und den Traum, den Tagtraum insbesondere, in den Kontext der »Entdeckung des Noch-nicht-Bewussten« gestellt (ebd.: 129). Er war sich der Abneigung in der Linken gegen allzu viel Fantasie und gar gegen das Träumen durchaus bewusst, und sah sich in seinem Plädoyer für Räume des Träumens verwandt mit einer nur wenig bekannten Seite Lenins, über die dieser selbst schrieb: »›Wovon wir träumen müssen?‹ ich habe diese Worte niedergeschrieben und bin erschrocken. Ich stellte mir vor, ich sitze auf einer ›Vereinigungskonferenz‹ .... Und nun steht Genosse Martynow auf und wendet sich drohend an mich: ›Gestatten Sie, dass ich Sie frage: hat eine autonome Redaktion noch das Recht, ohne vorherige Befragung der Parteikomitees zu träumen?‹ Und nach ihm steht Genosse Kritschewski auf und fährt (den Genossen Martynow philosophisch vertiefend, der schon längst den Genossen Plechanow vertieft hat) noch drohender fort: ›Ich gehe noch weiter. Ich frage, ob ein Marxist überhaupt das Recht hat zu träumen, wenn er nicht vergisst, dass sich die Menschheit nach Marx nur Aufgaben stellt, die sie lösen kann ... ?‹ Bei dem bloßen Gedanken an diese drohenden Fragen überläuft es mich eiskalt, und ich überlege nur, wo ich mich verstecken könnte. Ich will versuchen, mich hinter Pissarew zu verstecken.« Pissarew nämlich schrieb, wie Lenin notierte: »Der Zwiespalt zwischen Traum und Wirklichkeit ist nicht schädlich, wenn nur der Träumende ernstlich an seinen Traum glaubt, wenn er das Leben aufmerksam beobachtet, seine Beobachtungen mit seinen Luftschlössern vergleicht und überhaupt gewissenhaft an der Realisierung seines Traumgebildes arbeitet. Gibt es nur irgend einen Berührungspunkt zwischen Traum und Leben, dann ist alles in bester Ordnung.« (Bloch: a.a.O.: 8f.; sein Verweis auf Lenin bezieht sich auf dessen Schrift »Was tun?«, in: Werke Bd. 3: 529)

Die hier vorliegende Publikation folgt der Frage, wie das Morgen im Heute zu tanzen beginnt. Deshalb geriet auf der Suche nach Bildern für diesen Kern einer doppelten Transformation das erstaunliche Heraustreten des in Paris und in der ganzen Welt gefeierten Tanzgenies Nurejew aus dem ungelenken russischen Bauernburschen in den Fluss unserer Betrachtung. Dies ist hier noch zu ergänzen.

Nurejew hatte einen Hund, das Gegenstück zu seiner eigenen Eleganz und Grazie. Der Hund war ein großes plumpes und kurzatmiges Tier. Er war so träge, dass Nurejew ihn Oblomow nannte. Elke Heidenreich erzählt von diesem Hund eine berührende Geschichte (Zitate aus: Heidenreich 2007). Er liebte Nurejew von der ersten Begegnung an und begleitete ihn mit Vorliebe in den Ballettsaal. »Oblomow, der seine ideale Balance nur durch maximale Trägheit erreichte, konnte sich nicht satt sehen an den kraftvollen Sprüngen. Die Schwerelosigkeit des Tänzers schien ihm ein Wunder, wenn sein Herr die Position écarté de face einnahm, schräg gegenüber von Oblomow beim Klavier, dann vibrierte sein Herz voll Liebe, und die Augen wurden ihm feucht. Denn es erfüllten sich ihm Träume und Ahnungen und Vorstellungen von großer, erhebender Kunst, die schon immer in ihm geschlummert hatten.« Als Nurejew gestorben war, fiel der Hund in tiefe Trauer. Getröstet fühlte er sich, wenn er zusammen mit Olga Piroschkowa, der der sterbende Nurejew seinen Hund anvertraut hatte, alte Schallplatten hörte, nach denen Nurejew so oft getanzt hatte. Eines Nachts bewegten Oblomow seine Träume so sehr, dass er leise auf den kleinen Balkon schlurfte. Zu seinem eigenen Erstaunen ertappte er sich dabei, »wie er plötzlich die Vorderpfoten zierlich kreuzte und einen kleinen Sprung wagte – fast eine révoltade, eine äußerst komplizierte Variation von Spielbein und Sprungbein. Er schnaufte heftig.« Von dieser Nacht an versuchte sich Oblomow in Gedanken an seinen Herrn heimlich immer wieder in den Tanzschritten, die er bei Nurejew so bewundert hatte. Olga Piroschkowa, die irgendwann seiner Übungen gewahr wurde, wagte nicht, sein Geheimnis zu zerstören. Aber an dem Tage, an dem Nurejew sechzig Jahre alt geworden wäre, brachte sie mit Oblomow einen Rosenstrauß zum Grab Nurejews. »Weit und breit war kein Mensch zu sehen. Da beugte sich Olga Piroschkowa zu ihm hinunter, streichelte ihn sanft und flüsterte: ›Mily Oblomow, ty potjesch publiaschy tolka dlia jewo‹, Oblomow, mein Lieber – tanz einmal. Nur für ihn. Zum ersten Mal hatte sie mit ihm russisch und nicht französisch gesprochen! Er war tief gerührt. ... Er verstand genau, was sie meinte. Er sollte sein Geheimnis offenbaren, mit ihr teilen, einmal tanzen, für Nurejew, seinen früheren Herrn, der hier lag und den sie beide geliebt hatten. Der Hund erhob sich langsam, schüttelte sich, verharrte. ... Und er ging ein wenig zurück, nahm einen kleinen Anlauf, und dann legte Oblomow, der schwere, nun fast sechzehnjährige Hund des weltberühmten Tänzers Rudolf Nurejew, eine tadellose cabriole mit geschlossenen Hinterbeinen, hoch gestreckten Vorderbeinen, einen Flug über das Grab mit tadelloser Landung auf dem zitternden Standbein hin. Er landete mitten in den weißen Rosen. Und die Piroschkowa sah ihn an, hatte

Tränen in den Augen und flüsterte: ›Une cabriole, merveilleuse, wie stolz wäre er auf dich, mon cher.‹ Sie gingen glücklich heim. Danach hat Oblomow nie wieder getanzt.«

Elke Heidenreichs Erzählung für das Konzept der doppelten Transformation zu bemühen, mag abwegig erscheinen. Doch nach dem Plädoyer für die Zuwendung zu konkreten Ansätzen solcher Transformation in der kapitalistischen Realität ist die Fantasieerzählung davon, dass große und leidenschaftliche Gefühle die Kraft zur Erfüllung von Träumen hervorbringen können, ein legitimer Kontrapunkt. Der pragmatische Umgang mit dem heute Veränderbaren bedarf der Ergänzung durch das leidenschaftliche Engagement für Zukünfte, die heute noch als Traum erscheinen.

Natürlich kann versucht werden, Träume als Illusionen aus dem Repertoire der Linken zu verbannen und die Illusionen selbst natürlich auch. Wie aber, wenn Traum und Ahnung an die »Fantasie des objektiv Möglichen« (Bloch) heranführen, und damit dazu beitragen, die Suggestion von der Alternativlosigkeit zu durchbrechen? Wenn sich Illusionen zuweilen als mobilisierende Kraft erweisen, um das real Mögliche auch tatsächlich zu erreichen? Der Revolutionsforscher Manfred Kossok bezeichnete die Selbsttäuschung sogar als historische Triebkraft (Kossok 1988: 53). In der französischen Revolution von 1789 wurde die aufsteigende Klasse der Bourgeoisie von »der Illusion der gemeinschaftlichen Interessen« (MEW 3: 48) getragen, von der Selbsttäuschung, die Interessen der gesamten Gesellschaft zu verkörpern. Im »Anfang diese Illusion wahr«, vermerkte Marx (ebd.: 9). Aber sehr schnell brachen die Widersprüche zwischen der Bourgeoisie und den Klassen und Ständen unter ihr auf. Die »heroische Illusion« musste, noch während sie die aufstrebenden Kräfte beflügelt, wieder an die Realität zurückgebunden werden. Die Linke kann heute gewiss nicht auf Träume vertrauen. Illusionen sind nicht das Fundament linker radikaler Realpolitik. Aber realitätsnahe Träume und Fantasien können das Gespür für heute noch unmögliche Möglichkeiten wachhalten. Das führt aus den legitimen Fantasiewelten wieder zurück zu dem, was heute für das Morgen wirklich getan werden kann oder könnte.

13. Einstiegsprojekte in einen emanzipatorischen Transformationsprozess

Die Gesamtheit der hier vorgestellten Überlegungen führt zu der Auffassung, dass das Konzept einer doppelten Transformation eine zeitgemäße Grundlage moderner linker Strategie und Politik bietet. Es ist geeignet, wichtige Teilprojekte progressiver gesellschaftlicher Veränderung politisch so anzugehen, dass sie Teil eines Prozesses werden, der über partielle Lösungen hinausweist. Als größere Teilprojekte können beispielsweise betrachtet werden: die Erneuerung der Arbeitsverhältnisse nach dem »Vier-in-einem-Prinzip« mit dem Ziel sinnvoller existenzsichernder Erwerbsarbeit für alle Arbeit Suchenden und geschlechtergerechter Verteilung aller zum Leben gehörenden Tätigkeiten; die Erneuerung der sozialen Sicherungssysteme auf der Grundlage solidarischer Finanzierung und Geschlechtergerechtigkeit; der Übergang von einer fossilistisch-atomaren Energiebasis zu erneuerbaren Energien; der Übergang zu einem neuen, umweltgerechten Mobilitätssystem; sozial gleicher Zugang aller zu den für die Betroffenen wesentlichen Informationen; hochwertige Bildung für alle unabhängig vom sozialen Status; die Herausbildung neuer nachhaltiger Lebensweisen.

Solche Teilprojekte bilden die für die Bürgerinnen und Bürger relevante Substanz von Transformationsprozessen. Aber auch diese Teilprojekte werden in der Regel nicht unmittelbar Gegenstand des Handelns von Akteuren sein. Konkretere Einstiegsprojekte, die schon eher unmittelbar von interessierten Kräften getragen werden, sind zum Beispiel für die Energiewende der Widerstand gegen neue Kohlekraftwerke und gegen das Abbaggern weiterer Dörfer, die Bewegung für Bioenergiedörfer und die Re-Kommunalisierung zuvor privatisierter Stadtwerke. Welche konkreten Problemlagen, Interessen, Konflikte und Auseinandersetzungen in verschiedenen Ländern und Regionen zu welchen Zeitpunkten in den Vordergrund treten und zum Ausgangspunkt weiter reichender Veränderungsprozesse werden können, ist kaum vorauszusagen. Gleichwohl verweisen die Praxen demokratischer Akteure, öffentliche Diskurse und konzeptionelle Überlegungen auf mögliche Einstiegsprojekte in größere Prozesse transformatorischen Wandels.

Solche Einstiegsprojekte versprechen Erfolg, wenn sie einige wichtige Eigenschaften aufweisen: Sie können die Verhältnisse dann zum Tanzen bringen, wenn sie ungelöste Widersprüche und Probleme zum Ausdruck bringen, die die Interessen wichtiger sozialer Gruppen und Akteure stark betreffen. Sie können sich als Beginn wesentlicher Veränderungsprozesse erweisen, wenn sie für diese Kräfte in absehbaren Zeiträumen positive Veränderungen versprechen, wenn sie also machbar sind und deshalb mobilisierend wirken. Eine Transformationswirkung können sie dann entfalten, wenn ihre Realisierung an weitere emanzipatorische Schritte heranführt.

Folgende Einstiegsprojekte unterschiedlicher Reichweite könnten aus der Sicht linker Akteure in Deutschland und anderen europäischen Länder den Herausforderungen am Beginn des 21. Jahrhunderts entsprechen. Für sie gilt es, in überzeugender Weise Sachkompetenz zu entwickeln und durch Bündnisse Machtpotenziale für ihre Verwirklichung zu schaffen.

1. Gerechte Umverteilung – Einstiegsprojekte:

- einmalige Abgabe oder mehrjährige Sondersteuer auf private Großvermögen (Millionärssteuer), Finanztransaktionssteuer, Anhebung des Spitzensteuersatzes bei der Einkommensteuer, stärkere Besteuerung großer Erbschaften;
- Ablösung des Zweiklassensystems im Gesundheitswesen und im Pflegebereich, Übergang zu einheitlichen solidarischen Sicherungssystemen unter Einbeziehung aller Einkommensarten;
- Einführung einer repressionsfreien bedarfsorientierten Grundsicherung für alle, die ein menschenwürdiges Dasein nicht durch eigene Arbeit sichern können; Weiterführung der Diskussion über ein Grundeinkommen für alle;
- schrittweiser Übergang zur Entgeltfreiheit für Bildung, Gesundheitsleistungen und Pflege; besondere Förderung sozial Schwächerer;
- gesetzliche Mindestlöhne deutlich über der Sozialhilfe und Ausweitung der Bindungskraft der Tariflöhne;
- IG Metall-Initiative »besser statt billiger«, d.h. Beteiligung von unten an Innovationen anstelle von Kostensenkung in der Produktion zulasten der Lohnabhängigen;
- schrittweiser Übergang zur 30-Stundenwoche;
- sozial gleiche Teilhabe an Bildung für alle, Realisierung des Rechts auf kostenlose Kita-Betreuung für jedes Kind, gemeinsame Schulbildung bis zur 10. Klasse;
- Ausweitung des öffentlichen Eigentums im Infrastrukturbereich;
- Trennung der Kernfunktionen von Banken (Zahlungsverkehr, Einlagengeschäft, Kreditfinanzierung) vom Investmentbanking, Entflechtung »systemrelevanter« Finanzakteure/Rückbau ihrer Größenordnung, Verbot von außerbörslichem Handel mit Finanzprodukten und von hochkom-

plexen spekulativen Finanzinstrumenten – Übergänge zu einem im Kern öffentlichen Bank- und Finanzsystem;
- Entflechtung der Monopole/Oligopole im Energiebereich und Überführung großer Netze in die Hand öffentlicher Netzagenturen.

2. Sozial-ökologischer Umbau – Einstiegsprojekte:

- öffentliche Zukunftsinvestitionsprogramme als Säule strategischer staatlicher Strukturpolitik;
- Rekommunalisierung privatisierter Stadtwerke und ihr Umbau zu ökologischen Energiedienstleistern (Konzentration auf erneuerbare Energien, Energieeffizienz, Kraft-Wärme-Kopplung, Beratungsservice zur Energieeinsparung);
- Stärkung genossenschaftlicher Selbstorganisation im Energiebereich;
- Ausbau des öffentlichen Personennahverkehrs (perspektivisch entgeltfrei), fahrradfreundliche Kommunen;
- Förderung ökologischer Landwirtschaft und regionaler Versorgung mit Lebensmitteln;
- Einführung von Sozialtarifen für einkommensschwache Haushalte bei der Gestaltung der Strompreise in der Energiewende;
- staatliche finanzielle Förderung der energetischen Gebäudesanierung, um in Verbindung mit anderen Regelungen eine unsoziale Abwälzung der Sanierungslasten auf die Mieter zu verhindern;
- Ausbau eines breiten Sektors öffentlich geförderter Beschäftigung vor allem in der Daseinsvorsorge;
- Förderung von Formen solidarischen Wirtschaftens ohne Profitziele;
- City Gardening-Projekte.

3. Demokratische Umgestaltung – Einstiegsprojekte:

- Durchsetzung einer qualifizierten Mitbestimmung von Wirtschafts-, Sozial- und Umwelträten auf allen Ebenen und der Vetorechte von Beschäftigten bei Grundentscheidungen gewinnträchtiger Unternehmen, die Arbeit und Standorte betreffen;
- Pflicht zur Bildung von Betriebsräten in Betrieben ab 50 MitarbeiterInnen;
- Stärkung von Elementen direkter Demokratie von der kommunalen bis zur europäischen Ebene;

- Einführung partizipativer Bürgerhaushalte bis hin zur Ebene der EU, Verteidigung ihres emanzipatorischen Inhalts gegen Bestrebungen ihrer Instrumentierung zur bloßen Verwaltungsmodernisierung;
- umfassende Transparenz bei öffentlichen Entscheidungen und ihrer Vorbereitung;
- BürgerInnenbeteiligung von Beginn an der Vorbereitung von Großprojekten und anderen Projekten, die sie selbst betreffen;
- Einführung einer »Dritten Stimme« bei Wahlen, die über Schwerpunkte der finanziellen Unterstützung von Strukturen der Zivilgesellschaft entscheidet;
- selbstbestimmte Kita-Projekte;
- Aktionen und Initiativen gegen Rechtsextremismus und Neonazis.

4. Umfassende Friedenspolitik und internationale Solidarität – Einstiegsprojekte:

- Abzug der Bundeswehr aus Kampfeinsätzen im Ausland;
- schrittweiser Übergang zum Verbot von Rüstungsexporten;
- Konversion von Rüstungsproduktion;
- Druck auf die Bundesregierung für den Abzug aller Atomwaffen von deutschem Boden und für ihre volle Unterstützung aller Schritte zu einer atomwaffenfreien Welt;
- Ausbau der Organisation für europäische Sicherheit und Zusammenarbeit zu einer wirksamen Struktur der Konfliktprävention, Schritte zu einem neuen Kollektiven System europäischer Sicherheit unter Beteiligung Russlands anstelle der NATO als Militärbündnis;
- erhebliche Erhöhung der Entwicklungshilfe (finanziell, technologisch, infrastrukturell, für Bildung, Gesundheit und ökologischen Strukturwandel) mit dem Ziel des Zugangs jedes Erdbewohners zu den Grundgütern eines freien Lebens im Einklang mit der Natur. Insbesondere Unterstützung einer Anpassung der Entwicklungsländer an den Klimawandel und zu dessen Begrenzung.

14. Politische Kultur der Linken und Transformation

Ein emanzipatorischer Transformationsprozess, der von einer Erneuerung der Demokratie getragen wird, schließt notwendig auch eine Erneuerung der politischen Kultur der Linken ein. Schon die Überschreitung der antagonistischen Entgegensetzung von Reform und Revolution im Diskurs der Linken erfordert, die tief verwurzelte Unkultur wechselseitiger Beschuldigung, Diffamierung und Ausgrenzung von Grund auf zu überwinden.

Ein transformatorischer Such- und Lernprozess ist völlig unverträglich mit Restvorstellungen in der Linken davon, sich im Besitz eines Wahrheitsmonopols über künftige Wege und Gestalten der Gesellschaft zu wähnen. Stattdessen bedarf sie einer Kultur des Argumentierens, des Anhörens und Prüfens von Argumenten und Gegenargumenten, der Toleranz und des Lernens auch von Andersdenkenden. In der parteiförmigen Linken mit staatssozialistischer Geschichte erforderte dies einen vollständigen Bruch mit stalinistischen Strukturen, wie ihn die damalige SED/PDS auf ihrem Gründungsparteitag 1989 vollzogen hat. Die zentralistische Struktur des Staatssozialismus, die Enge des marxistisch-leninistischen Denkgebäudes und die Heiligung der Parteilinie erstickten jede politische Kultur. »Wir sagten, dass es besser sei, sich mit der Partei zu irren, als außerhalb von ihr und gegen sie Recht zu haben.« (Semprun 1981: 82) Das Ende des Staatssozialismus war deshalb nicht zuletzt eine Befreiung der Kultur in weitem Sinne und insbesondere der politischen Kultur. Albert Camus schrieb über eine wichtige Seite solcher Kultur: »Wir müssen viel mehr bestrebt sein, die Kritik nie in Beleidigung ausarten zu lassen, wir müssen als möglich annehmen, dass unsere Gegner recht haben.« (Camus 1997: 33)

Die Befreiung aus dogmatischen Denkgehäusen und eine offene politische Kultur bleiben jedoch eine ständige Aufgabe. Sie betrifft die gesamte Linke und keineswegs nur ihre Teile mit kommunistischer und staatssozialistischer Herkunft. Eine offene, kommunikative und kooperative politische Kultur ist auch ein Erfordernis der Verständigung zwischen den sehr verschiedenen politischen Milieus, die einen emanzipatorischen Transformationsprozess tragen könnten. »Wir stehen vor weit voneinander entfernten kulturellen, symbolischen, sprachlichen Welten, ohne dass wir über einen Übersetzungsmodus verfügen. Während einerseits von Klassenkampf, Kräfteverhältnissen, Gesellschaft, Staat, Reform und Revolution gesprochen wird, ist andererseits von Liebe, Würde, Solidarität, Gemeinschaft, Rebellion oder Gefühl die Rede, von der Transformation von Subjektivität, von ›einer Welt, in der viele Welten Platz haben‹.« (de Sousa Santos 2010: 128)

Diese Milieus sind nicht zuletzt durch den besonderen kulturellen Habitus unterschieden, der den ihnen Zugehörigen eigen ist. Es bedarf wiederum der Toleranz, erheblicher Empathie, einfühlsamer Sprache und des Lernens von den Andersartigen, um das Gemeinsame im Verschiedenen politisch produktiv zu machen. Erst recht gilt dies für den politischen Balanceakt, *gegen* die Herrschenden *mit* den weitsichtigeren und flexibleren Teilen der Machteliten Schritte zu gehen, die einer Klimakatastrophe entgegenwirken, eine atomwaffenfreie Welt greifbarer machen und die Armut mildern. Peter Sloterdijk hat in seinem Buch »Zorn der Zeit« als Grundgestus, der die Entwicklung vorantreibe, eine Sprache des Zorns nahegelegt. Ohne Zweifel ist eine solche Sprache zur Anklage gegen menschenfeindliche Haltungen und Handlungsweisen angemessen. Zu bezweifeln ist aber, ob eine pure Sprache des Zorns ohne alle Differenzierung eine Sprache linker politischer Kultur sein kann. Mit ihr ist jene Mehrheit der Bürgerinnen und Bürger kaum erreichbar, die in Individualisierungsprozessen, Vielfalt der Lebensstile, internationaler Arbeitsteilung und Begegnung der Kulturen, Fortschritten der Geschlechteremanzipation, Eigenverantwortung und ähnlichen Prozessen Chancen für eigene Lebensentwürfe sieht. Erst recht wird eine ausschließlich aggressive Sprache keine Brücken zu jenen schlagen, die in der Sphäre der Macht bereit sind, gegen manche eigenen kurzfristigen Interessen in Überlebensfragen der Menschheit der Vernunft den Vorrang zu geben.

Kurz, eine künftige emanzipatorische Transformation der Gesellschaft bedarf einer neuen politischen Kultur der Linken. Es sind die Menschen, die die Gesellschaft verändern können, wenn ihre konkreten Interessen, ihre Emotionen und ihr Verstand zu einem Strom des Umbruchs zusammenfinden. Auch wenn es dazu kollektiver Akteure bedarf, schließt dies doch die innere Entscheidung von Millionen Individuen ein, die Erneuerung der Gesellschaft in die eigenen Hände zu nehmen. Erich Fromm schrieb in seinem Werk »Haben und Sein« sogar, die Vorbedingung einer besseren Welt sei, dass sich »die heute vorherrschende Charakterstruktur des Menschen grundlegend wandelt« (Fromm 2000: 20). Rudolf Bahro formulierte knapp, dass es »nur so viel Umkehr geben wird, wie Individuen umkehren« (Bahro 1989: 464). Talcott Parsons betrachtete einschneidenden gesellschaftlichen Wandel als das Resultat eines fundamentalen Wertewandels in der kulturellen Sphäre der Gesellschaft und der Verinnerlichung dieses kulturellen Wertewandels durch die Individuen (Parsons 1969). Nach Günter Anders' Überlegung müssen die kulturellen Veränderungen dazu führen, dass sich ein politisch relevanter Teil der handelnden Menschen unvergleichlich viel mehr Gefühls- und Mitgefühlstiefe aneignet. Nur so könnten sie die »prometheische Lücke« zwischen ihrer an die kühne Tatkraft des Prometheus gemahnenden Veränderungsmacht und der Begrenztheit menschlicher Verantwortungsfähigkeit für die Folgen ihres Handelns schließen (Anders 1985: 266). Douglass North hat argumentiert, die ungeheure Unterschiedlichkeit in den Wandlungsprozessen von Gesellschaften mache deutlich, dass die kulturelle Komponente zusammen mit der Veränderung von Institutionen auch für den Wandel von Ökonomie und Politik im Laufe der Zeiten zentral sei. (North 2005: IX)

Immer ist in den zitierten Überlegungen die Rede von einschneidenden Veränderungen in der sozio-kulturellen Grundsituation von Gesellschaften und Individuen unter dem Druck von extremen Spannungen und Gefahren. In solchem Fall kann für einen historischen Moment die kulturell-geistige Verfasstheit der Gesellschaft entscheidend für große transformatorische Fortschritte werden. Dem Historiker und Revolutionsforscher Manfred Kossok galt »der Umbruch im philosophischen Denken (als Kernstück der allgemeinen Kulturrevolution) als eine von drei entscheidenden Ebenen revolutionärer Umwälzungen« (Kossok 1988: 44).

Die notwendige Erneuerung der politischen Kultur der pluralen Linken, linke Parteien eingeschlossen, ist nur ein Teil solcher allgemeinen Kulturrevolution. Die schnelle Entfaltung einer eigenen solidarischen, politischen Kultur wird die Linke in den kommenden geistig-politischen Kämpfen um die Wege in und nach der Krise durch das Miteinander über Meinungsverschiedenheiten hinweg, durch die erhöhte Glaubwürdigkeit und moralische Anziehungskraft einer solchen Kultur stärken. In dem unumgehbaren künftigen Wandel der Lebensweisen wird überdies dem kulturellen Niveau der zwischenmenschlichen Beziehungen eine erstrangige Bedeutung zukommen. Allerdings existiert auch eine linke Kultur nicht außerhalb der Einflüsse der kapitalistischen Konkurrenzgesellschaft, sodass der Wandel der Kultur der Linken zu einem Teil ihres Projekts einer gerechten Gesellschaft der Freiheit, sozialen Gleichheit und Solidarität für Jede und Jeden wird. Zu einem wichtigen Moment doppelter Transformation sollte die Herausbildung einer Kommunikationsweise werden, über deren Geist Erich Fromm (Fromm 2000: 43) schrieb: »Die Unterhaltung hört auf, ein Austausch von Waren (Informationen, Wissen, Status) zu sein, und wird zu einem Dialog, bei dem es keine Rolle mehr spielt, wer recht hat. Die Duellanten beginnen, miteinander zu tanzen, und sie trennen sich nicht im Gefühl des Triumphs oder im Gefühl der Niederlage, was beides gleich fruchtlos ist, sondern voll Freude.«

Literatur

Abraham a Sancta Clara (Hrsg. Hans Ulrich Megerle) (1969): Purpurmantel und Bauernkittel. Berlin.

Agnoli, Johannes/Brückner, Peter (1968): Die Transformation der Demokratie. Frankfurt/Main.

Aglietta, Michel (1979): A Theory of Capitalist Regulation. The US-Experience. London.

Altvater, Elmar (2009): Die kapitalistischen Plagen. Energiekrise und Klimakollaps, Hunger und Finanzchaos. In: Blätter für deutsche und internationale Politik. 3.

Altvater, Elmar/Brunnengräber, Achim (Hrsg.) (2008): Ablasshandel gegen Klimawandel? Marktbasierte Instrumente in der globalen Klimapolitik und ihre Alternativen. Hamburg.

Anders, Günter (1985): Die Antiquiertheit des Menschen, Bd. 1. Über die Seele im Zeitalter der zweiten industriellen Revolution. München.

Arbeitsgruppe Alternative Wirtschaftspolitik (2009): Memorandum 2009. Von der Krise in den Absturz? Stabilisierung, Umbau, Demokratisierung. Köln.

Baar, Lothar u. a. (1980): Wirtschaftsgeschichte. Leitfaden. Berlin.

Bahr, Egon (Hrsg.) (2008): Weltgesellschaft. Ein Projekt von links! Berlin.

Bahro, Rudolf (1989): Logik der Rettung. Wer kann die Apokalypse aufhalten? Ein Versuch über die Grundlagen ökologischer Politik. Stuttgart/Wien.

Becher, Johannes R. (1986): Der Aufstand im Menschen. Berlin

Beck, Ulrich/Ziegler, Ulf Erdmann (1997): eigenes leben. Ausflüge in die unbekannte Gesellschaft, in der wir leben. München.

Bellebaum, Alfred/Schaaff, Herbert/Zinn, Karl Georg (Hrsg.) (1999): Ökonomie und Glück. Beiträge zu einer Wirtschaftslehre des guten Lebens. Opladen/Wiesbaden.

Benjamin, Walter (1984): Allegorien kultureller Erfahrung. Ausgewählte Schriften 1920-1994. Leipzig.

Benjamin, Walter (1984): Über den Begriff der Geschichte. In: Ders. 1984.

Bernstein, Eduard (1977): Texte zum Revisionismus. Ausgewählt, eingeleitet und kommentiert von Horst Heimann. Bonn-Bad Godesberg.

Bertelsmann-Stiftung (2011): Zivilgesellschaft. Sozialer Kitt, Partizipation oder Wirtschaftsfaktor? http://www.stifterverband.info/statistik_und_analysen/zivilgesellschaft_in_zahlen/ziviz_mod.

Biesecker, Adelheid/Hofmeister, Sabine (2006): Die Neuerfindung des Ökonomischen. München.

Binswanger, Hans Christoph (2006): Die Wachstumsspirale. Geld, Energie und Imagination in der Dynamik des Marktprozesses. Marburg.

Bischoff, Joachim/Huffschmid, Jörg/Nick, Harry/Reuter, Norbert/Steinitz, Klaus/Zinn, Karl Georg (2006): In der Stagnationsfalle. Perspektiven kapitalistischer Entwicklung. Hamburg.

Bloch, Ernst (1985): Das Prinzip Hoffnung. Frankfurt/Main.

Bode, Thilo (2010): Die Essensfälscher. Was uns die Lebensmittelkonzerne auf die Teller lügen. Frankfurt/Main.

Bollenbeck, Georg (2010): Für eine unbescheidene Linke. In: Luxemburg 1.

Bommert, Wilfried (2012): Bodenrausch. Die globale Jagd nach den Äckern der Welt. Köln

Boyer, Robert (1986): La Théorie de la Régulation. Une analyse critique. Paris.

Brand, Ulrich (2009): Staatseuphorie ohne Strategie. Zur Lage der Linken im Postneoliberalismus. In: Blätter für deutsche und internationale Politik. 4.

Brand, Ulrich/Brunnengräber, Achim/Schader, Lutz/Stock, Christian/Wahl, Peter (2000): Global Governance. Alternative zu neoliberaler Globalisierung? Münster.

Brangsch, Lutz/Dellheim, Judith/Spangenberg, Joachim H./Wolf, Frieder Otto (2012): Den Krisen entkommen. Sozialökologische Transformation. Berlin.

Brecht, Bertolt (1964): Ein Lesebuch für unsere Zeit. Berlin/Weimar.

Bretthauer, Lars (2006): Materialität und Verdichtung bei Nicos Poulantzas. In: Bretthauer, Lars/Gallas, Alexander/Kannankulam, John/Stützle, Ingo: Poulantzas lesen. Zur Aktualität marxistischer Staatstheorie. Hamburg.

Brie, Michael (2003): Der sowjetische Staatsparteisozialismus im Lichte Marx´scher Theorie »progressiver Epochen der ökonomischen Gesellschaftsformation«. In: Rosa-Luxemburg-Stiftung Sachsen (Hrsg.) (2004): Aufstieg und Fall des osteuropäischen Staatssozialismus. Leipzig.

Brie, Michael (Hrsg.) (2007): Schöne neue Demokratie. Elemente totaler Herrschaft. Berlin.

Brie, Michael (2007): Der Kampf um gesellschaftliche Mehrheiten. In: Brie, Michael/Hildebrandt, Cornelia/Meuche-Mäker, Meinhard (Hrsg.): DIE LINKE. Wohin verändert sie die Republik. Berlin.

Brie, Michael (2009): Sind wir Auto? In: Luxemburg. Gesellschaftsanalyse und linke Praxis, Heft 1: In der Krise.

Brie, Michael (Hrsg.) (2009): Radikale Realpolitik. Plädoyer für eine andere Politik. Berlin.

Brie, Michael/Klein, Dieter (1992): Nachwort: Über ein Institut. In: Brie, Michael/Klein, Dieter (Hrsg.): Zwischen den Zeiten. Ein Jahrhundert verabschiedet sich. Berlin.

Brie, Michael/Spehr, Christoph (2008): Was ist Sozialismus? In: kontrovers 1, Rosa-Luxemburg-Stiftung. Berlin.

Brown, Lester R. (2008): Plan B 3.0. Mobilizing to save civilization. New York/London.

BUKO (2012): Marktförmige Natur. Zehn Thesen zur Kritik der Grünen Ökonomie. In: ak, 20. April.

BUND (2010): Keine Zukunft für Kohlekraftwerke. Widersprüche der aktuellen Energiepolitik. Berlin.

BUND (2012): Marktförmige Natur. Zehn Thesen zur Kritik der Grünen Ökonomie. In: ak, 20. April.

Burkett, Paul (2006): Marxism and Ecological Economics. Leiden.

Busch, Ulrich (2003): Geld und Reichtum in der bürgerlichen Gesellschaft. Zur Grundlegung eines Zusammenhangs bei Karl Marx. In: Jahrbuch für Forschungen zur Geschichte der Arbeiterbewegung III/2003. Berlin.

Busch, Ulrich/Land, Rainer (2013): Teilhabekapitalismus. Aufstieg und Niedergang eines Regimes wirtschaftlicher Entwicklung am Fall Deutschland 1950 bis 2010. Norderstedt: Books on Demand.

Camus, Albert (1997): Verteidigung der Freiheit. Politische Essays. Reinbek bei Ham-

burg.
Capgemini/Merrill Lynch (2011): World Wealth Report 2011.
Candeias, Mario (2009): Neoliberalismus – Hochtechnologie – Hegemonie. Grundrisse einer transnationalen kapitalistischen Produktions- und Lebensweise. Eine Kritik. Berlin.
Carlson, Lewis/Unger, Frank (1992): Amerika. Der gespaltene Traum. Berlin.
Ceceña, Ana Esther (2009): Gesellschaftliche Gabelungen. In: Luxemburg. Gesellschaftsanalyse und linke Praxis. Heft 1: In der Krise.
Chrenko, Helma/Wahl, Achim (2009): Die Europäische Union und die lateinamerikanische Linke. Studie für die Rosa-Luxemburg-Stiftung, Berlin.
Chrenko, Helma/Wahl, Joachim (2011): Lateinamerikas Linke in der Diskussion – strategische Überlegungen und transformatorische Ansätze. Studie für die Rosa-Luxemburg-Stiftung. Berlin.
Crouch, Colin (2008): Postdemokratie. Frankfurt/Main.
Dahn, Daniela (2013): Wir sind der Staat! Warum Volk sein nicht genügt. Reinbek bei Hamburg.
Dellheim, Judith (2009): »Inventur« und Reflektionen zum Begriff »Transformation«. Unveröff. Manuskript. Berlin.
de Sousa Santos, Boaventura (2010): Entpolarisierte Polaritäten. In: Luxemburg. Heft 3.
Detje, Richard/König, Otto (2012): »Modell Deutschland«. Armutslöhne – Leiharbeit – Werkverträge. In: Sozialismus. Heft 3.
Demirović, Alex (2007): Demokratie in der Wirtschaft. Positionen – Probleme – Perspektiven. München.
Demirović, Alex (2010): Wirtschaftsdemokratie – Die Perspektiven einer neuen Demokratie jenseits von Ökonomie und Politik. In: Wahl, Peter/Klein, Dieter(Hrsg.): Demokratie und Krise – Krise der Demokratie. Berlin.
Demirović, Alex (2012): Drei Sinngeneratoren: Kapitalismus – Demokratie – Sozialismus. In: Demirovic, Alex/Kaindl, Christina (Hrsg.): Gegen den Neoliberalismus andenken. Linke Wissenspolitik und sozialistische Perspektive. Hamburg.
Demirović, Alex/Sablowski, Thomas (2012): Finanzdominierte Akkumulation und die Krise in Europa. Rosa-Luxemburg-Stiftung. Analysen. Berlin.
Demirović, Alex/Dück, Julia/Becker, Florian/Bader, Pauline (2011): Vielfachkrise. Im finanzmarktdominierten Kapitalismus. Hamburg.
Detje, Richard/Sauer, Dieter (2012): Vom Kopf auf die Füße stellen. Für eine arbeitspolitische Fundierung wirtschaftsdemokratischer Perspektiven. In: Fricke, Werner/Wagner, Hilde (Hrsg.): Demokratisierung der Arbeit. Neuansätze für Humanisierung und Wirtschaftsdemokratie. Hamburg.
Die Linke/PDS (2003): Programm. Berlin.
DIE LINKE (2012): Plan B. Das rote Projekt für eine sozial-ökologische Zukunft. Berlin.
Erd, Rainer (1986): Die amerikanischen Gewerkschaften im New Deal 1933-1937. Frankfurt/Main, New York.
Ethik-Kommission der Bundesregierung Sichere Energieversorgung (2011): Deutschlands Energiewende – Ein Gemeinschaftswerk für die Zukunft. Berlin.
Europäische Kommission (2010): Europa 2020. Eine Strategie für intelligentes, nachhaltiges und integratives Wachstum. Brüssel.

Engels, Friedrich (1963): Einleitung zu Marx´ »Klassenkämpfe in Frankreich«. In: MEW. Bd. 22. Berlin.
Enquete-Kommission des Bundestages »Wachstum, Wohlstand, Lebensqualität. (2013). Berlin.
Falkinger, Joseph (1986): Sättigung. Moralische und psychologische Grenzen des Wachstums. Tübingen.
Fanon, Frantz (1966): Die Verdammten dieser Erde. Frankfurt/Main.
Fetzer, Hubert (2010): Produktivkraftrevolution im Kapitalismus und die Linken. In: Sozialismus. Heft 2.
Fisahn, Andreas (2012): Re-Regulierung der Finanzmärkte nach der Kernschmelze im Finanzsektor. Papers der Rosa-Luxemburg-Stiftung. Berlin.
Fromm, Erich (1976): Haben und Sein: Die seelischen Grundlagen einer neuen Gesellschaft. München.
Gallas, Alexander/Nowak, Jörg (2012): Politische Streiks im Europa der Krise: Zur Situation in Frankreich und England. Studie für die Rosa-Luxemburg-Stiftung. Berlin.
Gärtner,Peter/Grabow,Monika et. al. (2010): Bolivien im Umbruch. Der schwierige Weg der Neugründung. Leipzig.
Giddens, Anthony (1999): Der dritte Weg. Die Erneuerung der sozialen Demokratie. Frankfurt/Main.
Global Scenario Group/Stockholm Environment Institute – Boston (2003): Great Transition. Umbrüche und Übergänge auf dem Weg zu einer planetarischen Gesellschaft. Frankfurt/Main.
Gramsci, Antonio (1996): Gefängnishefte. Bd. 7. Hamburg/Berlin.
Groll, Franz (2009): Von der Finanzkrise zur solidarischen Gesellschaft. Vision einer neuen Wirtschaftsordnung für Gerechtigkeit, Zukunftsfähigkeit und Frieden. Hamburg.
Habermas, Jürgen (1990): Die nachholende Revolution. Frankfurt/Main.
Habermas, Jürgen (1998): Die postmoderne Konstellation. Frankfurt/Main.
Harvie, David (2012): Feenstaub und historische Brüche. In: LuXemburg 1.
Haug, Frigga (2009): Revolutionäre Realpolitik – die Vier-in-Einem-Perspektive. In: Brie, Michael (Hrsg.): Radikale Realpolitik. Plädoyer für eine andere Politik. Berlin.
Haug, Frigga (2011): Die Vier-in-Einem-Perspektive. Eine Politik von Frauen für eine neue Linke. Hamburg.
Haug, Frigga (2012): Kämpfe um Zeit. Unveröff. Manuskript.
Hegel, Georg Wilhelm Friedrich (1963): Wissenschaft der Logik. Leipzig.
Heidenreich, Elke (2007): Nurejews Hund oder Was Sehnsucht vermag. Hamburg.
Heintze, Cornelia (2005): Wohlfahrtsstaat als Standortvorteil. Deutschlands Reformirrweg im Lichte des skandinavischen Erfolgsmodells. Texte zur politischen Bildung H. 33. Rosa-Luxemburg-Stiftung Sachsen e.V. Leipzig.
Heintze, Cornelia (2008): Der aufhaltbare Abstieg in die polarisierte Ungleichheitsgesellschaft. Berlin.
Heisenberg, Werner (1987): Zitiert nach: Wissenschaft im Zitat. Leipzig.
Hensche, Detlef (2012): Macht und Mitbestimmung – Ansatzpunkte demokratischer Arbeit und überbetrieblicher Ausgleichsmacht. In: Fricke, Werner/ Wagner, Hilde (Hrsg.): Demokratisierung der Arbeit. Neuansätze für Humanisierung und Wirtschaftsdemokratie. Hamburg.

Hessel, Stéphane (2010): Empört Euch! Berlin.
Hickel, Rudolf (2012): Zerschlagt die Banken. Entmachtet die Finanzmärkte. Eine Streitschrift. Berlin.
Hobsbawm, Eric (1994): Das Zeitalter der Extreme. Weltgeschichte des 20. Jahrhunderts. München/Wien.
Huffschmid, Jörg/Jung, Heinz (1988): Reformalternative. Ein marxistisches Plädoyer. Frankfurt/Main.
International Energy Agency – IEA (2011): World Energy Outlook. Wien.
IFS/Institut für sozialwissenschaftliche Forschung e.V. München und Wissenschaftliche Vereinigung für Kapitalismusanalyse und Gesellschaftspolitik e.V. – WISSEN-Transfer (2010): Handlungs- und Interessenorientierungen in der Krise. Befragung von Vertrauensleuten und Betriebsräten der Metall-, Elektro- und Textilindustrie zur Wirtschaftskrise. München und Hamburg.
Institut für Gesellschaftsanalyse (1/2009): Die Krise des Finanzmarkt-Kapitalismus – Herausforderung für die Linke. In: Rosa-Luxemburg-Stiftung (Hrsg.): kontrovers 1.
Institut für Gesellschaftsanalyse (2/2009): Die gesellschaftliche Linke in den gegenwärtigen Krisen. In: Rosa-Luxemburg-Stiftung (Hrsg.): kontrovers 2.
Institut für Gesellschaftsanalyse (2011): Organische Krise des Finanzmarkt-Kapitalismus: Szenarien, Konflikte, konkurrierende Projekte. Themen. Berlin.
Institut Solidarische Moderne (2011): Umrisse eines sozialökologischen Gesellschaftsumbaus auf dem Weg in eine solidarische Moderne. In: Rosa-Luxemburg-Stiftung. Standpunkte 33
Kaindl, Christina/Rilling, Rainer (2011): Eine neue »gesellschaftliche Partei«? Linke Organisation und Organisierung. In: LuXemburg 4.
Karl Kraus (2000): Aphorismus. Zitiert nach: Mayer, Hans (2000): Bürgerliche Endzeit. Reden und Vorträge 1980 bis 2000. Frankfurt/Main.
Kaufmann, Stephan/Müller, Tadzio (2009): Grüner Kapitalismus. Krise, Klimawandel und kein Ende des Wachstums. Berlin.
Kearney, Matthew Lawrence (2012): Lernen, die Energie zu kanalisieren. In: ak analyse & kritik. 20.1.2012.
Klein, Dieter (1990): Steht Deutschland wirklich im Frühlingsflor? In: Neues Deutschland, 18.8.
Klein, Dieter (1991): Doppelte Modernisierung im Osten: Illusion oder Option der Geschichte? In: Brie, Michael/Klein, Dieter (Hrsg.): Umbruch zur Moderne? Hamburg.
Klein, Dieter (2002): Demokratischer Sozialismus als transformatorisches Projekt. Ein Beitrag zur Programmdiskussion der PDS. In: Brie, Michael/Chrapa, Michael/Klein, Dieter: Sozialismus als Tagesaufgabe. Berlin.
Klein, Dieter (Hrsg.) (2003): Leben statt gelebt zu werden. Selbstbestimmung und soziale Sicherheit. Zukunftsbericht der Rosa-Luxemburg-Stiftung. Berlin.
Klein. Dieter (2006): Milliardäre – Kassenleere. Rätselhafter Verbleib des anschwellenden Reichtums. Berlin.
Klein, Dieter (2009): Grüner Kapitalismus – Irrweg oder aufzuheben in einer sozial-ökologischen Transformation. In: Kaufmann, Stephan/Müller, Tadzio: Grüner Kapitalismus. Krise, Klimawandel und kein Ende des Wachstums. Berlin.
Klein, Dieter (2011): Vermutungen über einen demokratischen Sozialismus des 21.

Jahrhunderts. In: Brie, Michael/Detje, Richard/Steinitz, Klaus (Hrsg.): Wege zum Sozialismus des 21. Jahrhunderts. Alternativen – Entwicklungspfade – Utopien. Hamburg.
Klein, Naomi (2007): Die Schock-Strategie. Der Aufstieg des Katastrophenkapitalismus. Frankfurt/M.
König, Otto/Detje, Richard (2013): Über Verteilungspolitik hinaus. In: Sozialismus. Heft 2.
Kossok, Manfred (1988): 1789 – Versuch einer Positionsbestimmung. In: Institut für Marxistische Studien und Forschungen: Die Französische Revolution. 1789–1989. Revolutionstheorie heute. Jahrbuch des IMSF 14. Frankfurt/Main.
Krämer, Ralf (2010): Wachstumskritik oder sozialistische Politik? In: Krämer, Ralf/Schui, Herbert: Wachstum!? Qualitativ, sozial-ökologisch, reguliert – oder schrumpfen? Supplement der Zeitschrift Sozialismus. 7-8.
Lang, Miriam (Hrsg.) (2012): Demokratie, Partizipation, Sozialismus. Lateinamerikanische Wege der Transformation. Berlin.
Land, Rainer/Busch, Ulrich (2013): Teilhabekapitalismus. Aufstieg und Niedergang eines Regimes wirtschaftlicher Entwicklung am Fall Deutschland 1950 bis 2010. Norderstedt.
Layard, Richard (2009): Die glückliche Gesellschaft. Was wir aus der Glücksforschung lernen können. Frankfurt a. Main/New York.
Leibiger, Jürgen (2011): Zukunft Eigentum. Wem gehört die Republik? Berlin.
Lenin, Wladimir Iljitsch (1955): Was tun? In: Werke. Bd. 5. Berlin.
Lepenies, Wolf (1992): Folgen einer unerhörten Begebenheit. Berlin.
Lipietz, Alain (1985): Akkumulation, Krisen und Auswege aus der Krise. Einige methodische Überlegungen zum Begriff der »Regulation«. In: PROKLA, Heft 58. Berlin.
Luxemburg, Rosa (2000): Zur sozialen Revolution. In: Werke. Bd. 4. Berlin.
Luxemburg, Rosa (2007): Sozialreform oder Revolution? In: Werke. Bd. I. Erster Halbband. Berlin.
LuXemburg (4/2010): Commons, Kommune, Kommunismus. Berlin.
Lyotard, Jean François (1986): Das postmoderne Wissen. Ein Bericht. Graz/Wien.
Mäder, Ueli/Aratnam, Ganga Jey/Schilliger, Sarah (2010): Wie die Reichen denken und lenken. Reichtum in der Schweiz: Geschichten, Fakten, Gespräche. Zürich.
Marcuse, Peter (2011): Occupy Wall Street – Wohin? Weshalb? Warum? Umfassende Ansprüche, nicht begrenzte Forderungen. In: ak analyse & kritik. 31.10.
Marx, Karl (1959): Lohnarbeit und Kapital. In: MEW. Bd. 6. Berlin.
Marx, Karl (1959): Die deutsche Ideologie. In: MEW. Bd. 3. Berlin.
Marx, Karl (1960): Der achtzehnte Brumaire des Louis Bonaparte. In: MEW. Bd. 8. Berlin.
Marx, Karl (1961): Zur Kritik der Politischen Ökonomie. Vorwort. In: MEW. Bd. 13. Berlin.
Marx, Karl (1962): Das Kapital. Bd. 1. In: MEW. Bd. 23. Berlin.
Marx, Karl (1974): Ökonomische Manuskripte. In: MEW. Bd. 42, Berlin.
Matthes, Helmut (2012): Krisen und notwendige Neuorientierungen der Europäischen Union. In: Papers der Rosa-Luxemburg-Stiftung. Berlin.
Mayer, Hans (2000): Bürgerliche Endzeit. Reden und Vorträge 1980 bis 2000. Frankfurt/Main.

McCann, Colum (2003): Der Tänzer. Reinbek bei Hamburg.
McKinsey (2008): Mapping global Markets. In: Fifth Annual Report Oct. 2008.
Merkel, Wolfgang (1999): Systemtransformation. Eine Einführung in die Theorie und Empirie der Transformationsforschung. Opladen.
Meyer, Thomas (1977): Bernsteins konstruktiver Sozialismus. Berlin/Bonn/Bad Godesberg.
Miegel, Meinhard (2010): Exit. Wohlstand ohne Wachstum. Berlin.
Misik, Robert (2010): Anleitung zur Weltverbesserung. Berlin.
Möllers, Christoph (2008): Demokratie – Zumutungen und Versprechen. Berlin.
Modrow, Hans/Schulz, Dietmar (Hrsg.) (2008): Lateinamerika, eine neue Ära?. Berlin.
Moldenhauer, Oliver/Rubbel, Benedikt/Bödeker, Sebastian (2005): Wissensallmende. Hamburg.
Müller, Horst (2012): Sozialkapitalismus und Systemtransformation. In: Berliner Debatte Initial 3.
Müller-Hilmer, Rita (2006): Gesellschaft im Reformprozess. Berlin.
Musil, Robert (1952): Der Mann ohne Eigenschaften. Hamburg.
Neugebauer, Gero (2007): Politische Milieus in Deutschland. Die Studie der Friedrich-Ebert-Stiftung. Bonn.
Nicholson, Paul (2010): Erst kommt der politische Kampf, ... dann die politische Organisierung. In: Luxemburg 3.
Noelle-Neumann, Elisabeth/Köcher, Renate (Hrsg.) (2009): Allensbacher Jahrbuch der Demoskopie 2009. Allensbach am Bodensee.
North, Douglass, C. (2005): Understanding the Process of Economic Change. Princeton/New Jersey.
Nummer-Winkler, Gertrud (2004): Überlegungen zum Gewaltbegriff. In: Heitmeyer, Wilhelm/Soeffner, Hans-Georg (Hrsg.): Gewalt, Entwicklungen, Strukturen, Analyseprobleme. Frankfurt/Main
Nuss, Sabine (2006): Copyright & Copyriot. Aneignungskonflikte um geistiges Eigentum im informationellen Kapitalismus. Münster.
Nuss, Sabine (2012): Umkämpftes Copyright. Der Streit um das geistige Eigentum. In: Blätter für deutsche und internationale Politik. H. 12
Obama, Barack (2008): Jetzt ist unsere Zeit. Berliner Rede vom 24. Juli. In: Blätter für deutsche und internationale Politik. H. 10.
Ostrom, Elinor (2011): Was mehr wird, wenn wir teilen. Vom gesellschaftlichen Wert der Gemeingüter. München.
Parsons, Talcott (1969): Das Problem des Strukturwandels: eine theoretische Skizze. In: Zapf, Wolfgang (Hrsg.): Theorien des sozialen Wandels. Köln.
Polanyi, Karl (1978): The Great Transformation – Politische und ökonomische Ursprünge von Gesellschaften und Wirtschaftssystem. Frankfurt.
Poulantzas, Nicos (1977): Die Krise der Diktaturen. Portugal, Griechenland, Spanien. Frankfurt/Main.
Poulantzas, Nicos (1979): Interview mit Rodrigo Vaquez-Prada. In: Prokla. Nr. 37.
Poulantzas, Nicos (2002): Staatstheorie. Politischer Überbau, Ideologie, Autoritärer Etatismus. Hamburg.
Randers, Jorgen (2012): 2052. A Global Forecast for the Next Forty Years. A Report to the Club of Rome. Vermont.

Rätz, Werner/von Egan-Krieger, Tanja u.a. (Hrsg.) (2011): Ausgewachsen! Ökologische Gerechtigkeit: Soziale Rechte. Gutes Leben. Hamburg.
Reißig, Rolf (2009): Gesellschafts-Transformation im 21. Jahrhundert. Ein neues Konzept sozialen Wandels. Wiesbaden.
Rifkin, Jeremy (2000): Access. Das Verschwinden des Eigentums. Frankfurt/Main.
Rifkin, Jeremy (2010): Die empathische Zivilisation. Wege zu einem globalen Bewusstsein. Frankfurt/New York.
Rilling, Rainer (2008): Eine Frage der Gewalt. Antworten von links. Berlin.
Rilling, Rainer (2010): Das Getümmel in der Herrschaft und der Gang der Krise. http://ifg.rosalux.de/?p=1135.
Rilling, Rainer (2011): Beitrag auf der 3. Transformationskonferenz des Instituts für Gesellschaftsanalyse der Rosa Luxemburg-Stiftung. Veröffentlichung in Vorbereitung.
Rilling, Rainer (2012): Warum sozialistische Transformationsforschung? In: Brie, Michael/ Candeias, Mario (Hrsg.): Transformation im Kapitalismus und über ihn hinaus. Beiträge zur ersten Transformationskonferenz der Rosa-Luxemburg-Stiftung. Berlin.
Rhode, Wolfgang/Burmeister, Kai (2011): Wachstum für Arbeit und Umwelt. In: LuXemburg 1.
Rosa-Luxemburg-Stiftung (Hrsg.) (2000): Reformalternativen. Sozial, ökologisch, zivil. Berlin.
Scheer, Hermann (1999): Solare Weltwirtschaft. Strategie für die ökologische Moderne. München.
Scheer, Hermann (2010): Global reden, national bremsen – das heimliche Motiv der Weltklimakonferenz. In: Le Monde Diplomatique. 12.2.
Scheer, Hermann/Ypsilanti, Andrea (2011): Der Weg aus der Systemkrise des Wirtschaftens. Frankfurt/Main.
Schirrmacher, Frank/Strobl, Thomas (2010): Die Zukunft des Kapitalismus. Frankfurt/Main
Schlögel, Karl (2008): Terror und Traum. Moskau 1937. Bonn.
Schulmeister, Stephan (2011): Mitten in der großen Krise. Ein »New Deal« zwischen Politik, Unternehmen und Gewerkschaften. In: Sozialismus. Heft 10.
Schumann, Michael (2010): Die Herausforderung annehmen. In: Sozialismus. Heft 3.
Seibert, Thomas (2009): Strategisches Szenario, gewonnen im Rückblick auf italienische Ereignisse. In: rlspapers. Berlin.
Semprun, Jorge (1981): Was für ein schöner Sonntag! München.
Smith, Neil (2008): Zur kapitalistischen Produktion von Natur. In: Argument 6.
Stadler, Felix (2006): Neue Formen der Öffentlichkeit und kulturelle Innovation zwischen Copyleft, Creative Commons und Public Domain. In: Hofmann, Jeanette (Hrsg.): Wissen und Eigentum. Recht und Ökonomie stoffloser Güter. Bonn.
Soros, George (1998): Die Krise des globalen Kapitalismus. Offene Gesellschaft in Gefahr. Berlin.
SPD-Parteivorstand (2007): Hamburger Programm. Grundsatzprogramm der Sozialdemokratischen Partei Deutschlands. Berlin.
Statista (2013). In: http://de.statista.com/statistik/daten/studie/13099/umfrage/wahrnehmung-der-gerechtigkeit-in-deutschland.

Stern, Nicholas (2006): The Stern-Review: The Economics of Climate Change. Cambridge MA.
Stiglitz, Joseph E./Fitoussi, Jean Paul et.al. (2009) : Report of the commission on the measurement of economic performance and social progress. Paris.
Stiglitz, Joseph/Bilmes, Linda (2008): Die wahren Kosten des Krieges. Wirtschaftliche und politische Folgen des Irak-Konfliktes. München.
Stockholm Environment Institute/Institut für sozial-ökologische Forschung (2003): Great Transition. Umbrüche und Übergänge auf dem Weg zu einer planetarischen Gesellschaft. Frankfurt/Main.
Streek, Wolfgang (2011): Die Krise des demokratischen Kapitalismus. In: lettre international. 95.
Streeruwitz, Marlene (2011): Gehen. In: LuXemburg 4.
Terhorst, Philipp (2008): Soziale Kämpfe um Trinkwasserversorgung in Lateinamerika. Gesellschaftliche Aneignung an den Beispielen Cochabamba und Uruguay. In: Wasserkolloquium (Hrsg.): Die Kommerzialisierung eines öffentlichen Gutes. Berlin.
Urban, Hans-Jürgen (2009): Die Mosaik-Linke. Vom Aufbruch der Gewerkschaften zur Erneuerung der Bewegung. In: Blätter für deutsche und internationale Politik. H. 5.
Urban, Hans-Jürgen (2010): Lob der Kapitalismuskritik. Warum der Kapitalismus eine starke Mosaik-Linke braucht. In: LuXemburg 1.
van der Pijl, Kees (2009): Die herrschende Klasse schlägt sich nicht schlecht. In: Luxemburg. Gesellschaftsanalyse und linke Praxis. 1: In der Krise.
Veerkamp, Ton (2012): Die Welt anders. Politische Geschichte der Großen Erzählung. Berlin.
Ver.di (2011): Vermögensverteilung. https:77www.verdi-bub.de/standpunkte/archiv/vermoegensverteilung.
Wagner, Hilde (2012): Demokratisierung der Arbeit. In: Fricke, Werner/Wagner, Hilde (Hrsg.): Demokratisierung der Arbeit. Neuansätze für Humanisierung und Wirtschaftsdemokratie. Hamburg.
Wahl, Peter (2009): Entwaffnet die Märkte! Der Finanzcrash – Ursachen, Hintergründe, Alternativen. Attac Basis Texte 32. Hamburg.
Wahl, Peter/Klein, Dieter (Hrsg.) (2010): Demokratie und Krise – Krise der Demokratie. Berlin.
Wallerstein, Immanuel (2002): Linke Politik für ein Zeitalter des Übergangs. In: Supplement der Zeitschrift Sozialismus, 3.
Wallerstein, Immanuel (2010): Krise des kapitalistischen systems – und was jetzt? In: Sozialismus. Heft 4.
Wallis, Victor (2008): Wider die These von der »Produktion der Natur«. In: Argument 6.
WBGU/Wissenschaftlicher Beirat der Bundesregierung Globale Umweltveränderungen (2011): Welt im Wandel. Gesellschaftsvertrag für eine Große Transformation. Zusammenfassung für Entscheidungsträger. Berlin.
Weber, Max (1988): Gesammelte Aufsätze zur Wissenschaftslehre. Tübingen.
Weber, Max (1991): Die protestantische Ethik I. Eine Aufsatzsammlung. Gütersloh.
Welsch, Wolfgang (Hrsg.) (1988): Wege aus der Moderne. Schlüsseltexte der Postmoderne-Diskussion. Weinheim.

Welzer, Harald (2008): Klimakriege. Wofür im 21. Jahrhundert getötet wird. Frankfurt/Main.
Welzer, Harald (2011): Mentale Infrastrukturen. Wie das Wachstum in die Welt und in die Seelen kam. In: Heinrich Böll-Stiftung. Ökologie Bd. 14. Berlin.
Wiesenthal, Helmut (2006): Gesellschaftssteuerung und gesellschaftliche Selbststeuerung. Wiesbaden.
Wiesenthal, Helmut (2010): Nach Kopenhagen der Weltuntergang? Versuch, einen Pfad durchs Dickicht des Klimastreits zu brechen. www.boell.de/downloads/stiftung/HelmutWiesenthal_Klimapolitik_nach_Kopenhagen.pdf.
Wilkinson, Richard/Pickett, Kate (2010): Gleichheit ist Glück. Warum gerechte Gesellschaften für alle besser sind. Berlin.
Winker, Gabriele/Degele, Nina (2009): Intersektionalität. Zur Analyse sozialer Ungleichheiten. Bielefeld.
Witt, Uwe (1998): Kann es nachhaltiges umweltverträgliches Wachstum geben? Unveröffentlichtes Manuskript. Bonn.
Wolf, Frieder Otto (2009): Den Green New Deal instandbesetzen! In: Luxemburg. Gesellschaftsanalyse und linke Praxis. 1
Wolff, Richard (2010): unveröff. Manuskript. Rosa-Luxemburg-Stiftung. Berlin.
Wright, Erik Olin (2010): Envisioning Real Utopias. London.
Wuppertal Institut (2008): Zukunftsfähiges Deutschland in einer globalisierten Welt. Eine Studie des Wuppertal Instituts für Klima, Umwelt, Energie. Herausgegeben von: Bund für Umwelt und Naturschutz Deutschland/Brot für die Welt. Evangelischer Entwicklungsdienst. Frankfurt/Main.
Yacht, Marion (2005): Zukunftsperspektiven für ein globales Klimaregime. Lehren aus dem internationalen Ozonregime? www.ieu-ei.eu/bibliotheque/memoires/2006/yacht.pdf, Nizza.
Zapf, Wolfgang (1992): Die Transformation in der ehemaligen DDR und die soziologische Theorie der Modernisierung. Max-Planck-Institut für Gesellschaftsforschung: MPIFG Discussion Paper 92/4. München.
Zelik, Raul (2011): Nach dem Kapitalismus. Probleme der Emanzipation oder: Das Projekt Communismus anders denken. Hamburg.
Zelik, Raul/Tauss, Aaron (2013): Andere mögliche Welten? Krise, Linksregierungen, populare Bewegungen: Eine lateinamerikanisch-europäische Debatte. Hamburg.
Zick, Andreas/Küpper, Renate/Hövermann, Andreas (2011): Die Abwertung der Anderen. Eine europäische Zustandsbeschreibung zu Intoleranz, Vorurteilen und Diskriminierung. Berlin.
Zinn, Karl Georg (2002): Konjunktur und Wachstum. Hamburg.
Zinn, Karl Georg (2008): Die Keynessche Alternative. Beiträge zur Keynesschen Stagnationstheorie, zur Geschichtsvergessenheit der Ökonomik und zur Frage einer linken Wirtschaftspolitik. Hamburg.

joachim bischoff/christoph lieber
die »große transformation« des 21. jahrhunderts
politische ökonomie des überflusses vs. marktversagen
VSA
eine flugschrift

mark fisher
kapitalistischer realismus ohne alternative?
VSA
eine flugschrift